학부모와 함께 읽는

청소년, 세상에 서다

학부모와 함께 읽는

청소년, 세상에 서다

초판 1쇄 인쇄일 2019년 4월 12일
초판 1쇄 발행일 2019년 4월 20일

지은이 차광진
펴낸이 양옥매
그 림 신성완
교 정 조준경

펴낸곳 도서출판 책과나무
출판등록 제2012-000376
주소 서울특별시 마포구 방울내로 79 이노빌딩 302호
대표전화 02.372.1537 팩스 02.372.1538
이메일 booknamu2007@naver.com
홈페이지 www.booknamu.com
ISBN 979-11-5776-708-3(43190)

이 도서의 국립중앙도서관 출판시도서목록(CIP)은 서지정보유통지원 시스템
홈페이지(http://seoji.nl.go.kr)와 국가자료공동목록시스템
(http://www.nl.go.kr/kolisnet)에서 이용하실 수 있습니다.
(CIP제어번호 : CIP2019013334)

학부모와 함께 읽는

청소년, 세상에 서다

차광진 지음

청소년들에게

인생은 요람에서 무덤까지 어느 한순간도 중요하지 않은 시기가 없습니다. 그렇지만 그중에서도 꿈과 희망을 키워 가는 청소년기가 가장 중요하다고 생각합니다. 이 시기는 세상을 담을 만한 이상과 미래의 꿈을 현실화시킬 수 있는 능력과 용기를 키우는 출발점이기도 합니다. 자신이 평생 이뤄야 할 인생 목표를 향해 최선을 다하여야 좋은 성과를 얻을 수 있습니다.

청소년기는 신체적·정신적으로 성숙하는 사춘기와 질풍노도(疾風怒濤)와 같은 과도기가 함께하는 시기입니다. '사람은 왜 나비처럼 날거나 소금쟁이처럼 물 위를 마음대로 걸을 수 없을까?', '나는 왜 이 세상에 태어났을까?' 같은 온갖 상상과 의문과 호기심을 즐기면서 성장합니다. 이 시기에 가장 중요한 것은 바로 자신의 정체성을 확립하고 인간다운 인성을 함양하는 성찰과 노력이라고 생각합니다.

옛말에 '세 살 버릇 여든까지 간다.', '될성부른 나무는 떡잎부터 알아본다.'라는 말이 있습니다. 청소년기에 형성되는 인성과 사고체계가 그만큼 중요하다는 의미일 것입니다. 청소년기는 일생에서 단 한 번밖에 없는 귀하고 소중한 시기라는 것을 명심하고 열심히 마음을 닦고 공부를 해야 합니다.

　필자는 1980년대 중·고등학교 교육 현장에서 청소년들에게 '세계관, 인생관, 가치관이 들어 있는 철학적 인생 안내서'가 절실함을 통감했습니다. 필자 역시 청소년기에 방황과 잘못된 행동으로 부모님께 걱정을 끼쳐 드리는 시행착오를 겪었습니다. 그래서 청소년에게 인생의 나침반과 같은 참고서를 갖게 해 주는 것이 필자의 사명이라 생각하고 뒤늦게 졸저를 내게 되었습니다.

　이 책은 온고지신(溫故知新)의 자세로 논문처럼 썼기 때문에 읽기에 다소 딱딱한 글일지 모르지만, 정성과 진실을 다하였습니다. 계속 수정·보완하여 이 땅의 청소년들이 애독할 수 있는 책이 되도록 최선을 다하겠습니다. 책이 나오기까지 많은 도움과 격려를 주신 이태호, 윤문원, 김상배 님께 감사드립니다.

2019년 4월
차광진 드림

/ 목차 /

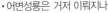

PART 3. 지식 공부

Part 6. 철학적 사고와 발전

Part 1

인생의
목표

　이 광활한 우주의 수많은 존재 중에 인간만큼 진화되고 생각하는 뛰어난 생물체는 없다. 인간이야말로 세상에서 가장 탁월하고 지혜로운 존재로서 '만물의 영장(靈長)'이라 불린다. 영장이란 신령스럽고 생각하는 존재 중에 으뜸이란 뜻이다. 그래서 다른 생물들이 죽고 사는 것을 반복하는 동안 인간만은 부모의 보호 아래 계속 배우고 익힌다.

　청소년기는 '어떻게 살 것인가?'를 진지하게 생각하면서 인생 목표나 꿈을 갖고 배움에 정진할 때이다. 원래 인간은 홀로 살아가는 존재가 아니라, 이웃과 사회 그리고 국가 공동체가 이루어 놓은 업적과 혜택 속에서 살아간다. 그러므로 청소년 자신도 스스로 세상에 서서 최소한 공동체에 필요한 사람으로 살다 가기 위해 노력해야 한다.

　그래서 옛 어른들은 '세상에 필요한 사람, 있으나 마나 한 사람, 있어서는 안 될 사람이 있는데, 이왕이면 세상에 필요한 사람이 되라.'고 누누이 강조하였다. 이같이 '세상에 필요한 사람이 되라'고 역설한 것은 얼룩진 삶을 살지 말고 바르고 가치 있는 삶을 살다 가라는 뜻이다.

따라서 청소년이라면,

'단 한 차례 주어진 일생을 영장답게 살기 위해서'

'나를 낳아 주시고 길러 주신 부모의 뜻에 보답하기 위해서'

'사회와 국가, 인류 공동체에 필요한 사람이 되기 위해서'

이러한 문제의식에 관심을 가지면서 값진 인생을 위해 '어떻게 살 것인가'를 곰곰이 생각하고 고민해야 한다. 이런 인식에 관하여 성현이나 철인(哲人)들이 예부터 고민하였지만 한 가지로 정형화된 답을 찾지는 못했다. 하지만, 인간은 이성적이고 목표지향적인 존재이다. 인생 목표를 세우고 강한 의지와 줄기찬 노력으로 실천하면서 이 세상에 바로 서 보자!

1

청소년은 꿈을 가지고
살아야 한다

인간은 목표지향적인 존재

　인간은 다른 동물과 달리 이성적이고 목표지향적인 존재이다. '목표지향적'이라는 말은 인생 목표나 꿈을 가지고 살아간다는 뜻이다. 세상에 태어나서 내가 하고 싶은 것이 무엇이며, 어떻게 살아야 하는가를 곰곰이 생각해야 한다. 즉 개념을 가지고 살아야 한다.

　어린 시절을 지나 청소년기에 들어오면 꿈이나 이상이 커지게 마련이다. 이것도 하고 싶고, 저것도 하고 싶다는 생각으로 모래성을 쌓아올렸다, 무너뜨렸다 하다 보면 정말 하고 싶은 일이 떠오르게 된다. 이런 상상들을 반복하면서 자신의 혼과 철학이 들어간 인생 목표나 꿈이 구체적으로 세워져야 하고 이를 실천하며 살아야 한다.

　인생 목표가 구체화되기까지는 오랜 시간과 심사숙고가 절대적으로 필요하다. 이러한 인생 목표에 대해 청소년 누구나 다 명확하고 정리된 생각을 가질 수는 없다. 학생에 따라 이미 인생 목표가 세워졌을 수도 있고, 어렴풋이 꿈이나 희망 같은 것을 품었을 수도 있고, 아직 아무것도 정해진 것이 없을 수도 있다.

더구나 청소년은 인생의 지침으로 삼을 철학이나 사상 등이 아직 확립되지도 않았을뿐더러, 그런 것들에 대해 잘 알지도 못하고 생소하거나 어렵게 느낄 수 있다. 설령 안다고 해도 실천이 뒤따르지 않으면 아무 소용이 없다. 서두르지 말고 천천히 하나하나 생각하고 알아 가면서 목표를 세우면 된다. 이 책을 끝까지 정독하고 생각하며 알아 간다

면 반드시 여러분에게 맞는 인생 목표를 세울 수 있을 것이다.

인간의 인생 목표는 그 사람의 일생을 좌우한다. 그렇기 때문에 청소년은 목표지향적인 삶을 위하여 반드시 인생 목표를 세워서 줄기차게 실천해야 한다.

• 청소년을 목표지향적인 삶으로 이끈 부모 •

어린 치원은 이제 겨우 아동기를 면할 나이(12세)에 당나라로 유학을

가게 되었다. 아버지가 떠나는 자식에게 말했다.

"십 년 안에 과거시험에 급제하지 못하면 내 아들이라 하지 말고, 너도 아버지가 있다고 하지 말거라."

치원은 말도 통하지 않는 당나라로 떠났다. 그곳에서 현자무가(懸刺無暇: 졸음을 쫓기 위해 상투에 끈을 묶어 천장에 매달고, 넓적다리에 송곳을 찔러 가며 공부를 한다)하여 결국 5년 만에(17세) 당나라 과거시험에 당당하게 급제하였다. 그는 청소년 시절에 끈질긴 노력과 강한 의지로써 목표를 일궈 내어 당나라 황제로부터 황금 띠까지 받는다.

최치원은 당나라에서 관리로 일하던 중 황소의 난을 겪게 되었다. 고병 장군의 종사관(從事官)으로 진압에 참가하여 「격황소서(檄黃巢書)」라는 글을 썼다. 이 격문으로 싸우지 않고 반란을 제압하여 그의 글재주를 드날렸다. 글로 몇 만의 사람 목숨을 구했으니 어찌 그의 공(功)이 적다 하겠는가?

28세에 신라로 돌아와서 나라 발전을 도모하였으나, 신라의 사직은 이미 해가 석양에 지듯 기울어 가고 있었다. 그는 홀연히 가야산으로 들어가 신선이 되었다는 전설만 남아 있다.

고운 최치원(孤雲 崔致遠: 857-?, 신라 말)은 민족적인 사상으로 유불도(儒佛道) 삼교(三敎)를 포함한 우리의 고유한 풍류사상을 말한 학자이며 성균관 문묘에 배향되어 있다.

예부터 배우는 사람은 먼저 뜻을 세웠다

"청소년들이여! 웅지를 품어라! 입지를 세워라!"

반세기 전만 해도 선생님이나 선배들은 청소년에게 이렇게 말했다. 지금은 생소한 말처럼 들리지만, 예전에는 공부하는 청소년에게 장래 웅지를 가지고 입지(立志)하여 큰 꿈을 펼칠 것을 강조하였다. 입지를 세워야 뜻을 이루기 위해 노력할 것이기 때문이다.

옛말에 '뜻이 있는 사람이 결국 목표를 성공시킨다!'라고 했다. 공자도 '15살에 배움에 뜻을 두었다.'라고 하였다. 그는 인생 목표를 배움에 두고 발분망식(發憤忘食: 끼니조차 잊고 노력함)을 하여 성인의 반열에 오른 분이다.

조선시대의 율곡 이이도 『격몽요결』 제1장 「입지」에서 다음과 같이 말했다.

"배우는 학생은 먼저 반드시 뜻부터 세워야 한다."

율곡 선생은 아홉 번 과거를 봐서 모두 장원을 했던, 조선의 뛰어난 학자이며 경세가(經世家: 세상을 경영하는 사람)였다. 율곡이 말한, '뜻을 세운다'라는 '입지'는 바람직한 인간상인 대인, 군자, 더 나아가 성인이 되겠다는 훌륭한 뜻이다. 성인이 되겠다는 이러한 입지는 당시 성리학에 바탕을 둔 천인합일(天人合一: 하늘과 같이 완전한 인간이 되기를 바람)의 철학 사조와 관련되어 있다. 도덕적으로 먼저 정직하고 청렴하고 성실한 참된 인간이 되자는 것이다.

비록 조선시대의 선비들이 유교적 명분에 치우쳐 아쉽게도 실학적 측면에서는 다소 부족한 점이 있지만, 최고의 인간상인 군자나 성인이 되겠다는 입지 면에서 본다면 세계 어느 민족보다도 훌륭하며 자랑스러운 조상들이라 할 수 있다.

오늘날 우리는 옛날과는 아주 다른 다양화된 산업사회에 살고 있다. 저마다 학문과 기술을 배우고 소질을 계발하여 산업사회의 한 성원으로서 직분과 역할을 해야 하는 공동체 사회에 살고 있다. 따라서 오늘날 청소년은 옛 선비처럼 인격 수양을 하여 사람다운 사람이 되는 한편, 산업사회에 맞는 직분과 역량을 키워 나가겠다는 인생 목표를 세우지 않으면 안 된다.

청소년 시절에 인생 목표나 꿈을 가져야 한다

오늘날은 사농공상(士農工商)의 계급사회가 아니며, 반상(班常)의 구분도 사라졌고 남존여비의 시대도 아니다. 우리는 모든 사람이 자유롭고 평등한 삶 속에서 직업을 갖고 일을 하는 산업사회에 살고 있다. 즉 어느 정도 배우고 성장했으면 일정한 직업을 갖고 일을 해야 사람다운 사람 구실을 할 수 있다. 이왕이면 하고 싶은 일을 하면서 의식주를 해결하고 문화생활까지 하면 더욱 좋다. 그래서 옛 선비가 가졌던 이상적인 입지보다는 산업사회에 맞는 구체적이고 실질적인 인생 목표를 세워 실행하는 것이 바람직하다.

물론 인간다운 도덕적인 삶을 바탕으로 자기 직분과 역할을 하는 인생 목표가 필요하다는 것이다. 이러한 인생 목표가 입지요, 꿈이요, 희망이요, 이상이요, 포부요, 목적으로서 인간의 목표지향적인 뜻을 모두 포괄하는 개념들이라 할 수 있다. 사람이 산다는 것은 그저 숨만 쉬고 살아가는 것이 아니다. 사람은 목표지향적인 꿈을 안고 이상을 위해 미래의 희망을 이루어 내는 인생 목표를 반드시 가지고 살아야 한다.

오랫동안 꿈을 그리면 마침내 그 꿈을 닮아 간다는 말이 있다. 자신

청소년, 세상에 서다

의 꿈이나 인생 목표가 없다면 대개 쉽고 편하고 재미난 향락만 좇기 마련이라 사람다운 삶을 살기 어렵다. 즉, 물욕에 휘둘리거나 유혹에 쉽게 빠져 방황하고 흔들리기 쉬워서 세상에 죄악만 뿌리다 가는 인생이 될까 겁난다. 이렇게 되면 그 사람의 장래는 기약할 수 없으며, 미래의 인생(삶) 자체에 우여곡절이 기다릴 뿐이다. 이런 청소년은 어른이 되어서도 이미 불평하고 방황하는 삶이 습관화되어 험난한 가시밭길을 걷기 마련이다. 따라서 오늘날 청소년은 옛 선비들이 추구했던 도덕적인 인간상과 산업사회의 직분과 역량을 갖출 수 있는 인생 목표를 반드시 세워야 한다.

목표(目標)와 목적(目的)은 다른 말이다. 목적에는 구체적으로 어떻게 성취하겠다는 명시가 불분명하지만, 목표에는 구체적인 개념이 들어 있다.

- 목적(purpose, aim): '효자가 된다', '건강을 증진한다', '수학을 잘할 것이다' 등이다.
- 목표(goal, objective, target): 구체적(specific)이고, 측정 가능(measurable)하며, 성취 가능(attainable)하고, 현실적(realitic)이고, 마감 기간이 정해져(time-bounded) 있어야 한다. 목표의 핵심은 구체성과 분명함이다. '하루에 2시간씩 수학 공부를 한다' 등이 목표의 예다.

참고: 유성은, 「목표관리와 자아실현」 중앙경제평론사, p.45

• 진시황제 아들과 로마의 스키피오 •

중국 전국시대는 걸핏하면 전쟁으로 얼룩졌으며 약육강식으로 수백만 명이 살육되었던 비극의 시대이다. 이 시대를 끝내고 중국을 하나의 나라로 통일한 사람이 진시황제이다. 그가 중국 천하를 통일한 지 10여 년 만에 죽자, 아들 호해(胡亥, BC 230-207)가 황위를 이어받았다. 원래 태자는 따로 있었지만, 진시황제의 막둥이로 총애만 받던 호해가 간신들의 모략으로 천하의 황제가 된 것이다. 호해는 통치 철학도, 목표지향적인 꿈도 없이 오직 본능적이고 쾌락적인 삶에 뜻을 두고 황제의 자리에 올랐다. 그는 황위에 등극하자마자 "인생이 너무 짧으니 마음껏 즐기면서 살다 가고 싶구나!"라고 말했다. 그는 본능대로 환락에 빠져 하고 싶은 대로 살다가 3년 만에 살해당했다. 뛰어난 아버지 진시황제나 조상들이 천신만고(千辛萬苦: 온갖 고생과 노력을 다함) 끝에 이룩한 천하 통일된 나라까지 잃고 자신도 살해당했다. 이 얼마나 어리석고 허망한 일인가!

비슷한 시기에 로마에는 스키피오(BC 236-184)라는 청소년이 있었다. 당시에 로마는 제2차 포에니 전쟁(카르타고의 한니발과 로마의 전쟁)으로 전화에 휩싸이게 되었다. 우선 스키피오보다 열 살 많은 적장 한니발에 대해 잠깐 얘기한다.

한니발은 카르타고의 하밀카르 장군의 아들이다. 하밀카르 장군은 제1차 포에니 전쟁을 일으켰으나 패배하였다. 그는 아홉 살 난 한니발을 신전으로 데려가서 평생 로마를 적으로 삼을 것을 맹세했다. 한니발은 18세에 아버지를 여의지만 자기의 할 일을 잊지 않고 절치부심(切齒腐心: 몹시 분하여 이를 갈며 마음을 썩임)하며 알렉산더 대왕의 전략 전술을 충실히 배웠다. 그는 26세에 총사령관이 되어 2년 후, 에스파냐의 피레네산맥을 거쳐 남프랑스를 석권한 뒤 알프스를 넘어 로마를 공격했다.

이때 스키피오 역시 여느 로마 귀족 자제처럼 17세 이전부터 아버지를 따라 기마병으로 에스파냐 전선에 참가했다. 세계 전쟁사에서 유명한 칸나 전투(로마군 8만 7,200명 대 한니발 군 5만여 명)에서 한니발은 로마군 7만 명을 살육하며 대승을 거둔다. 19세의 스키피오도 이 전쟁에서 구사일생으로 살아 돌아온다. 스키피오는 적장인 당대 최고의 한니발을 철저하게 연구하며 그의 전술을 익혔다. 오직 스키피오는 한니발을 이기고 나라를 구하겠다는 목표와 신념을 갖고 성장했다.

청년이 되어 로마의 원로원에 들어간 그는 26세에 로마 군단을 이끄는 총사령관이 되어 에스파냐의 전선에 투입되었다. 이미 아버지와 숙부가 이 전선에서 죽었다. 그는 분노와 울분보다 냉정하고 정확한 전략 전술로 한니발의 보급로를 끊어 버리는 전과를 올렸다. 젊은 사령관은 장병들이 승리감에 취해 민가를 약탈하고 전리품을 챙기지 못하게 군율로 엄하게 다스리며 민심을 수습하는 데 최선을 다했다. 젊은 장군에게 전리품으로 그곳에서 가장 예쁜 처녀를 바치겠다는 제의까지 들어왔어도 스키피오는 "개인적으로는 이렇게 기쁜 선물이 없지만, 전쟁 중에 사령관으로서는 그렇게 곤란한 선물도 없소이다." 하면서 점잖게 거절했다.

그는 끊임없이 한니발을 연구하여 드디어 자마 전투(BC 202, 아프리카 서부)에서 한니발을 굴복시키며 제2차 포에니 전쟁을 로마의 승리로 이끈다. 그는 '아프리카누스'라는 칭호까지 받으며, 천 년 로마제국의 기틀을 마련한 로마의 진정한 영웅이라 할 수 있다.

두 사람의 운명은 동물적인 삶인지, 바람직한 인간의 목표지향적인 삶인지에 따라 결정되었다.

참고: 시오노 나나미, 『로마인 이야기』

꿈(인생 목표)를 이뤄 가는 과정도 중요

자신이 하고 싶은 꿈이나 인생 목표는 거저 얻어지는 것이 아니다. 큰 인생 목표일수록 10년 이상 몰입하여 노력하고 공부해야 한다. 먼 훗날 꿈같은 인생 목표를 이루었다면 그 사람은 자아실현을 했다고 할 수 있다. '자아실현(自我實現)'이란 자신의 꿈이나 목표를 정당한 노력으로 바람직하게 이뤄 낸 것을 말한다.

청소년에게 인생 목표를 갖고 공부(마음공부와 지식공부)만 열심히 하라고 하면, '청소년은 언제 즐겁고 행복한 삶을 영위할 수 있을까?'라는 의문이 생길 것이다. 청소년기에 들어서면 인생 목표를 세우면서 자신도 천천히 변해야 한다. 이 청소년기에는 행복의 개념이나 차원도 달라져야 한다. 즉 어릴 때처럼 또래들과 어울려 노는 것도 좋지만, 이제는 소설에 나오는 주인공에 스스로 빠져드는 즐거움도 알아야 한다.

또 나름대로 소박한 작은 꿈이라도 갖고 공부하면 그 자체가 뿌듯하며 자신감도 솟는다. 하고 싶은 일에 관심을 가지고 옛 잡지를 들춰 보거나, 박물관이나 체험관을 왔다 갔다 하며 관심 분야에 진지한 태도로 사는 것도 즐거운 일이다. 수학 문제를 끙끙거리며 30분 이상을 씨름하다 풀었다면, 몸은 고달파도 진정한 기쁨은 그 속에 있다.

공자는 『논어』 첫머리에

"배우고 때때로 익히면, 또한 기쁘지 아니한가?(學而時習之不亦說乎학이시습지불역열호)"라고 말했다.

또 공부할 때는 열심히 하고, 놀 때는 철저하게 놀아야 한다는 생각도 좋다. 주 1·2회 정도는 삶의 생기를 주는 흥미로운 취미나 특기에 관심을 가지고 생활하는 것도 좋은 방법이다.

인류는 지금까지 일하면서 연구하고 그 속에서 즐겁고 행복한 생활을 영위하며 진화·발전을 이끌었다. 그러므로 즐거움과 행복을 다른 곳에서 찾지 말고, 일상생활에서 자기의 역할을 충실히 하면서 그 속에서 즐겁고 행복한 삶을 찾아야 한다. 영어로 현재를 'present'라고 한다. 현재 아파서 병원에 있지 않고 친구들과 학교생활을 하는 그 자체만으로도 '선물(present)'이다.

인생 목표는 직업과 같을 때가 많지만 다를 수도 있다. 그리고 인생 목표 하나를 이루었다면 제2·제3의 인생 목표를 세워 정진해야 한다. 따라서 청소년은 인생 목표를 찾아 자아실현에 목적을 두고 공부하되, 노력하는 과정이 즐겁고 중요하다는 긍정적인 생각을 가져야 한다.

• 30년간 이룬 꿈의 목록 •

미국의 존 고다드(John Goddard, 1924-2013)는 15세 때 자신이 하고 싶고 이루고 싶은 꿈 127개를 작성했다. 꿈 많고 엉뚱한 청소년의 '꿈의 목록'이었다. 쉬운 것에서부터 어려운 목표까지 만들었다. 소년단원으로 참가하기, 태권도 배우기, 백과사전 전권 읽기, 나일강의 상류에서 뗏목을 타고 내려오기, 에베레스트 등정 등이다. 그런데 45살 때 103가지를 이루었다. 그는 꿈을 이루는 가장 좋은 방법은 목표를 세우고, 그 꿈을 향해 온전히 집중하고 발로 뛰는 것이라 하였다.

21세기는 도덕성과 창의력이 돋보이는 사회

미래학자인 토머스 프레이는 4차 산업혁명에 대해 '인류는 지금까지의 모든 인류 역사에서 겪은 것보다 앞으로 다가오는 20년간 더 많은 변화가 있을 것이다.'라고 예고했다. 지금의 청소년은 이러한 4차 산업 혁명 과정에서 직간접으로 영향을 받으며 시대의 주역으로 활동하게 될 것이다.

AI 로봇 등의 산업으로 세상이 아무리 변혁되어도 인간이 짐승이 될 수 없으며, 의식주를 떠날 수 없다. 그래서 예부터 인간다운 인간성을 먼저 갖추고, 그 뒤에 지식을 배우라고 성현들은 말하였다.

예부터 내려오는 말에 '재승덕박(才勝德薄)'이란 고사가 있다. '재주나 능력은 좋은데 덕이 없다'라는 말이다. 덕(德)이란 아름답고 지혜로운 언행으로, 어릴 적부터 착한 일(덕)에 힘쓰기를 강조하였다. 덕을 쌓지 못하고 재능만 있으면 집안을 망치는 패륜아나 난신적자(亂臣賊子: 나라를 어지럽히는 신하, 어버이를 해치는 자식)가 되어 가문이 화를 당해 죽거나 노비가 되었다. 즉 사회나 나라에 '있어서는 안 될 사람'으로 경계의 대상이 되기도 하였다.

2000년도 노벨 경제학상 수상자 제임스 J. 헤크먼(James J. Heckman) 교수는 "머리 좋고 공부 잘하는 사람보다 인성과 인품을 갖추고 배려의 마음을 가진 사람이 성공할 확률이 높다."라고 강조하였다. 대개 지금까지 위대한 사람들이란 먼저 도덕성을 갖추고 뛰어난 재능으로 창의성을 발휘하여 인류사에 덕을 심은 사람들이었다. 따라서 청소년은 도덕성을 갖추면서 창의성을 길러 다가오는 세상에 필요한 사람으로서의 꿈을 안고 살아가야 한다.

2

실제적인 인생 목표를
세워 보자

인생 목표를 언제, 어떻게 세우는 것이 바람직한가 하는 문제는 청소년마다 개인차가 크고 다양하므로 정해진 답은 없다. 자신이 가야 할 인생 목표를 선택하여 최선의 실행안을 뽑아 실천해야 한다.

인생 목표는 언제 정해야 할까?

인생 목표는 중학교(12-15세) 시기에 정하는 것이 좋다. 그래야 자연계, 인문계, 실업계 등의 진로를 선택할 수 있기 때문이다.

물론 학생마다 달라서 어렸을 적부터 인생 목표를 정한 청소년이 있는가 하면, 스무 살이 넘어서도 인생 목표를 정하지 못해 갈팡질팡하는 사람도 많다. 그리고 아무리 확실하게 정한 인생 목표라 할지라도 성장하면서 보는 안목이 넓어지고 현실을 파악하면서 바뀔 수도 있다. 인생 목표는 거창하게 정했는데 노력과 실천이 불충분하여 중도에 포기할 수도 있으며, 자신이나 가정에 예기치 못한 상황이 벌어져 전혀 다른 방향으로 갈 수도 있다. 이렇게 되면 인생 목표는 변경되고 유동적일 수밖에 없다.

인생 목표가 한번 바뀌었거나 좀 늦어졌다고 크게 잘못되는 것은 아니다. 다만 인생 목표를 뚜렷이 하고 확실하게 갖는 것이 중요하다. 인생 목표가 불투명하면 시행착오는 물론 방황하는 삶이 되기 때문에 인생 목표를 뚜렷이 갖는 것이 인생 목표를 달성하는 것 이상으로 어렵고 중요하다. 그러므로 많은 시간을 두고 진지하게 고민해야 한다.

• 전교 꼴찌에서 14년의 집념 끝에 사법시험 합격 •

1966년 이민영 씨는 공장과 공사장을 전전하며 독학으로 35세에 사법시험에 합격하여 당시 신문에 「국졸 머슴살이 사법시험 합격」이란 제호로 기사가 크게 실린 적이 있었다.

최근에 장권수 씨(33세)는 초등학교 3학년부터 야구를 시작하여 고교 졸업 때까지 야구가 인생의 전부였다. 그러나 그는 타율이 2할대로 2002년 8월에 열린 봉황기 전국대회 2회전을 마지막으로 아무런 준비도 없이 야구와 이별을 하였다.

'남들이 꿈을 꾸는 스무 살에, 나는 꿈을 잃은 청년이었다.'

그해 첫 수능 모의고사에서 그는 한 문제도 풀지 못했다. 무조건 3번으로 찍었더니 400점 만점에 70여 점으로 대학 진학이 불가능했다. 사실 알파벳 'p'와 'q' 구분조차 못 할 정도였다. 그는 고교 졸업 후 중학교 수학 문제집부터 사서 새벽부터 밤 10시까지 공부에 매달렸다. 그해 가을 수능시험 300점을 받았으나, 이번에는 내신이 꼴찌로 발목을 잡았다.

1년간 매달린 끝에 2004년 가톨릭대학교 언어문화학부에 입학, 군 제대 후 담당 교수가 그의 성실성을 보고 사법시험을 권했다. 법학과로 전과 후 2008년부터 본격적인 고시 공부를 시작해 독학으로 2년간 공부했다. 유일한 공부 밑천은 운동선수로서 다져진 체력과 규칙적인 생활 그리고 집중력뿐이었다. 시험에 떨어질 때면 '야구도 고시도 죽을 각오로 최선을 다했는데 왜 안 될까?'라는 생각도 들었지만, 그때마다 그는 다시 책상에 초시계를 올려놓고 법전을 펼쳤다.

드디어 2016년 10월에 사법고시 2차까지 합격했다. 장 씨는 '결코 땀은 배신하지 않는다.'라는 말의 의미를 야구가 아닌 공부에서 깨달았다고 한다.

참고: 『조선일보』 2017. 5. 8.

인생 목표를 어떻게 설정해야 할까?

인생은 하나의 경기장에서 한 가지 종목으로 겨루는 것이 아니다. 모두 제각각 다른 수많은 방향에서 출발하여 각자의 인생 목표에 도달하기 위해 도전하는 것이다. 따라서 남과 비교할 것 없이 자신만의 세계를 열기 위해 노력하고 경쟁해야 한다. 게임이나 오락에 몰두할 것이 아니라 자신의 인생 목표를 달성하기 위한 실행 계획을 세워 도전할 생각을 해야 한다.

첫째, 이 책 1장에서부터 6장까지 정독한다. 특히 6장의 세계관에서부터 사회역사관, 인생관, 가치관 등을 꼼꼼하게 읽어 본 뒤에 인생 목표를 세우기 바란다.

장 파울은 "인생은 한 권의 책을 읽는 것과 같다. 어리석은 사람은 대충 책장을 넘기지만, 현명한 사람은 공들여서 읽는다. 그들은 단 한 번밖에 읽지 못하는 것을 잘 알기 때문이다."라고 했다. 이 책도 꼼꼼하게 정독해야 한다.

둘째, 나의 희망 직종, 자신의 건강과 장단점, 가정환경과 부모님의 희망, 현재 잘하는 과목이나 특기와 취미 등을 냉철히 분석한 뒤에 목표를 정한다.

셋째, 직업에 관한 적성검사나 여러 도구 검사 등을 받아 보고 참고하여 결정한다.

넷째, 4차 산업혁명으로 직업에 큰 변혁이 생길 것이기 때문에 그 방면에 깊은 관심을 가지고 많은 책과 정보를 탐색하는 것이 좋다.

인생에서 성공하려면 훌륭한 멘토(mentor: 조언자)를 만나고, 자신은 성실한 멘티(mentee)가 되어야 한다. 부모가 자녀를 제일 잘 알기 때문에 부모의 말을 참고하는 것도 좋고, 주변에 선생님이나 어른 중에 조언자를 찾아 상담하는 것도 한 방법이다. 이러한 과정을 통해서 자신의 인생 목표를 검토하고 확실하게 가져야 한다.

'나는 선생님이 되고 싶다.'

'나는 연예인이 되고 싶다.'

'나는 돈을 많이 벌고 싶다.'

이런 목표들은 아동이나 청소년이 제일 관심이 많은 분야이다. 그러나 '나는 ○○○이/가 되고 싶다.'라고 막연한 인생 목표를 갖기보다는 좀 더 뚜렷하고 구체적인 인생 목표를 갖는 것이 좋다.

인생 목표에는 대의명분이 있어야 한다

'나는 수학교사가 되어 자연과학 발전에 이바지하고 싶다.'

'나는 훌륭한 연예인이 되어 많은 사람에게 즐거움을 주고 싶다.'

'나는 사업가가 되어 돈을 많이 벌어서 불쌍한 사람을 돕고 싶다.'

이같이 인생 목표가 구체적이고 대의명분(大義名分)이 뚜렷하면 더욱 좋다. 물론 직업을 갖는다는 것 자체에 이미 대의명분이 포함되어 있다. '대의명분'이란 큰 뜻을 품고 정당하고, 올바르고, 떳떳하게 내세울 수 있는 마음가짐이다. 구체적이고 대의명분이 들어간 인생 목표는 위대하며 큰 힘을 발휘한다.

대개 현실 세계에서는 실질적인 이익만을 추구하고 대의명분은 소홀할 때가 많다. 원래 인간은 이기적이며 자기 보존이 우선인 데다가 자본주의 사회의 습성상 무한 경쟁과 개인의 이익을 최우선시하기 때문이다. 그러나 이런 이기적인 마음으로 산다면 함께하는 좋은 공존 사회는 어렵다고 본다. 무슨 일을 하든 자신도 좋아야 하지만, 남을 배려하고 공동체를 위한다는 대의명분이 있어야 더욱 큰 힘을 발휘할 수 있다.

인생 목표는 실현 가능한 것일까?

인생 목표를 세워 놓고 다음과 같이 진정으로 내 마음속에 말을 걸어 보자.

첫째, 내가 평생 하고 싶은 일이며, 자아실현을 할 수 있는 일인가?

둘째, 한평생 이 일을 하여도 즐겁고 후회는 없겠는가?

셋째, 나의 일이 진정 공동체 사회에 필요한 일이며 보람이 될 수 있을까?

자기 일생을 걸 만한 인생 목표가 확실하게 정해지면 생활 태도도 달라지며 적극적인 생활을 하게 될 것이다. 즉 관심이 없던 공부에도 흥미가 생기면서 노력하게 된다. 더 나아가 강력한 삶의 의욕이 생기면서 힘이 솟고 눈빛이 달라지기 시작한다. 인생의 꿈이나 목표가 있는 사람과 없는 사람은 시간이 지날수록 하늘과 땅 차이가 생기기 시작한다.

인생 목표가 있는 학생은 무에서 유를 창조하듯이 마음가짐조차 달라진다. 이것이 바로 '정신을 한곳으로 모으면 무슨 일이든지 이룰 수 있다(정신일도하사불성精神一到何事不成)'는 신묘(神妙)한 정신까지 생기게 마련이다. 빛이 한곳으로 모이면 레이저가 되어 강한 철판도 뚫고 자르듯이 정신을 몰두하여 집중하면 가공할 만한 힘이 나오는 것이다.

•27년의 정진•

장○○이란 씨름선수는 씨름을 시작한 지 27년 만에 천하장사가 되었다. 열한 살 때부터 씨름을 시작한 그는 중학교 졸업할 때까지 시합에 나가 한 판도 이기지 못하고 돌아올 때가 많았다고 한다. 본인은 물론 응원하는 가족이나 친구들이 얼마나 안타깝고 연민을 가졌겠는가? 그래도 자신이 좋아서 하는 씨름인지라 그 패배와 슬픔을 극복하고, 줄기찬 노력과 의지로써 2016년 38세 때에 가서야 씨름선수로서 대망의 꿈, 천하장사에 올랐다.

참고: KBS 〈아침마당〉, 「내 말 좀 들어 봐」

인생 목표에 구체적인 계획과 실천이 필요하다

'나는 수학교사가 되어 자연과학 발전에 이바지하고 싶다.'

우선 인생 목표를 책상머리에 붙여 놓고 자신의 의지를 다짐하는 의미에서 기원식(祈願式)이 필요하다. 이왕이면 날짜를 잡아서 목욕재계(沐浴齋戒: 목욕을 하여 몸을 깨끗이 하고 마음을 가다듬어 부정을 피함)를 한 후 기도나 축문을 읽으면서 다짐하는 의식을 치르는 것이다.

기도나 축문의 대강은 다음과 같다.

> 오늘은 저 홍길동의 인생 목표를 확정한 뜻깊은 날입니다. 앞으로 나의 인생 목표를 이루는 날까지 어떠한 난관과 유혹도 이겨 내는 의지와 끈기로 목표를 달성할 것을 굳게 다짐합니다. 저 홍길동이 꿈을 이룩할 때까지 시험에 빠지지 않고 줄기차게 나가는 용기를 주시옵기를 ○○○께 빕니다!

어떠한 난관이 오더라도 극복하고 꿈을 달성하겠다는 진지한 축문이다. 자신에게 스스로 최면을 강하게 걸어 반드시 이루겠다는 다짐이다. 몇 년 전에 베스트셀러였던『시크릿』이라는 책에 '마음먹은 목표나 목적을 자꾸 생각하고 바라면 이루어진다.'라는 내용이 있었다. 축문도 이와 같은 맥락으로, 일단 마음부터 다잡기 위한 실천 행위로 보면 된다.

인생 목표를 이루는 것은 마치 작은 보트를 스스로 저어서 상류에 있는 목표 지점을 향하는 것과 같다. 정말로 자기와의 고독한 싸움이다. 상류로 갈수록 물살이 거세고 큰 바위 같은 장애물이 앞을 막아

힘들고 난관이 계속되듯이 인생의 목표를 달성하는 것 또한 호락호락
쉽지는 않을 것이다. 그래도 '하면 된다!'는 신념 아래 줄기차게 한다면
세상에 못할 일이 뭐가 있겠는가? '인내는 쓰나 그 열매는 달다'라고
했듯이 이를 악물고 모든 난관을 감수하며 헤쳐 나가야 한다.

이처럼 배우는 학생이 인생 목표를 세우고, 그 꿈을 위해 열의와 정
성을 다하여 도전한다면 세상에 못할 일이 없다.

구체적인 실천 계획

'수학 선생이 되어 보겠다'는 목표를 이루기 위해 크게 3단계로 나눠
실천 계획을 세워 본다.

- 1단계: 대학 진학 준비 기간 ≒ 3년 이상
- 2단계: 전문적인 학과 공부 ≒ 4년 이상

• 3단계: 군 복무 및 취업 준비 ≒ 3년 이상

  우선 대학에 들어가기 위한 진학 계획을 세워야 한다. 남을 가르치는 직업은 자신뿐만 아니라 남의 귀한 자녀들을 인도하고 정신을 혁신하는 일이다. 그렇기에 전공뿐만 아니라 인성 공부 등도 하면서 대학에 들어가기 위한 계획을 3년으로 잡는다.

장기 계획–3년, 중기 계획–2년, 단기 계획–1년

  이 계획의 실행 과정과 성과를 봐 가면서 1년, 6개월, 3개월로 나눠 쪼개서 계획을 세울 수도 있고, 6개월, 3개월, 1개월로 더 잘게 나눠서 세부적으로 검토하여 조정할 수도 있다. 공부를 평상시에 하지 않았던 사람은 처음에 계획 기간을 짧게 잡아서 조금씩 목표치를 늘려 나가는 실행 계획을 세운다(p.35, p.163 참조).

  또 성적이 좋지 않은 학생은 한 번에 성적을 올리려고 하지 말고 2년에 걸쳐 상위 그룹에 진입한다는 계획을 세운다. 예컨대 등수가 300명 중 250등으로 과락이 많더라도 수학 과목이 2% 안에 든다면 희망은 있다. 6개월이나 3개월 단위로 노력하여 220-180등으로 치고 올라가면 2년차 중에는 100등 안으로 진입할 수 있다. 물론 모든 것이 노력 여하에 달려 있겠지만….

  목표가 뚜렷하고 착실히 계획을 이행하는 학생은 점점 공부에 요령이 생기고 흥미도 붙는다. 제대로 한다면 성적의 상승효과가 배가되어 50등 안으로 들어가는 것도 시간문제이다. 특히 시간이 많이 필요한 수학을 잘한다면 자기가 원하는 성적은 곧 실현 가능할 수 있다.

여기서 중요한 것은 자신이 스스로 작은 계획을 실천하고 문제점을 검토하여 습관화시키려는 노력이다. 작은 계획을 실천했다면 곧 작은 목표를 달성했다는 뜻이며, 작은 계획을 하나하나 실천하여 나간다면 자기가 하고 싶은 인생 목표도 이루어지는 날이 점점 더 가까워진다는 뜻이다.

참고도표

1. 인생 목표도

2. 공부 시간 조정과 학교 성적 향상도

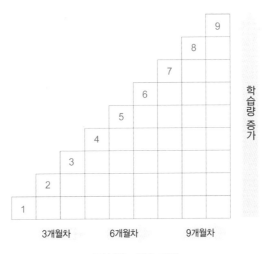

· 공부하는 시간 조정 ·

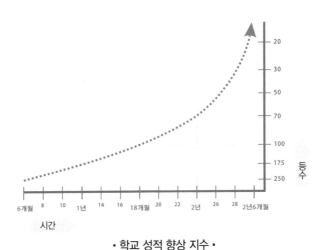

· 학교 성적 향상 지수 ·

· 피그말리온 효과 ·

그리스 신화에 나오는 키프로스의 조각가 피그말리온에게는 여성 기피

증이 있었다. 외모에 자신이 없었고 결점이 많다는 선입관이 있었기 때문이다. 그는 속세의 여성과는 사랑할 수 없다고 생각해서 상아로 자신의 이상형을 조각하는 일에 몰두했다. 탁월한 조각가였던 그가 창조한 여인상은 아름다웠고, 그는 날마다 꽃을 바치고, 보듬고 어루만지며 끔찍이 아꼈다.

조각을 너무나 사랑하여 조각이 사람이었으면 하는 꿈을 꾸게 된 그는 마침내 아프로디테 여신의 신전을 찾아가 자신의 사랑을 이루게 해달라고 빌었다. 정말 터무니없는 소원이었다. 그렇게 공허한 소원을 빌고 집으로 돌아온 피그말리온은 슬픔에 젖어서 자신이 만든 조각을 꼭 끌어안았다.

그런데 이상한 일이 일어났다. 항상 차디차기만 했던 조각이 그날따라 왠지 따뜻하게 느껴졌다. 그는 너무 놀라 한 걸음 물러섰고, 잠시 후 그녀의 입술에 키스했다. 그러자 한 가닥 따스한 기운이 조각의 입술에 통해 그의 온몸으로 스며들더니 체온이 느껴지는 것이었다. 잠시 후에는 심장의 고동 소리가 그의 가슴에도 느껴졌다. 피그말리온은 기쁨에 넘쳐 여인상을 꼭 끌어안았다. 피그말리온은 조각이었던 여인(갈라테이아)과 결혼했고, 딸 파포스를 낳아 행복하게 잘 살았다고 한다.

19세기 영국 화가 에드워드 번 존스의 〈피그말리온 조상(彫像)〉 4부작이 박물관에 전시되어 있다. 그는 그림을 그리기 전 "사람들이 '와!' 하고 감탄하는 그런 대작을 남기고 싶다."라고 했다. 정말로 많은 관람객이 그의 작품을 경탄의 눈으로 감상하는 것을 보면 결국 그의 소망도 성취된 셈이다.

청소년, 세상에 서다

3

어변성룡과 같은
성공을 하려면

'어변성룡(魚變成龍)'이란 고사성어가 있다. '어린 잉어가 자라서 거친 물결을 헤쳐 높은 폭포를 뛰어넘어서 용이 된다.'는 뜻이다. 어린 잉어가 용이 된다는 것은 시간이 흐르면 거저 되는 것이 아니다. 즉 성공이나 훌륭한 사람이 되는 것은 요행과 우연으로 거저 얻는 것이 아니라는 의미이다.

성공한 인생이 되기 위해서는 인생 목표를 확실하게 갖고 긴 여행 준비를 해야 한다. 그 여정은 아주 외롭고 힘들고 온갖 시련으로 험난하지만 누구나 헤쳐 나가야 하는 인생의 길이다. 중요한 큰 덕목을 가지고 이 길을 묵묵히 가는 청소년만이 어변성룡과 같은 성공을 쟁취할 수 있다.

인생 목표는 올바른 선택이 좌우한다

청소년기는 하고 싶은 것도 많고 호기심도 많을 때다. 하고 싶은 욕망 중에 필요하지 않은 것을 걸러내서 인생 목표(직업)를 선택해야 한다. 마치 용광로에서 잡석과 불순물을 버리고 좋은 철을 만들기 위해 선택하듯이 말이다. 예컨대 점심때 짜장면을 먹을 것인지, 짬뽕을 먹을 것인지 사소한 선택에서부터 앞으로 무엇을 할 것인지, 어느 대학에 가서 어떤 전공을 할 것인지, 무슨 직업을 가질 것인지를 선택해야 한다. 이렇듯 사람은 수많은 작은 선택에서부터 일생일대의 중요한 선택까지의 연속선에서 살아간다.

프랑스의 실존주의 철학자 사르트르는 "인생은 탄생(Birth)과 죽음(Death) 사이에 선택(Choice)이 있을 뿐이다."라고 했다. 특히 청소년 시절에는 꿈이 많으므로 바른 선택을 하고자 갈림길에서 고민도 많게 마련이다. 청소년 시절에 쉽고 편한 길만 선택해서는 절대 밝은 미래가 없다는 것을 명심해야 한다.

'세상에 얻기 쉬운 것은 쥐덫에만 있다'라는 러시아 속담처럼 세상에 공짜는 절대 없다. 어렵고 힘든 일이라도 그 고통과 시련을 이겨 나가야 한다. 수학이 싫다고 하여 그것을 포기하는 순간 경쟁자는 몇 곱으로 늘어나며, 선택할 수 있는 직업의 수는 바늘구멍을 통과하듯 좁아진다.

어려운 길을 선택하면 당장 어렵고 고통이 있더라도 결과적으로는 좋고 값진 것으로 변할 수 있다. 좋은 씨앗을 골라 뿌리면 좋은 열매를, 백배 천배의 결실을 얻는다. 스스로 자신의 미래를 책임지고 인생을 값지게 만들기 위해서는 올바른 선택을 해야 한다. 따라서 자신의 인생 목표는 현실을 바탕으로 미래를 예측하여 가능성까지 살핀 뒤에 신중하게 선택해야 한다.

• 루치아노 파바로티(Luciano Pavarotti)의 선택 •

파바로티(1935~2007)는 어렸을 때부터 성악에 천부적인 재능이 있었다. 그는 청소년 시절에 성악가가 되고 싶기도 했고, 수학을 잘했기 때문에 수학교사가 되고 싶기도 했다. 둘 다 하고 싶었지만 하나를 선택해야 했다. 교사는 안정적이지만 활동적인 직업은 아니다. 성악가가 되는 것은 성공이 보장되지 않고 불안정하지만, 활동적이며 매력적인 직업이었다.

아버지는 고민에 빠진 아들에게 의자 두 개를 가져다가 멀리 떼어 놓고 "애야, 너는 이렇게 떨어져 있는 의자에 동시에 앉을 수 있겠니? 앉으려면 반드시 한 의자만을 선택해야 한다."고 이야기해 주었다. 이에 파바로티는 "30세가 되어도 성악가가 되지 못하면 다른 길을 모색하겠습니다."라고 말하며 성악가의 길을 선택했고, 결국 세계 최고의 성악가가 되었다.

참고: 윤문원, 『인성교육 만세』 씽크파워, 2015.

목표 달성은 강한 의지에 달렸다

인간의 육체는 동물과 별반 다른 점이 없으나 정신세계는 신비스럽고 경이로우며 불가사의한 점이 많다. 인간이 진화·발전하는 것은 육체가 아니라 정신작용의 산물이다. 그렇게 큰 힘을 지닌 것이 사람의 정신이다.

좋은 인생 목표를 세우고도 실천이 어려워 포기한다면 무슨 소용이 있겠는가? 사실 청소년 시절에는 많은 유혹이 주변에 도사리고 있어 강한 의지가 없으면 덫에 걸릴 수도 있다. 만일 의지가 약해 학업이 단절되고 바닥을 헤매더라도 결연히 자신을 극복한다면 앞으로 얼마든지 다시 일어날 수 있다. 이 같은 의지는 인간의 다양한 욕망을 조절·통제하고 관리하는 역할을 하므로 정신세계의 의지를 잘 키우고 훈련하기에 따라 성공은 물론 즐겁고 행복한 삶이 보장될 수 있다.

어떤 사람이 정신력이 강한 사람인가? 지식이 풍부하고 공부를 많이 한 사람이 아니다. 머리를 잘 써서 조금도 손해를 보지 않는 사람이 아니라 의지가 강한 사람이다. 실생활에서 중요한 재능을 가지고 있어도 목전의 욕망에 유혹당하거나 외부 압력에 대항하려는 의지가 약하면 좋은 능력이 있어도 이익을 얻기는커녕 있는 것조차 잃을 수도 있다. 이름난 싸움꾼은 나름대로 특기가 있겠지만, 끝까지 싸우려는 의지가 강한 사람에게는 쉽게 이기지 못한다. 힘으로 넘어뜨리고 주먹을 날려도 일어나 비틀거리면서 또 싸우자고 덤비는 자에게는 힘센 상대도 두 손을 드는 법이다.

의지가 강한 사람은 어떤 문제를 풀 때 한 시간이 아니라 몇 시간씩 고민하며 때로는 식음을 전폐하고 온종일 매달린다. 하루 이틀에 안 되면 한 달, 1년이 가더라도 해결하고자 하는 끈질긴 노력 끝에 결국은 옥동자와 같은 새로운 창조물이 탄생하는 것이다.

인생의 투쟁에서는 지혜가 있고 머리가 좋은 사람이 이기는 것이 아 니라 의지가 강한 사람이 승리의 월계관을 쓰는 것이다. '머리가 좋다 나쁘다, 천재성이 있다 없다'가 아니라, 강철 같은 끈기와 의지가 있느 냐 없느냐의 정신력 싸움이다. 역사적으로 민족과 민족의 대결에서도 강한 의지를 가진 민족이 끝내 승리한다는 교훈이 있다. 이처럼 인생 목표를 기필코 이루겠다는 백절불굴(百折不屈: 백번 꺾여도 굴복하지 않는 정신)의 강한 의지가 그 사람의 운명을 좌우하는 것이다.

• 말을 베어 의지를 보인 김유신 •

김유신(金庾信, 595-673) 장군은 본시 가야국의 왕손이다. 그는 어렸을 때 부터 어머니의 엄격한 가르침을 받으며 자랐다. 그가 청소년 시절에 천관이란 기생집에서 자고 들어왔을 때였다. 어머니는 그런 그를 책망하며 종아리를 때 리면서 "나는 이미 늙어 곧 죽게 되는데, 네가 바르게 자라서 나라에 필요한 사 람으로 공명을 세워야지 건달과 같은 애들하고 어울려 세상 가는 줄 모르고 술집에서 노느냐?"라며 펑펑 우셨다. 유신은 깨달은 바가 있어 다시는 술집을 다니지 않겠다고 다짐한다.

어느 날 술이 좀 취하여 귀가하는데, 타고 다니는 말이 그만 기생집으로 가는 길에 익숙하여 그곳으로 가 버렸다. 술에서 깨어난 유신은 크게 잘못을 깨닫고, 타고 다니던 말을 베어 죽이고 돌아왔다. 이 같은 김유신의 강한 의지는 후일 삼국통일에 주춧돌이 되어 청사에 영웅으로 길이 남은 힘이 되었다.

줄기찬 노력만이 성공의 지름길

모든 일은 계획으로 시작되고 노력으로 성취한다. 줄기차게 노력하는 사람만이 꿈을 이루고 인생 목표를 이룰 수 있다. 장거리 장애물 경기를 하듯이 적어도 10년 이상의 꿈을 향한 노력의 경주를 펼쳐야 한다. 찬란했던 로마제국이 하루아침에 이루어진 것이 아니요, 만리장성이 하루 밤낮에 축성된 것이 아니듯 인생 목표를 이룬다는 것은 오랜 시간의 노력과 인고(忍苦)의 결정체이다.

사방에 자극적이고 재미나는 게임이나 이성 등과 같은 감당하기 어려운 지뢰밭이 수없이 다가와 청소년을 시험하곤 한다. 이런 것들에 몰두하면 시간을 많이 빼앗길 뿐만 아니라 정서 안정과 학업에 치명적이다.

청소년, 세상에 서다

•1만 시간의 노력•

말콤 글래드웰은 "당신은 당신의 일에 1만 시간을 쏟아부었나요? 아니라면 성공을 말하지 말라!"고 외친다. 그는 어떤 분야에 숙달하기 위해서는 하루 3시간씩 10년간의 노력이 반드시 필요하다고 말한다. 작곡가, 야구선수, 소설가, 스케이트 선수, 피아니스트 그 밖에 어떤 분야에서든 이보다 적은 시간을 연습해 세계 수준의 전문가가 탄생한 경우를 발견하기는 힘들다는 것이다. 이렇게 하고도 모자라 40살 전까지는 계속 교습을 받아야 한다고 어느 유명한 전문가는 말한다. 누구나 사람에게 너무 성급하게 실패의 딱지를 붙여서는 안 되며, 누구나 재능과 가능성을 꾸준히 계발할 수 있는 여건과 분위기를 조성하는 것이 성공의 지름길이라고 주장하고 있다.

참고: 말콤 글래드웰, 『아웃라이어(Outliers)』, 김영사, 2009.

더구나 요즘 청소년들은 귀한 대접 속에 잘 먹고 편하게 살아서 고생도 모르고 심약하기까지 하다. 쉽게 호기심과 유혹의 수렁에 빠져 많은 세월을 허우적거리며 방황할 수 있다. 참으로 외롭고 어렵고 힘들어, 자포자기의 충동을 극복하지 못하면 정상궤도를 이탈하여 착한 인성까지 해쳐 문제아로 변하는 때도 이 시절이다. 여기서 빠져나와야 한다.

비행기는 목적지를 향해 갈 때 자동항법장치(navigation)에 따라 항로를 이탈하지 않고 안착할 수 있다. 중간에 날씨·풍향·고도·기류 등에 따라 잠시 항로를 벗어날 수도 있으나 항법장치의 인도에 따라 다시 제자리로 돌아온다. 마찬가지로 의지가 굳은 학생은 목표로 향하는 길에서 잠시 이탈했다가도 제자리로 돌아와 자신의 길을 찾아 노력한다. 가파르고 험한 이 사춘기 시절을 잘 견뎌 내고 인생 목표를 향해 줄기차게 나가야 한다.

인생 목표로 향하는 큰 관문 중에 대학 입시가 버티고 있다. 입시를 준비하는 수험생은 별 보고 등교했다가 별 보고 파김치가 되어 귀가한다. 치열한 전투를 치르느라 잠도 제대로 못 잔 채 2개의 야전 도시락으로 끼니를 때우기 일쑤이다. 많은 학생이 일생일대의 험한 난관을 뚫고자 결사대의 전사처럼 공부에 임한다. 어느 외국인이 한국의 치열한 대학 입시 전쟁터를 보고 장렬하다고 표현한 것은 허튼소리가 아니다.

한 외고에서 공부하여 하버드대학교에 입학지원서를 낸 외국인 여학생은 '한국에서 고3 생활을 견뎌 낸 학생이라면 이 세상에서 못할 게 없을 것'이라고 했다. 이렇게 지독한 입시 지옥에서 살아남은 고3들이 대학에서까지 그 노력을 이어 간다면 못 이룰 인생 목표가 어디 있겠는가?

학문이든 예술이든 운동이든 사업이든 성공한 사람과 실패한 사람의 차이는 무엇일까? 성공한 사람은 목표를 뚜렷하게 갖고 강한 의지와 줄기찬 노력으로 성과를 낚아챈 사람이다. 실패한 사람은 목표도 의지도 노력도 부족한 사람으로 성과는커녕 낙오자라는 의식으로 패배주의자나 냉소주의자가 될 우려가 있다.

청소년은 모든 유혹을 이겨 내고 줄기찬 노력을 쏟음으로써 승리의 영예를 쟁취할 수 있다는 것을 명심해야 한다.

공부하는 사람에게는 정서 안정이 필수적

정서(情緖)란 사람이 어떤 사물과 부딪쳐서 실마리처럼 일어나는 마음가짐이다. 마음은 주로 기쁘고(喜희), 화내고(怒노), 슬프고(哀애), 두렵고(懼구), 사랑하고(愛애), 미워하고(惡오), 욕심이 일어난다(欲욕). 이 것을 칠정(七情)이라 하며, 줄여서 '희로애락(喜怒哀樂)'이라 부른다. 희로애락의 강한 감정이 몰아칠 때는 정신이나 신체적으로 흔들림이 크고 생활 자체에까지 변화를 가져오는 경우가 허다하다. 이러한 감정은 어린이부터 노인에 이르기까지 평상시 생활에 상당한 영향을 준다. 이같이 마음에서 일어나는 온갖 감정이나 기분, 분위기 등을 '정서'라고 하는데, 공부하는 청소년에게는 정서 안정이 절대적이라 할 수 있다.

예부터 동서양의 수도자들이나 공부하는 사람들은 도시로부터 멀리 떨어져 깊은 산속이나 인적이 드문 곳에서 수양하며 공부하였다. 즉 사람과 부딪쳐서 일어나는 세상사가 정서 안정을 깨뜨리면 정진하던 공부에 치명적으로 작용한다. 그래서 될 수 있는 한 감정을 일으키는 요소를 없애고 평정심을 갖고 공부해야 한다. 정서 안정은 공부하는 사람에게 필요불가결의 요소라고 할 수 있다.

• 율곡의 자경문(自警文) •

율곡 선생이 16살 때 부친을 따라 관서지방에 갔다 돌아오던 중, 어머니(신사임당)가 돌아가셨다. 그 충격이 너무 컸던 나머지 그는 슬픔에 빠져 3년간 책을 보지 못했다는 친구와의 편지가 있다.

'어머니의 상을 당하여 책을 쥐지도 못하고, 문장에 전연 접하지 않은 지 3년이 지났습니다. 가슴속이 텅 빈 것 같습니다.'

율곡은 파주 자운산의 무덤에 움막을 짓고 3년간 시묘(侍墓)를 한다. 당시 생사에 대한 깊은 번뇌에 대한 해답을 구하고자 19살에 금강산으로 들어가 불교 수행까지 해 본다. 그로부터 1년 뒤 강릉 오죽헌으로 가서 외할머니의 따뜻한 보살핌 속에서 스스로 자경문을 짓고 분연히 새 출발을 시작한다.

- 가장 먼저 성인(聖人)이 되겠다는 큰 뜻을 가져야 한다. 성인을 준칙으로 삼아 그에 미치지 못하면 내가 할 일이 끝났다고 할 수 없다.
- 잡다한 마음을 한마음으로 안정시키는 것도 큰 공부이다.
- 부귀영화를 바라는 마음이나 편하게만 살려는 마음도 버릴 일이다.
- 단 하나의 불의를 행하여 무고한 한 사람을 죽여서 천하를 얻는다 할지라도 이런 일은 하지 않겠다는 생각을 가슴속에 담고 있어야 한다.
- 밤에 잠을 자거나 몸이 아프지 않으면 아무 때나 눕지 않으며 비스듬히 기대어 앉지도 않는다.
- 공부에 힘쓰되 느리게도 급하게도 말며 평생 정진할 일이다.

율곡이 청소년 시절에 겪은 어머니의 영면으로 인한 고뇌와 방황으로부터 정서가 안정이 되기까지는 무려 5년의 세월이 흘렀다.

참고: 『율곡 이이의 삶과 사상』 파주문화원, 2007.

어변성룡은 거저 이뤄지는 것이 아니다

'어변성룡(魚變成龍)'이라는 고사는 등용문(登龍門)과 같은 의미이다. 중국 황하 상류에 용문협곡이 있다. 경사가 가파르고 거센 물결을 거슬러 뛰어넘기가 어려운 곳이다. 그러나 이 용문협곡을 뛰어넘기만 하면 곧 용이 된다. 그래서 등용문이라도 한다. 그러나 이 협곡을 뛰어넘지 못하는 잉어가 더 많다고 한다. 등용문의 반대말이 점액(點額: 생존 경쟁에서 패배한 자)이다. 이 용문협곡을 뛰어넘지 못하고 급류에 휩쓸려

바위 등에 이마를 부딪쳐 깨어진 것을 이르는 말로, 실패했다는 뜻이지만 영광의 상처이기도 하다.

용은 신비의 동물로 길흉화복(吉凶禍福)의 수호능력을 갖추고 바다·강·땅·하늘을 오르내리면서 인간 세계에 꿈과 희망을 주는 상상의 영물이다. 그래서 누구든 인생 목표를 잘 선택하여 강한 의지와 끊임없이 노력으로 모든 시련을 극복하면 성공할 수 있다는 희망의 메시지를 담고 있다.

어변성룡과 비슷한 고사성어로 '우공이산(愚公移山)'이나 '마부작침(磨斧作針)'이 있다. 우공이란 사람이 나이가 90세인데 집 앞에 큰 산이 막혀 불편하니, 삽으로 그 산을 깎아서 삼태기에 담아 발해에 갖다 버리겠다는 것이다. 내가 못하면 내 아들이 하고, 손자에 손자가 이어서 하면 결국은 할 수 있다고 주장했다. 또 어떤 할머니가 도끼를 갈고 있기에 한 선비가 지나가다 '뭐 하시냐'고 물었더니, 바늘을 만들고 있다고 했다. 모두가 양적인 축적은 질적인 변화를 가져온다는 변증법적 이론이다.

인생 목표는 하루아침에 이루어지지 않고 기나긴 세월 속에 피와 땀과 노력을 해야 성과물이 나올 수 있음을 시사하고 있다. 이루고 싶은 목표가 클수록 쉽게 함락되지 않는다는 것을 명심하고 올바른 선택, 강한 의지, 줄기찬 노력 그리고 정서 안정으로 어변성룡의 성공을 쟁취하길 바란다.

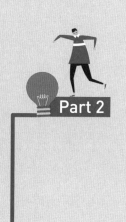

Part 2

인성
공부

공부에는 마음공부와 지식공부가 있다. 마음공부를 요즘은 인성(人性)교육이라고도 한다. 인성이란 '사람의 성품으로 각자가 가지는 생각이나 마음가짐'을 말한다. 인간은 원래 태어날 때부터 착한 천성(=본성)을 간직하고 있다. 서양에서는 합리적인 사유 능력과 이치에 따라 사리를 분별하는 이성에 관한 연구가 깊다. 인류학자들은 인간은 유인원에서 진화했기 때문에 동물적 잔재, 즉 본능도 가지고 있다고 한다.

이같이 인간은 착한 천성과 동물적인 본능이 혼재된 선악의 양면성을 지닌 채 언제나 번민하며 인간다움을 찾으려 애썼다. 인간 마음에 간직한 천성(착한 마음)을 보존하면서, 본능을 자제하며 인간답게 살려고 노력하는 것이 마음공부(인성교육, 수양修養, 수신修身, 수기修己)라 할 수 있다.

옛날 하(夏)나라의 우임금은 세숫대야에 '진실로 날로 새롭고, 날마다 새로워서, 또 새로워진다(苟日新구일신, 日日新일일신, 又日新우일신)'라고 새겨 놓고 마음 닦기를 게을리하지 않아 성군(聖君)으로 기록되고 있다. 즉 인성교육은 자신의 인간다운 도덕성을 닦는 것에서부터 배움을 통해 가정·사회·국가에서 지켜야 할 인륜과 예로 확장해야 한다.

• 인간은 얼마나 잔인하고 악독할 수 있을까? •

진나라 폭정에 반란을 일으킬 때 유방(劉邦, BC247?-BC195)도 그중의 한 사람이었다. 그의 밑에 여문(呂文)이란 관상 보기를 좋아하는 사람이 있었다.

여문은 그를 보고 함부로 몸을 놀리지 말고 자중자애(自重自愛)할 것을 말하면서 딸이 있는데 밥과 집 안 청소나 하는 부엌데기로 받아 달라고 부탁한다. 그 젊은 여인은 여러 번 죽을 고비를 넘기면서 고생하다 남편이 한(漢)나라의 황제가 되니 자연히 황후가 된다. 황제는 많은 첩이 있었지만, 말년에 척(戚)부인만을 사랑하였으나 황제에 오른 지 7년 만에 죽는다. 곧이어 황후의 장자인 효혜(孝惠) 황제가 오른다.

여태후는 그동안 참았던 질투에 대한 원한이 폭발하여 척부인의 어린 자식부터 죽인다. 얼마후 척부인의 손과 발을 절단하고, 눈을 파내고 귀를 멀게 하며, 벙어리를 만들어 궁중 화장실에 처박아놓고 부르기를 인체(人彘-인간돼지)라 하였다. 황제가 그 화장실에 들어갔다가 자기 아버지가 사랑한 척부인 것을 알고 대성통곡을 하면서 병을 얻었다. 자기 어머니(태후)에게 "이것은 사람으로서 차마 할 수 있는 일이 아니다."라고 하였다. 효혜황제는 정사(政事)를 돌보지 못하고 젊은 24세에 죽었다고 역사는 기록하고 있다. 인간의 마음은 예나 오늘이나 착한 천성과 동물보다 못한 잔인한 마음이 함께하니 마음 닦기를 게을리해서는 안 된다.

참고 : 한기(漢紀)에서

1

인성교육의 유래와
인륜 도덕 교육

세상 사람들이 입만 열면 '천하'를 말한다. '천하의 근본은 나라에 있고, 나라의 근본은 가정에 있으며, 가정의 근본은 자기 자신에 있다. 천하를 염려한다면 자신의 몸부터 닦아야 한다. 수신제가치국평천하(修身齊家治國平天下)'라는 말을 익히 들어 왔다.

인성의 유래와 교육

'인성교육' 하면 동양에서는 유교(儒敎, Confucianism)를 일으킨 공자를 빼놓을 수 없다. 공자는 만세의 스승이라 할 정도로 교육의 사표이다.

공자는 『논어』에서 사람의 인성과 교육에 대해 다음과 같이 말했다.

"사람의 마음은 태어날 때 서로 비슷하나, 습관(관습)에 따라

인성이 서로 다르며 멀다."(性相近성상근, 習相遠습상원)

그러나 "교육을 받으면 사람은 다 비슷해진다."(有敎無類유교무류)

이 글은 경전에 나와 있는 인간의 성(性)에 대한 최초의 글이다. 공자는 인간의 성품은 서로 비슷하나 습관에 따라 멀고, 어떤 교육을 받고 자랐느냐에 따라 사람과 사회가 변할 수 있다는 교육의 중요성을 강조했다. 공자의 학맥을 이어받은 맹자 시대에 와서 인성에 관한 설이 무성했는데 맹자는 성선설(性善說)을 주장하였다.

공자의 교육사상을 좀 더 알아보자.

"어린 학생은 집에서 효도하고, 나가서 윗사람을 공경하고 조심하고 믿음직스럽게 행동하며, 모든 사람을 사랑하며 어진 사람과 가까이한다. 이런 덕행을 실천하면서 여유가 있으면 지식공부를 한다(子曰자왈 弟子入則孝제자입즉효 出則悌출즉제 謹而信근이신 汎愛衆而親仁범애중이친인 行有餘力행유여력 則以學文즉이학문)."라고 했다.

공자는 우선 마음공부를 한 연후에 지식공부(문자공부)를 한다고 분명히 하였다. 이런 교육사상은 신라 이전부터 유입된 공자·맹자 사상과 우리 민족의 고유한 홍익인간 사상이 융합되어 우리 교육에 많은 영향을 주고 전통사상으로 정착되었음을 알 수 있다.

·우리 조상들의 인성과 도덕·

• 오래된 중국 고전『산해경』에 보면 "중국 동부에 군자국이 있는데, 그 사람들은 의관을 정제하고 칼을 찼으며 … 사양하기를 좋아하고 서로 다투지 않는다."라고 했다. 『한서』「지리지」에서도 "동이족은 다른 족속과는 다르게 천성이 유순해 일찍부터 백성들 사이에 도적이 없어 문을 닫지 않고 살았으며, 부인들이 정신(貞信)하여 음탕하지 않았다."라고 하였다.

- 공자 자신도 정치적 혼란과 뜻을 제대로 펼치지 못하자 그 답답함을 토로하는 문장이 『논어』에 나온다.

공자: 동쪽에 있는 구이(동이족)에 가서 살고 싶구나.

제자: 누추한 곳에서 어떻게 사시겠습니까?

공자: 군자들이 사는 곳인데 무슨 누추함이 있겠느냐.

중국 고전에는 우리 조상에 대하여 호의적이며 칭송하는 글이 곳곳에 남아 있다. 공자가 바람직한 이상적인 인간상을 '군자'로 표현하는데, 군자는 중국에도 있고 베트남에도 있을 수 있다. 그러나 '군자국(君子國)'으로 옛 우리나라를 지칭하였을 정도로 우리 조상은 예의가 바르고 높은 수준의 문화민족이었음이 자긍심을 갖게 한다.

인성교육은 청결과 예절 교육이 필수

어린 학생과 청소년이 전통적으로 배웠던 공부의 내용이 『소학』이란 책에 잘 나타나 있다.

"어린 학생들은 물 뿌리고 쓸며, 응대하고 대답하며, 나가고 물러가는 기본예절을 배운다(灑掃應對進退之節쇄소응대진퇴지절)."

인성교육에서 첫 번째 배우는 것은 쇄소(灑掃)라 하여 '물을 뿌리고 빗자루로 청소를 한다'는 뜻이다. 이 기본적인 예절은 아주 간단한 것 같지만 인간의 심성과 예절과 철학이 들어간 공부이다. 이것은 학생들에게 청결만을 가르치는 것이 아니다. 귀천(貴賤: 귀하고 천함)과 존비(尊卑: 높고 낮음)와 미추(美醜: 아름답고 더러움)를 가르치는 중요한 덕목이다. 또 응대나 진퇴의 예절도 응용하기에 따라 손님 접대에서부터 전쟁터에서 나가고 물러가는 뜻을 간직하기도 한다.

이런 공부의 내용이 현대 산업사회에 맞지 않는다고 항변할 수도 있지만, 분명코 살기 좋고 발전한 사회일수록 필요한 덕목이다.

전통 공부에서는 배우는 학생이 기본적인 청결교육과 응대·진퇴의 예절을 배운 뒤에 지식공부에 해당하는 육례(六禮), 즉 '예·음악·활쏘기·말 몰기·글쓰기·셈하기(禮樂射御書數예악사어서수)'를 배운다. 그리고 대학에 들어가서는 궁리정심(窮理正心)과 수기안인(修己安人)의 학문으로 주로 『사서오경』을 배운다.

- 사서(四書): 대학(大學)·논어(論語)·맹자(孟子)·중용(中庸)
- 오경(五經): 시경(詩經)·서경(書經)·역경(易經)·춘추(春秋)·예기(禮記)

조선 말기까지 인성교육 중심으로 교육을 했으나 국맥(國脈)이 끊기고, 해방 후에 서양식의 실용적인 교육이 이루어지자 전통사상의 고유한 미풍양속이나 예의범절이 퇴조되면서 많은 혼란을 겪고 있다. 오늘날 중·고등학교의 교육 목적은 지·덕·체(智德體: 지식, 덕행, 건강)가 균형 잡힌 전인교육(全人敎育: 온전한 인간교육)을 내세우고 있다. 여기서 '덕'이 바로 '인성교육'이다. 그러나 대학 입시에 총력전을 벌이다 보니 지식 위주의 교육과 잘살기 위한 경쟁에만 집착하다 보니 인성은 더욱 삭막하고 흉흉해져 사실상 인성교육은 변죽만 울리고 있다.

•학생들이 스스로 청소를 하지 않는 학교•

2010년쯤 서울 강남의 어느 학교에서는 학생들이 직접 청소를 하지 않고 고용인이 한다는 말을 들었다. 그것이 과연 교육상으로 좋을까? 먼지가 나는 교실이나 화장실 청소는 누구나 하기 싫다. 청소를 않고 학습에만 전념

할 수 있으니 좋다는 의견도 있겠지만 교육상으로 깊이 생각해 봐야 한다.

'학생들은 어디서 천하고 낮고 추한 것을 알게 되나?'

오늘날은 자녀를 하나둘밖에 낳지 않아 아이들이 태어날 때부터 귀한 왕손 이상으로 대접을 받고 자란다. 더구나 자기밖에 모르고, 주관성도 강하고, 지기 싫어하며 더러운 일을 하지 않으려는 것이 오늘의 보편적인 학생의 습성이다. 최소한 학생이라면 자기가 사용하는 교실이나 화장실만은 스스로 청소를 해야 한다고 생각한다. 노동은 신성하다고들 말만 하지, 힘들고 더러운 일은 누가 하려고 할까? 인생살이가 언제나 왕궁에서 왕처럼 사는 것이라면 모르되, 때로는 추락하여 더럽고 추하고 하기 싫은 일도 해야 하는 삶이 올 수도 있다.

마음공부는 성실을 바탕으로

개인이 쌓아야 할 중요한 도덕성 가운데 '성(誠)'이 최고이다. 하늘에서 날 때부터 간직된 '성'이란 '성실, 정성, 진실' 등을 말한다. 개개인의 성실이 제대로만 된다면 사회도 거짓이 없고, 바르고, 정의가 살아 있는 살기 좋은 공동체가 될 것이다. 그래서 성실이 천성을 지켜나가는 요체이기도 하다. 인간의 마음에는 성실의 비중이 매우 크다. 성이란 진실무망(眞實無妄: 진실하여 도리가 어긋나지 않음)으로 천지의 도(道)라고 할 정도이다.

'천지의 도'란 자연 그대로 순수하며 허위와 사사로운 욕심이 없는 진실성 그 자체이다. 태양은 동쪽에서 떠 서쪽으로 지며, 다음 날 어김없이 동쪽에서 다시 솟아오른다. 힘들다고 춘하추동이 뒤바뀌는 것이 아니다. 피곤하고 짜증난다고 게으름을 피우는 일이 절대 없다. 이같이 천지자연의 변함없는 순환의 이치가 성실 그 자체이다. 자연의 순리처럼 인간도 성실해야 바로 서고, 정직하고, 더 나아가 정의를 세울 수 있다. 성실이 없다면 모든 것이 다 거짓이며 망상이다.

송나라의 『자치통감』을 지은 사마광(司馬光, 1019-1086)에게 한 제자가 여쭈었다.

"수많은 글자 중에 좌우명으로 삼을 수 있는 중요한 한 자만 골라 주십시오."

그러자 사마광은 다음과 같이 답했다. "성(誠)이란 글자가 제일 중요하다. 성실하지 못하면 어떠한 것도 이루어지는 일이 없단다."

우리의 몸은 마음에 의해 움직이고 행동하기 때문에 마음 바탕이 성실하고 진실하면 행동도 진실 되고 선해진다. 특히 수신 공부를 위해서 선비들은 '홀로 있을 때도 마음가짐을 조심하라'는 '신독(愼獨)'을 강조했다. 더 나아가 '문득문득 떠오르는 음흉한 마음의 싹'을 '기심(機心)'이라 하는데 이것조차 경계해야 함을 강조하였다.

다른 사람이 나의 마음속을 보지 못한다 하여 대개 함부로 마음을 굴리게 된다. 일찍이 선비들은 '생각에조차 잡되고 사악함이 없어야 하며(사무사思毋邪)', '자기 스스로 속이지 않는다(무자기毋自欺)'라고 좌우명처럼 수없이 강조했다.

이렇듯 몸이 음식을 통해서 건강을 유지할 수 있듯이, 마음은 건전한 정신을 갖도록 노력해야 한다. 건전한 정신이란 성실한 마음을 바탕으로 생활해야 한다는 뜻이다.

그렇다면 건전한 마음을 기르는 생활 방법이 있을까? 아름답고 바른 생각이 바로 마음의 자양분이다. 즉 성실과 정직, 사랑과 감사, 용서와 화평 등의 긍정적인 사고는 마음을 아름답게 이끌어 가는 덕목이다. 사람의 아름답고 좋은 언행을 덕으로 보면 된다. 특히 음덕(陰德)은 오른손의 착한 일을 왼손이 모르게끔 하는 선행을 말한다. 반대로 시기와 질투, 미움과 거짓, 갈등과 의심, 불평불만 등의 부정적인 사고는 우리 마음을 사악하게 이끌어 감을 알아야 한다.

예컨대 고양잇과 동물은 살금살금 은밀하게 기어가서 먹이를 덮쳐 잡아먹는다. 물론 이는 생존을 위한 것이며, 배가 부르면 다른 생명을 빼앗지 않으며 쌓아 놓기 위한 탐욕도 없다. 그런데도 고양잇과 동물은 하나같이 매섭고 무서운 모양이다.

인간은 만물의 영장으로, 일찍부터 천지자연을 보고서 순리대로 성실히 살 것을 강조하여 나왔다. 그런 인간이 의식주가 충족되어도 수단과 방법을 가리지 않고 욕망을 채우고 쌓아 놓기 위해 짐승보다도 못한 탐욕으로 사악한 짓을 한다면 얼굴도 흉하게 변하는 것은 당연하다. 즉 마음 씀씀이가 얼굴에 형상으로 나타나는 것이다. 관념적이라 생각할 수도 있으나 과학이 발전함에 따라 정당성이 밝혀지고 있다. 성실한 마음을 갖고 아름다운 생각을 하면 아름다워지고, 추한 생각을 하면 추해지는 것은 당연한 이치다.

• 춘추시대 손숙오(孫叔敖)의 어린 시절 •

손숙오가 놀러 나갔다 울상으로 돌아왔다. 두렵고 근심 어린 표정으로 저녁도 먹지 않자, 자상한 어머니가 까닭을 물었다.

손숙오: 오늘 제가 들판에서 머리가 둘 달린 뱀을 봤습니다. 머리 둘 달린 양두사를 보면 곧 죽는다고 하니 두렵습니다.

어머니: 그 뱀 어디 있니?

손숙오: 양두사를 보면 다른 아이도 죽을까봐 뱀을 죽여서 파묻었어요.

어머니: 염려하지 마라! 너는 죽지 않는다. 내가 듣기에 음덕자(陰德者)
　　　　는 반드시 좋은 보답이 있고, 밝은 이름이 세상에 드러난다고
　　　　했으니 너는 앞으로 훌륭한 사람이 될 것이다.

훗날 손숙오는 어머니의 말처럼 훌륭한 사람이 되었다.

인성교육에는 착한 마음과 윤리가 필수

　도덕(道德, morals)과 윤리(倫理, ethics)는 인간이 가지고 지켜야 할 도리임은 비슷하나 약간의 개념의 차이는 있다. 즉, 자신의 도덕성을 내면적으로 키워 밖으로 발현하는 것은 도덕이다. 그 도덕성을 품고서 자신 외의 자연과 사람과의 관계에서 미덕으로 행하는 언행이 윤리이다. 도덕성을 키우려면 성(誠)을 바탕으로 착한 마음을 펴야 한다.

　옛 중국의 사상가 장자는 "하루에도 착한 마음을 생각하지 않으면 모든 악이 다 스스로 일어난다"라고 하였다. 하루에 한 가지 착한 행동을 하여 천성을 보존함이 중요하다고 하였다.

　맹자는 "기르던 닭이나 양 같은 가축을 잃어버리면 찾으려고 애쓴다. 그런데 자신의 착한 천성을 방심(放心)하여 잃어버리면 찾으려고 하지 않는다."라고 하였다. 누구든지 마음속에는 착한 천성을 품고 있으나 그 마음을 버리고 나쁜 마음으로 가는 것이 문제라는 것이다. 퇴계 이황 선생도 "착함을 굳게 잡고, 욕심을 막으면서 천성을 간직하라"라고 하였다. 사실 인성교육 중에 큰 공부가 천성을 지키는 것이다.

이런 착한 마음을 가지고 사회생활을 하는 모든 아름다운 인간관계가 윤리에 해당한다. 특히 오륜은 과거의 좋은 인륜으로, 아직도 우리 사회에 면면히 이어지는 전통윤리이다. 맹자도 "배불리 먹고 따뜻하게 입고 편안하게 살면서 인륜이 없으면 금수에 가깝다. 그래서 오륜으로 가르친다."라고 했을 정도이다.

■ 오륜(五倫)

부자유친(父子有親): 부모와 자녀 사이에는 친함이 있다.

군신유의(君臣有義): 임금과 신하 사이에는 의가 있다.

부부유별(夫婦有別): 부부 사이에는 분별이 있다.

장유유서(長幼有序): 어른과 어린이 사이에는 차례가 있다.

붕우유신(朋友有信): 벗 사이에는 믿음이 있다.

• 현대사회에서 군신(君臣)이란 용어의 해석은 나라와 국민, 모든 단체, 기업체 등의 단체장과 구성원도 된다. 아무리 작은 단체도 쌍방 간에 서로 지켜야 할 도리(의義)가 분명히 존재한다.

• 부부유별에서 남녀의 하는 일이 점점 구분하기가 어렵지만 분명코 존재하기 때문에 서로 의논해서 돕고 살면 된다.

• 오륜은 중국에서 3000년 이상 이어진 인륜이며, 우리나라에서도 전통윤리사상이다.

삼국을 통일한 신라의 정신적 지주는 '화랑오계(花郞五戒)'이다. 화랑오계는 사군이충(事君以忠), 사친이효(事親以孝), 교우이신(交友以信), 임전무퇴(臨戰無退), 살생유택(殺生有擇)이다. 여기서 '살생유택'만이 불교적인 색채가 있을 뿐 오륜과 거의 같다.

2

참는 자가
이긴다

의지와 극기

극기(克己, self-control)란 자신에게 오는 모든 고통이나 유혹·감정·
욕심 등을 의지로써 참아 낸다는 뜻이다. 인생에서 많이 참고 견디는
자가 결국 승리자가 된다. 극기는 사람이 가져야 할 최고의 수신덕목
이라 할 수 있다.

극기와 비슷한 낱말을 사전에서 찾아보자.

• 인내 – 괴로움이나 어려움을 참고 견디는 의지를 말한다.
• 절제 – 감정이나 욕심을 적당하게 조절하고 억제한다는 뜻이다.
• 자제 – 자기 스스로 감정이나 욕심을 억제한다는 뜻이다.
• 극복 – 위기나 시련 같은 악조건을 이겨낸다는 뜻이다.

큰 인생 목표를 가진 사람은 어떠한 난관이나 극한 상황에서도 굴하

지 않고 극기·인내·절제·자제·극복해야 한다.

인간의 생물학적 삶의 욕망은 동물의 본능과 별반 다른 점이 없다. 그래서 육체적 욕망은 건강을 보존하는 한계를 넘어서 그 자체를 목적으로 삼아서는 안 된다. 만일 인간이 육체적 욕망을 충족시키기 위해서만 산다면 금수와 다를 바가 없다. 인간은 그저 본능적으로 편하고 재미난 쾌락만을 위해서 이 세상에 나온 것이 아니다. 정신적인 이상과 고귀한 삶을 실현하기 위해 육체적인 욕망을 절제하는 것은 인간으로서 당연하다.

인생은 자기 자신과의 싸움이라고 한다. 그렇기에 '극기'라는 필수적인 덕목을 강한 의지로써 닦지 않으면 성공의 열매를 쉽게 얻을 수 없다. 그러므로 수신하는 사람들이 뼈를 깎는 자세로 하는 공부가 바로 의지력을 키워 나가는 극기 공부이다.

•마음을 다스리는 시•

집안이 나쁘다고 탓하지 말라

나는 아홉 살 때 아버지를 잃고 마을에서 쫓겨났다.

가난하다고 말하지 말라.

나는 들쥐를 잡아먹으며 연명했고,

목숨을 건 전쟁이 내 직업이고 내 일이었다.

작은 나라에서 태어났다고 말하지 말라.

그림자 말고는 친구도 없고 병사로만 10만,

백성은 어린애, 노인까지 합쳐 2백만도 되지 않았다.

배운 게 없다고, 힘이 없다고 탓하지 말라.

나는 내 이름도 쓸 줄 몰랐으나, 남의 말에 귀를 기울이며
현명해지는 법을 배웠다.

너무 막막하다고, 그래서 포기해야겠다고 말하지 말라.

나는 목에 칼을 쓰고도 탈출했고,

뺨에 화살을 맞고 죽었다 살아나기도 했다.

적은 밖에 있는 것이 아니라 내 안에 있었다.

나는 내게 거추장스러운 것은 깡그리 쓸어 버렸다.

나를 극복하자, 나는 칭기즈칸이 되었다.

공자의 극기와 용기

공자의 제자는 3천 명으로 그중 육예에 통달한 사람이 70여 명이었
고 그중에서도 '안연'을 수제자로 꼽는다. 그는 안빈낙도(安貧樂道: 가난
속에서도 도를 즐김) 속에 가장 성실하고 호학한 제자로 일컬었다. 그가
인(仁)에 대하여 공자에게 물었다.

- 공자: 극기복례(克己復禮)가 인(仁)이 되니라.
- 안연: 구체적으로 자세하게 덕목을 가르쳐 주세요.
- 공자: 예가 아닌 것은 보지 말고(非禮勿視비례물시),
      예가 아닌 것은 듣지 말고(非禮勿聽비례물청),
      예가 아닌 것은 말하지 말고(非禮勿言비례물언),
      예가 아닌 것은 행동하지 말라(非禮勿動비례물동)!'
- 안연: 제가 비록 부족하오나 이 말을 받들겠습니다.

『논어』에서 이곳에 '극기'라는 단어가 처음으로 보인다. 인간은 대개 보고, 듣고, 말하고, 행동하는 가운데 좋지 않은 욕심이 싹트기 때문에 착한 마음(仁)을 반드시 잡으라고 하였다.

- 인(仁, Perfect Virtue): 의(義), 예(禮), 효(孝), 애(愛), 충(忠), 신(信), 경(敬), 용(勇) 등을 포괄한 완전한 덕으로 공자도 감당치 못한다고 하였다.

특히 공자는 사람으로서 갖춰야 할 덕목 중에 극기를 중요시했으나, 용기도 중요시하였다. 옳은 일을 보고도 하지 않는 것은 용기가 없는 것이라고 하였다. 다만 용기는 예로 조절해야 진정한 용기가 되고, 예가 없는 용기는 난폭하게 된다고 하였다. 나라가 위기에 빠지면 자신의 목숨을 바쳐서 나라를 구해야 한다는 '견위치명(見危致命:나라가 위급할 때 목숨을 바침)'과 같은 고사도 있다. 참을 때가 있지만 용기도 절실할 때가 있다.

• 참음을 알아야 사람이다 •

공자의 제자 자장(子張)이 잠시 외유하기 위해 공자에게 작별 인사를 하러 갔다.

- 자장: 몸을 닦는 요점을 한마디로 말씀해 주세요.
- 공자: 백 가지 모든 행동의 근본은 참는 것이 제일이니라.
- 자장: 어떻게 참아야 하는지 자세히 말씀해 주세요.
- 공자: 천자가 참으면 온 국가에 해로움이 없을 것이고,

　　　　제후가 참으면 자기가 다스리는 땅이 커질 것이다.

　　　　관리가 참으면 자기 지위가 올라갈 것이고,

형제간에 참으면 그 집이 부귀를 누릴 것이고,

부부간에 서로 참으면 일생을 함께 해로(偕老)할 것이다.

자신이 참으면 화가 없을 것이다.

· 자장: 그러면 만일 참지 않을 때는 어떻게 됩니까?

· 공자: (윗글의 내용을 반대로 말씀했다.)

· 자장: 참는 것이란 참으로 어려운 일이나, 참지 않는다면 사람이라고 말할 수 없겠습니다.

자신을 이겨 내는 극기 공부와 방법

율곡은 『격몽요결』 「지신장」에서 다음과 같이 극기 공부에 대해 강조한다.

극기 공부는 일상생활에서 매일 가장 절실히 해야 할 공부이다. 내 마음에 좋아하는 것이 천리(天理)에 합당한가, 합당하지 않은가를 살펴야 한다. 색을 좋아하는지, 이익을 좋아하는지, 명예를 좋아하는지, 벼슬을 바라는지, 안일한 생활을 좋아하는지, 모여서 먹고 마시고 노는 것을 좋아하는지, 진기한 물건 가지기를 좋아하는지를 살펴야 한다. 좋아하는 것이 많더라도 이치에 합당하지 않으면 일체 통렬하게 싹트는 맥을 끊어 없애야 한다. 이런 연후에 내 마음에 좋아하는 바가 비로소 올바른 도리에 놓이게 되어 저절로 극기가 되는 것이다.

사실 어떤 사람도 죽을 때까지 달콤한 유혹이나 호기심으로부터 자유롭지 못하다. 오늘날 청소년이 인터넷, 게임, 음란물 등에 빠져 그것들이 자꾸 눈에 아물거릴 때는 이미 중독된 상태이다. 그로 인해 자신의 싸움에서 자꾸 진다면 그만큼 중요한 시기에 방황으로 이어져 학업에 문제가 생긴다. 이렇게 되면 무엇을 하든 작심삼일로 도중하차하기 쉽도록 뇌의 구조까지 변하게 된다. 이런 사람은 어른이 되어서도 하는 일마다 중도에 쉽게 포기하고, 알코올이나 도박 등 중독에서 벗어나지 못하며, 일생을 다람쥐 쳇바퀴 돌듯 생활하면서 불평을 쏟아 내는 버릇이 생긴다.

극기 공부는 죽을 때까지 계속되며 결코 쉬운 싸움이 아니다. 처음부터 옳지 않거나 합당치 않은 악의 싹을 통렬하게 끊어 내며 스스로 참는 것이 상책이다. 다른 사람과 싸움이 있을 때는 조금 양보할 수 있으나, 자기와의 싸움은 작든 크든 무조건 이겨야 극기심이 붙는다.

극기 공부의 방법이 있는가?

인간의 의지는 처음에는 누구나 비슷하다고 한다. 태어날 때부터 의지가 강하거나 약한 자는 없으며, 자라면서 가정환경과 교육에 따라 큰 차이를 보이게 된다. 앞에서 말한 마음의 덕을 닦으면서 남녀가 똑같이 등산, 마라톤, 국토순례, 국선도, 유도, 클라이밍 등으로 육체와 정신을 다져야 한다. 때로는 단식(금식)이나 기도, 108배(절) 같은 것도 극기 수양에 좋다.

자신을 개혁하는 일은 짧은 시간에 되지 않는다. 좋지 않은 유혹이나 호기심에 이끌리는 것은 대개 육신의 본능적인 작용으로, 극기를 위해서는 육체를 혹독하게 다뤄 정신력을 강건하게 키울 수밖에 없다. 무쇠나 고철은 뜨거운 용광로 속에 몇 번이고 들락날락해야 100층 건물을 버틸 수 있는 최고의 강한 철이 된다. 인간도 피눈물 나는 담금질을 당해야 무엇인가를 깨닫게 되고 미래가 열린다. 흙수저, 금수저를 따질 일이 아니다.

'자기와의 싸움에서 이긴 자가 천하를 얻는다는 말은 허튼소리가 아니다. 이런 유혹조차 이겨 내지 못하면 내가 무엇을 이룰 수 있겠는가!' 이런 각오로 학생들은 자신을 다지며 성찰하고, 이를 악물고 살을 도려내고 뼈를 깎는 고통을 참아 내며 극기를 키워야 한다.

• 자신을 이긴 사람들 •

중국 봉건시대의 명군 당 태종의 아버지는 당나라를 창건한 이연(李淵)이다. 그가 황제가 되기 전 어떤 큰 마을을 방문하였다. 그 마을은 집성촌으로 9대가 대대로 살며 18촌의 대가족을 형성하고 살았다. 그 가문에서 나이 많은 어른이 이연을 맞이하였다. 이연이 물었다. "이렇게 큰 집안을 이끌어 가는 비결이 무엇입니까?" 그 노인은 대답 없이 붓에 먹물을 묻혀 참을 인(忍) 자를 종이에 가득 채워 보여 준다. 이에 이연은 시로 화답했다.

"백번 참는 집안에 큰 화목이 있더라(百忍堂中有泰和백인당중유태화)."

미국인 아론 랠스턴(27세)은 산을 좋아했다. 어느 날 블루 존 캐이언이란 협곡에서 홀로 등반 중 사고로 큰 바위에 팔이 끼어 옴짝달싹 못 하게 되었다. 하루 이틀 견디며 빠져나오기 위해 온갖 방법을 써 봤지만 모두

헛수고였다. 점점 탈진 상태에 이르러 죽음의 위기에 처한 그는 결국 무딘 칼로 몇 시간에 걸쳐 자기 팔을 잘라 내고 기적적으로 살아 나왔다. 그의 이야기가 미국에서 〈127시간〉이란 영화로 만들어져 랠스턴은 일약 스타가 되었다.

극기에 관한 이야기

무인들은 한신(韓信, BC ?-196) 장군을 높이 평가한다. 원래 그는 왕손이었으나, 청소년 시절에 하루 세끼조차 해결하지 못해 때로는 빨래하는 아주머니(표모)에게 밥을 얻어먹을 정도로 곤궁하였다. 그가 후일 은혜를 갚겠노라고 하면 "네 주제에 무슨" 할 정도로 무시당하고 면박을 받았다. 그래도 자신의 포부만은 크게 갖고 있어서 항상 큰 칼을 차고 다녔다. 읍내에 나가자 불량배가 한신에게 시비를 걸어 왔다.

"네가 허우대는 크지만, 칼을 차고 다니는 것을 보면 겁쟁이라서 그렇지? 아니면 그 칼로 나를 찔러 봐! 겁나서 못 하겠으면 내 가랑이 밑으로 지나가 봐라."

한신은 잠시 생각하더니, 무릎을 꿇고 불량배의 가랑이 밑으로 기어 나갔다. 그 광경을 본 사람들은 한신을 겁쟁이라 놀려댔다. 그러나 한신은 커서 초한(楚漢) 간의 전쟁에서 제나라 왕에 오르기도 한다. 한신은 표모를 불러 천금을 주고, 자기를 욕보이던 사람들에게까지 벼슬을 준다. 그는 국사무쌍(國士無雙), 배수진(背水陣), 다다익선(多多益善), 토사구팽(兎死狗烹), 축록(逐鹿) 등의 고사를 낳는다. 한신은 극기를 갖춰 영웅으로 한 시대를 풍미(風靡)하였다.

알렉산드르 푸시킨(1799-1837)은 '러시아의 국민 시인, 러시아 문학의 아버지'라고 할 정도로 러시아에서 가장 사랑받는 위대한 문학가이다. 명문 귀족 집안 출신인 그는 깊은 사상과 높은 교양으로 러시아 문학을 세계 문학사로 끌어올렸다는 평가를 받고 있다. 그러나 그의 작품에 나타난 정치사상은 탄압으로 고독하고 불우한 유배 생활로 이어졌다. 이런 생활 속에서도 낭만적인 정서와 높은 사상이 예술적 성장으로 승화하여 탄생한 그의 작품은 오늘날 세계 여러 나라에서 애독하고 있다.

> 삶이 그대를 속일지라도, 슬퍼하거나 노여워하지 말라,
> 슬픔의 날을 참고 견디면, 기쁨의 날이 오리니, 믿으라,
> 마음은 미래에 사는 것, 현재는 언제나 슬프도다,
> 모든 것 순간에 지나가고, 지나간 일은 사랑스러우리라.

그런데 사생활 면에서는 다른 모습이 전한다. 푸시킨의 부인 나탈리야는 매우 아름답고 지적인 여성으로 당시에 사교계에서 많이 알려진 모양이다. 푸시킨은 그의 아내를 짝사랑하던 프랑스인 육군 장교와의 권총 결투에서 38세의 나이로 운명한다. 참으로 애석하고 안타까운 일이다. 남자다운 자존심도 중요하겠지만 생사(生死)의 갈림길에서 좀 참았더라면….

·끊임없는 도전과 극복하는 정신·

인순이라는 인기 가수가 있다. 그는 언제나 다이내믹한 율동과 가창력

으로 관객을 사로잡으니 팬이 많다. 까무잡잡한 얼굴에 곱슬머리로 혼혈인임을 금방 알 수 있다. 청소년 때에 편견과 곱지 않은 시선으로 어린 가슴에 상처와 응어리를 안고 컸을 것이다. 오죽하면 수녀가 되어 보이지 않게 사는 것이 꿈(?)이었다고 할 정도이다. 그러한 상처와 고난을 극복하고 정상급의 가수로 활약한다는 데 우선 찬사를 보내고 싶다.

2015년 당시 메르스가 창궐하여 많은 사람이 몰리는 집회를 자제하던 때가 있었다. 인순이도 예정됐던 공연이 줄줄이 취소되어 집에서 무료하게 보낼 즈음 새로운 목표를 세웠다. '보디빌딩을 하여 근사한 몸매를 만들어 나에게 선물하겠다!' 거울에 '나는 나를 이긴다!'라는 메모를 붙이고, 59세에 멋진 몸매를 만들어 보디빌딩 대회에 참가한다는 투지로 실천을 하였다. 결국 큰 국내 대회에 395번을 달고 최고령 선수로 참가하여 퍼포먼스 부문에서 2위로 입상하였다.

평소 가수로서 '스타는 못 되더라도 누군가 불러 줄 그날을 위하여 죽도록 연습하고 노력하는 것'이 롱런의 비결이라고 말한다. 2013년에는 강원도 홍천에 대안학교를 개교하여 운영하고 있다. 인순이는 끊임없이 도전하고 극복하면서 대중과 사회를 위해 여민동락(與民同樂: 백성과 더불어 즐김)을 하는 진정한 예인(藝人)이라 할 수 있다.

참고: 조선일보 2015. 10. 토요 섹션

3

효도가
살아야 한다

인륜에서 효도가 제일이다

예부터 효도를 잘하는 자녀치고 남에게 못된 짓을 하는 사람은 드물다고 했다. 그만치 인륜 관계에서 효를 으뜸으로 친다. 부모가 자식을 아끼는 내리사랑은 예나 지금이나 변함이 없다. 부모와 자녀의 관계는 하늘이 맺어 주고 끊으려야 끊을 수 없는 관계라 해서 천륜(天倫)이라고까지 말한다.

'효(孝)'라는 글자를 보면 노인(耂)을 아들(子)이 업고 있는 모양이다. 이렇듯 예부터 효를 모든 행동의 근본으로 여겼기 때문에 『효경』이란 책까지 있다. 『효경』은 우리나라 삼국시대 때부터 이미 공부하는 사람의 필수과목이었으며 전통사상으로 맥을 잇고 있다. 『효경』을 보면 '오형(五刑: 다섯 가지 형벌)에 속하는 죄목이 3천 가지인데 그중에서 불효보다 큰 죄는 없다'라고 했다. 불효는 특히 천륜을 해친다 하여 패륜으로 칭하고 사회나 나라에서 큰 벌로 다스렸다. 그러면 효의 내용을 구체적으로 어떻게 설명하고 있을까?

> 신체발부(身體髮膚)는 모두 부모에게서 받은 것이니 감히 상하
> 지 않게 하는 것이 효의 시작이요, 인격을 닦아 올바른 사회생
> 활로 이름을 후세에까지 드날려 부모까지 나타나게 함이 효의
> 끝이라.

여기서 인격을 닦고 옳은 도리로 사회생활을 한다는 뜻으로 '입신행
도(立身行道)'가 들어 있다. 자녀가 이런 행위로 아름다운 이름이 세상
에 알려져 부모의 함자까지 칭송으로 이어지는 것이 효의 끝이라고 보
았다. 이같이 효도는 부모와 자녀 사이에 가장 중요한 천륜으로 여겨
졌으며 우리나라에서도 예부터 내려오는 전통사상이라 할 수 있다.

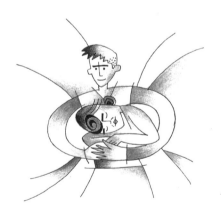

· 민자건의 효심 ·
민자건(閔子騫)은 공자의 제자로 덕행과 효자로 소문난 사람이다. 어머

니가 일찍 돌아가시고 계모가 들어와 동생을 2명이나 낳았다. 계모가 자신이 낳은 이복동생들에게는 따뜻한 솜옷을 입히고 민자건에게는 솜 대신에 늦가을의 갈대꽃을 누빈 옷을 입혔다. 어느 날 아버지가 그것을 알고 계모를 내쫓아 버리려 하자, 민자건이 무릎을 꿇고 울면서 "어머니가 계시면 한 아들이 춥지만, 어머니가 안 계시면 세 아들이 춥습니다. 아버지! 노여움을 푸십시오."라고 하여 아버지의 노여움이 진정되었고, 계모도 크게 감동하여 집안이 다시 화목해졌다는 얘기가 전해진다.

효도와 『부모은중경』

공자는 효도에 관해 많은 가르침을 남겼다.

> 효자가 어버이를 섬김에 평소 공경으로 모시고, 봉양할 때는 즐겁게 해 드리고, 병환이 날 때는 근심으로 보살펴 드리고, 돌아가셨을 때는 슬픔을 다하고, 제사 드릴 때는 엄격해야 한다. 이 다섯 가지를 갖춘 연후에야 어버이를 섬겼다고 할 수 있느니라.

효도는 어버이가 돌아가셨다고 끝나는 것이 아니라 '최소한 3년 동안 부모님이 생전에 행하시던 생활양식을 본받고 살펴야 효자'라고 한다. 이같이 부모가 살아생전이나 돌아가신 후에도 부모의 뜻을 기리며 유업을 계승하고 받들어 끝까지 어긋남이 없어야 함을 강조하고 있다.

공자를 계승한 맹자(孟子)가 말한 불효의 5가지 문제점은 다음과 같다.

첫째, 수족을 게을리해서 부모를 돌보지 않는 것이요,

둘째, 도박과 술 따위에 빠져 부모의 봉양을 돌보지 않는 것
이요,

셋째, 재물을 좋아하고 처자만 알면서 부모의 봉양을 돌보지
않는 것이요,

넷째, 본능적인 욕심을 좇다가 부모에게 치욕을 주는 것이요,

다섯째, 용맹을 좋아하여 싸우고 다투어서 부모를 위태롭게
하는 것이다.

오늘날에 부모를 속 썩이는 자녀들이 한 번쯤 음미해 봐야 할 대목
이다. 불교의 효도에 관한 가르침인 『부모은중경(父母恩重經)』도 좋은
글이다.

첫째, 자식을 배에서 지켜 주신 은혜
   (懷耽守護恩회탐수호은)

둘째, 해산할 때 고통받으신 은혜
   (臨産受苦恩임산수고은)

셋째, 자식을 낳고 근심을 잊으신 은혜
   (生子忘憂恩생자망우은)

넷째, 쓴 것을 삼키고 단것을 먹여 주신 은혜
   (咽苦吐甘恩인고토감은)

다섯째, 마른자리로 가려 눕히고, 젖은 자리로 나아가신 은혜
   (回乾就濕恩회건취습은)

여섯째, 젖 먹여서 길러 주신 은혜

(乳哺養育恩유포양육은)

일곱째, 깨끗하게 하여 더러움을 없애 주신 은혜

(洗濯不淨恩세탁부정은)

여덟째, 자식이 먼 길을 떠나면 걱정해 주시는 은혜

(遠行憶念恩원행억념은)

아홉째, 자식을 위해서 악업도 지으시는 은혜

(爲造惡業恩위조악업은)

열째, 끝까지 자식을 위해 염려하시는 은혜

(究竟憐愍恩구경련민은)

『부모은중경』은 어머니가 회임에서부터 자식을 낳고 키우며 온갖 어려움을 마다하지 않고 끝까지 자식을 위하고 염려하는 부모님의 심정을 10가지로 요약한 성인의 말씀이다. 또 부처님은 상수 제자인 아난에게 부모의 높고 깊은 은혜를 게송(偈頌)으로 말씀하였고, 그 보답에 대해서 다음과 같이 설법을 하였다.

만일 어떤 사람이 왼쪽 어깨와 오른쪽 어깨에 아버지와 어머니를 각각 업고서 수미산(須彌山: 불교에서 말하는 세계의 중심 산)을 백천 번을 돌고 돌아 살이 닳고 뼈와 골수가 드러나도 부모의 깊은 은혜를 다 갚았다고 할 수가 없다.

이같이 부모의 은혜는 너무 깊어 보답 또한 어렵다는 말씀이다. 기독교의 성경에도 곳곳에 '부모를 공경하라! 효도하고 순종하라'라는 글귀가 있다. 종교가 다르고 시공(時空)이 달라도 '자녀는 마땅히 어버이께 효도해야 한다'는 불변의 진리를 우리는 새겨들어야 할 것이다.

효도는 우리의 전통사상

자기를 낳아 주고 길러 주신 부모의 은혜를 알리기 위해 3천 년 전부터 전해 내려온 시를 감상해 보자.

> 아버님이 날 낳으시고, (父兮生我 부혜생아)
>
> 어머님이 날 기르시니, (母兮鞠我 모혜국아)
>
> 아아! 부모님이시여! (哀哀父母 애애부모)
>
> 날 낳으시고 기르시는 고생이 많으시구나! (生我劬勞 생아구로)
>
> 그 깊은 은혜 갚고자 하나, (欲報深恩 욕보심은)
>
> 하늘같이 높고 넓어 끝이 없구나! (昊天罔極 호천망극)

부모의 은혜는 하늘같이 높고 하해(河海)와 같이 깊어서 자식이 보답하고자 해도 끝이 없다는 내용의 3000년 전의 시이다. 사실 효도는 시대가 아무리 변해도 변하지 않는 불변의 인륜이며 천륜이라 할 수 있다.

그럼 이번에는 조선조 가사문학의 대가인 송강 정철(松江 鄭澈, 1536-1593)이 쓴 옛시조를 감상해 보자.

> '어버이 살아 실제 섬길 일란 다 하여라

지나간 후면 애닯다 엇지하리

평생에 고쳐 못할 일이 이뿐인가 하노라'

조선은 유교를 바탕으로 세운 나라이다. '집에서는 효도하고, 나가서는 공경하며, 나라의 위기에서는 몸을 던져 충성하고, 벗 사이에서는 믿음으로 한다'는 효제충신(孝悌忠信)의 가치를 강조했다. 이러한 효제충신은 삼국시대 이전부터 홍익인간 정신 속에 전통사상으로 면면히 이어져 내려왔다.

현대 산업사회의 부모상과 효도

옛날 농경사회처럼 부모가 가부장적·권위적·수직적인 효도를 강요하는 시대는 지나갔다. 하지만 여전히 자녀를 낳고 양육하는 문제는 변함없이 부모의 몫이다. 오늘날 정형화된 부모의 상은 없으나, 다정다감한 부모가 우선순위로 떠오른다. 권위적인 면보다 선배나 멘토(상담자), 또는 친구처럼 수평적인 부모님의 모습으로 많이 변했다. 앞으로 바람직한 부모상을 위해 부모와 자녀가 함께 모범 답안을 만들어 가야 할 것이다.

요즘의 부모는 자녀가 성장했어도 어미 캥거루가 큰 새끼를 배에 담아 기르듯 무한 책임을 지면서 사니 딱하고 안타깝다. 30년 이상을 양육했어도 자식이 부모를 모시고자 하는 마음이 눈곱만치도 없고 부모는 애완견보다도 못한 처지라며 신세타령을 한다.

"누가 삼년상을 치러 달라고 했습니까?"

자식에게 온갖 정성을 쏟으며 등골 빠지게 길렀어도 돌아오는 것은 없으니 세상천지에 이런 불공평이 어디 있을까?

홍콩의 이가성이라는 분은 아시아에서 최고 부자이며, 기부를 잘한다는 사람이다. 그에게는 교우관계를 맺는 데 있어 '七不交(칠불교)'라는 계명이 있는데, 그 첫 번째가 '불효하는 놈하고 사귀지 말라'는 것이다.

청소년이 되면 자발적으로 바르게 살고자 노력하는 한편 부모를 이해하고 생각할 줄 알아야 한다. 자식은 부모의 등 뒤에서 배운다는 말도 있다. 부모와 자녀 사이는 사람으로 태어나서 최초의 인간관계의 장으로, 지속적인 영향을 주고받으며 인격 형성의 근본이자 시초가 된다. 그렇다면 현대에 맞는 효도의 내용을 정리해 보겠다.

첫째, 부모의 말을 우선 순종하고 따르자!

둘째, 자신의 행동에 문제가 있는지 늘 반성하며, 부모님께 감사하자!

셋째, 성실한 마음과 건강한 몸을 가꾸자!

넷째, 자녀의 본분(학업)과 맡은 일에 충실하자!

다섯째, 인생의 목표를 세워 줄기차게 최선을 다하자!

여섯째, 좋은 습관으로 '하면 된다.'는 긍정적인 생각을 가지고 살자!

일곱째, 자기 이름을 더럽히지 말고 집안의 좋은 가풍을 계승하자!

여덟째, 이웃을 사랑하고 공동체와 국가에 필요한 사람이 되자!

이러한 조목들을 충실하게 지켜 좋은 습관으로 만들어야 한다.

문: 부모가 잘못할 때 자식은 어떻게 하나요? 그저 순종만 하나요?

답: 부모도 완벽하지 못해 많은 잘못과 시행착오를 합니다. 때로는

가족의 생존을 위해 모든 것을 감수하고 희생하기 때문에 자식은 부모를 이해하며 일단은 순종해야 합니다. 그리고 하루 이틀쯤 지난 뒤에 다시 부모에게 자신의 의견을 자세히 말해 봅니다.

공자는 "부모가 잘못이 있으면 자녀는 호소로써 은근하고 간절하게 말하되(세 번까지), 원망하지 말아야 한다."고 하였다. 사실 자식이 간절히 말하면 부모도 반성하고 되돌아온다고 했다. 부모와 자식은 천륜으로 끊으려야 끊어질 수가 없기 때문이다.

•'지게 효자' 이군익 씨•

충남 서산이 고향인 이군익(42세) 씨는 7남매 중 막내로, 2006년 6월 초여름에 특수 제작한 알루미늄 지게에 아버지(92세)를 지고 큰누님, 형님과 함께 아버지께 금강산을 두루 구경시켜 드렸다고 한다. 60kg이 넘는 체중을 지고 산길을 오르내리는 것은 보통 일이 아니다. 어깨와 허리가 뻣뻣해지고 끊어질 듯 통증이 왔지만 기뻐하시는 아버지의 모습을 보면서 고통을 견딜 수 있었다고 한다.

금강산에 다녀온 후 중국의 태산에도 아버지를 지고 등반하였는데, 중국 매스컴에서 "한국의 지게 효자가 왔다! 효도가 사라진 중국 사회에 경종을 울렸다!"는 보도와 찬사를 받았다는 후문이다.

성숙한 시민사회를 위한
예절과 준법정신

예(禮)의 개념과 중요성

예(禮)라는 글자는 시(示)자와 풍(豊)자의 합자이다. '示'에는 하늘이나 신(神)의 의미가 있고, '豊'자는 제기에 음식을 담아 놓은 형상이다.

농경사회에서 하늘 또는 신에게 제물을 정성스럽게 올리는 종교적 의례 형식에서 비롯된 글자가 '예'이다. 예는 문화가 발전하면서 나라의 제도에서부터 사람이 지켜야 할 도리에 이르기까지 광범위하다. 예(예법, 예의, 예절)가 시대와 장소에 따라 변화되면서, 동물과 다르게 고상하고 바람직한 인간이 되었다고 할 수 있다. 이 같은 예를 우주의 질서인 동시에 인간사회의 행동 규범으로 발전시켜 서술한 책이 『예기(禮記, 예경禮經)』이다.

예에서 중요한 것은 정신과 형식이다. 예의 정신이란 성(誠: 정성)과 경(敬: 공경)을 바탕으로 마음속에서 이루어진다. 형식에는 머리를 꾸벅 숙여 인사를 한다든가, 반갑다고 악수한다든가, 음식을 정성스럽게

청소년, 세상에 서다

차려 놓는 등의 모든 행위가 속한다. 현대에 와서 예의 정신은 없고 형식만 요란함으로, 정신을 더 중요한 것으로 강조하지만 사실은 형식도 아울러 중요하다.

특히 유학을 정리한 공자는 백성의 성정을 회복하는 데는 예보다 중요한 것이 없다고 하여 예를 숭상하며 정리하였다. 그는 예를 통해 자아의 도덕적 완성만이 아니라, 사람과 사람 사이의 인륜을 통해 살기 좋은 이상적인 사회와 국가를 만들기 위해 노력했던 분이다. 이처럼 예와 덕으로써 백성을 인도하고 다스리는 것을 유교에서 덕치(德治: 덕으로 다스림) 또는 예치(禮治: 예로써 다스림)라고 하여 이상적인 정치 형태로 꼽는다.

우리 조상은 고대부터 '동방예의지국'의 명성을 얻었던 민족이다. 조선 때는 예를 예학(禮學)으로까지 계승·발전시켜 오늘에 이르기까지 전통사상으로 남아 있을 정도이다. 전통사상은 하루아침에 생기고 없어지는 것이 아니다. 역사적으로 이어져 내려온 좋은 미풍양속을 기리고 보존하는 것이 옳다. 어쨌든 예는 자신이 인격을 높이면서 공동체 생활에서 질서와 아름다운 조화로 발현되어 살기 좋은 사회를 만드는 데 중요한 목적이 있다 하겠다.

• 예(禮)가 중요한 이유 •

한(漢)을 세운 유방(劉邦, BC 247-195)은 걸출한 인물이었다. 그는 청소년 시절에 공부한 적이 없는 건달로, 소작인에 불과했다. 때로는 유건(儒巾: 유생들이 쓰는 모자)을 쓴 선비가 지나가면 모자를 빼앗아 거기에 소변을 눌 정도였다. 그런 그가 장성하여 항우와 천하를 쟁패하여 한나라를 세웠다.

막상 나라를 세웠지만, 주변에는 문신보다는 힘깨나 쓰는 무식한 무장들로 둘러싸였다. 무장은 싸움도 잘하고 사나이다운 면도 많으나 술을 마시고 취하면 서로 공이나 힘을 다투며 술주정에 싸움판으로 변하는 것이 다반사다. 심지어 황제에게까지 덤비기 일쑤이다.

'이런 버릇없고 무식한 놈들과 천하를 어떻게 다스리나?' 고심이 깊어진 황제는 당시 숙손통이란 유학자에게 군신 간의 예절을 쉽게 만들어 나라의 기강을 세울 것을 지시했다. 숙손통은 공자가 살던 노나라에서 유생(儒生) 30여 명을 데려다 1달간 예절을 연습시켰다. 마침내 장락궁이란 곳에서 황제와 문무백관이 예절 시범의 행사를 치르게 하였다.

공신을 포함한 무관들은 서쪽에, 승상을 포함한 문관들은 동쪽에 일렬로 세우고 (의전 담당관의 구령으로) 왕이 들어오니 문무백관이 일사불란하게 예법에 맞춰 움직였다. 조례가 끝난 뒤에 축하연이 벌어졌다. 축하연에는 술이 없을 수 없었다. 한 고조가 전상의 높은 좌석에 앉고 모든 신하가 전하에서 머리를 숙이고 황제에게 술을 올렸다. "1배, 2배, 3배!" 구령이 떨어질 때마다 절도에 맞게 몇 잔의 술을 들이켰다. 누구든지 떠들거나 소란 피우고 술주정을 하는 신하는 없었다. 즐거운 가무의 분위기로 축하연을 마칠 수 있었다. 한 고조가 말했다.

"오늘에서야 황제가 높고 지엄하며 예가 중요하다는 것을 알았다."

예부터 나라를 세우면 첫째로 학교를 세워서 사람다운 사람이 되어야 함을 가르치고 함께 살기 좋은 공동체 사회에 필요한 예절을 비롯한 인성교육을 우선시하였다.

예는 배려와 겸손에서 나온다

인간은 혼자서는 살 수 없고 어차피 이웃과 더불어 살 수밖에 없다. 따라서 이웃과 상대를 이해하고 사랑하고 배려하면 훨씬 바람직한 세상이 될 것이다. 개인주의 사회에서 이기주의가 판치는 오늘날, 먼저 잔잔한 마음을 열어 가는 사랑의 마음이 필요하다. 탐욕과 이기심으로 가득한 자본주의 사회의 병폐를 극복하려면 모든 사람이 우선 사랑, 배려, 겸손의 정신을 함양해야 아름다운 공동체 사회가 될 수 있다.

공자는 『논어』에서 사랑, 배려, 겸손에 대하여 다음과 같이 말하였다.

> 집을 나서면 귀빈을 만나듯 하며, 백성을 부리되 큰제사를 받
> 들듯이 하고, 자기가 하고 싶지 않은 바를 남에게 베풀지 말라.
> 그렇게 하면 집안이나 나라에서도 원망이 없을 것이니라.

가끔 재벌의 자녀가 회사에서 직원에게 함부로 했다가 갑의 행패라고 논란의 대상이 된다. 남을 비판하듯이 자신을 비판하고, 자신을 보호하듯이 남을 먼저 배려한다면 다툴 일이 없다는 말을 사회 지도층일수록 곱씹어 봐야 한다.

『역경』에 겸괘(謙卦)가 있는데, 겸(謙)은 '겸손하다, 덜다'라고 한다. '만물은 성하면 쇠하고, 달도 차면 기울듯이 권불십년(權不十年)이라 했다.' 지위가 높아지고 부자가 될수록 겸손하고 베풀고 낮은 곳에 임해야 큰 탈이 없다는 뜻이다.

성경 말씀에 '무엇이든지 남에게 대접을 받고자 하면 너희도 남을 대접하라!'고 했다. 일본 사람의 배려와 겸손 정신은 가히 세계적 수준이

다. 진정 이웃들에게 배려와 겸손, 그리고 사랑의 정신을 쏟는다면, 낙원과 같은 좋은 세상이 어찌 도래하지 않겠는가?

•안영(晏嬰)의 겸손•

춘추시대에 제(齊)나라의 군주를 3대째 섬긴 유명한 재상 안영이란 분이 있었다. 평소에 절약하고 검소하며 배운 바를 실천하고 배려를 잘하여 높은 지위에 올랐다. 정승이 된 뒤에도 반찬은 두 가지이며, 고기를 먹지 않았다. 집 안에서조차 검소하게 생활하였다. 조정에서 일을 볼 때도 그의 말은 정당하고 정직하여 흐트러짐이 없어 공자조차 칭찬했던 분이다.

재상이 어느 날 말 네 필이 끄는 일산이 달린 수레를 타고 외출을 하였다. 마부의 아내가 문틈으로 수레를 엿보자, 재상인 안영은 키가 작으나 온화한 모습으로 다소곳이 앉아 있었다. 그런데 마부인 남편은 장신에 덩치도 큰데 마치 자기가 정승인 듯 있는 폼을 다잡고 거들먹거리며 말채찍을 휘두르고 있었다. 저녁에 마부가 귀가했는데 마누라가 울며불며 이혼하기를 청하였다. 마부가 놀라 이유를 물었다.

"나리는 자그마한 분이 제나라의 재상인데도 겸손하며 다소곳한 모습으로 이름이 천하에 드날리는 것을 보면 허명(虛名: 헛된 이름)이 아닙니다. 그런데 당신은 8척 등신으로 남의 마부인 주제에 거들먹거리며 완장을 찬 듯 뽐내는 모습을 보니 첩은 남세스럽고 부끄러워 못 살겠습니다."

아내의 따끔한 충고를 들은 마부는 크게 뉘우치고 겸손한 태도로 변하였다.

현대에 맞는 예절을 찾아야 한다

오늘날 자본주의 시대에서는 모두 부(富)를 쌓아 잘사는 데만 몰두하지, 예와 사람다움에 대해서는 깊이 생각하지 않는다. 예는 고상하고 품위가 있는 사람이 되도록 인도한다. 아무리 인륜·도덕을 외쳐도 예가 아니면 이루어지지 않는다.

'예절' 하면 그 조목이 수천 가지가 넘는다. 사소한 예절에서부터 공동체에서 행하는 의례나 예법은 정말로 다양하고 많다. 전통적인 예절의 가르침은 점점 사라지고 있으나, 아직도 뜻있는 가문이나 국가에서 면면히 계승되어 행해지고 있다. 또 많은 사람이 선진국을 왕래하면서 아름다운 에티켓과 매너(manner)를 배워 멋진 품격을 갖추고자 노력한다. 사실 예절을 좀 모르거나 어기더라도 문제 삼을 사람은 없다. 다만 자기 멋대로의 예절이나 습관을 행한다면 결국은 교양 없는 사람이 되어 무식한 사람으로 변한다.

옷 입는 것도 예법에 맞아야 한다. 요즘은 개성이니 뭐니 하면서 옷을 이상하게 입어도 뭐라 할 사람은 없다. '옷이 날개'라는 속담도 있듯이 용도에 따라 옷을 단정하게 입는 것이 중요하다. 옷에 격식과 예법이 따른다. 반드시 비싼 옷, 새 옷을 말하는 것은 아니다. 일할 때는 작업복을, 운동할 때는 운동복(추리닝)을, 예식장에 갈 때는 예복을, 학생은 학생복을 단정하게 입으면 된다. 고상하고 품위 있는 사람으로 성장하기 위해서는 청소년 시절부터 최소한 갖추어야 할 복식의 예절이나 단정한 의복 차림을 몸에 체득하는 것이 좋다.

• 죽음 앞에서도 품위를 잃지 않은 자로 •

공자보다 9살이 적은 자로(子路)라는 제자가 있었다. 제자 중에 사나이답고 활달하며 무용을 갖춘 사람이다. 처음에는 오만하였으나 공자의 가르침을 받고 어진 사람이 되었다. 그가 위(衛)나라에 가서 벼슬을 하고 있던 도중 반란이 일어났다. 충분히 피할 수 있었으나 자신이 섬기는 주군을 위해서 성으로 들어가서 싸우다 창에 찔려 죽을 지경에 이르렀다. 군자는 죽을지라도 옷매무새가 흐트러지면 안 된다며 매무시를 고치고 죽었다.

현대 생활에서 지켜야 할 예절

우리 속담에 '제 버릇 개 못 준다.'라는 속담이 있다. 청소년기에 예절을 몸에 익혀 아름다운 자신의 모습을 간직하자는 의미에서 구체적인 실생활 예절을 옮겨 보고자 한다.

눈의 표정

- 특별한 경우가 아니면 눈은 많이 움직이지 않는 것이 좋다.
- 남의 얘기를 들을 때는 다소곳한 표정으로 상대의 눈이나 얼굴을 가끔 본다.
- 곁눈질과 아래위로 훑어보는 태도는 매우 좋지 않다.
- 흘끗흘끗 보거나 시계를 자주 보는 것은 상대방에게 불쾌감을 준다. 약속이 있을 때는 (죄송하지만) 먼저 일어난다고 하면 된다.

입의 표정

- 입은 자연스럽게 다물고 있어야 한다.
- 말하면서 껌을 질겅질겅 씹는 것은 보기에 좋지 않다.
- 입을 벌리고 있거나, 쑥 내밀고 있거나, 혀를 내미는 것은 좋지 않다. 얼굴을 반듯하게 갖되, 입안이나 입술을 보여서는 안 된다.

서 있는 자세

- 허리를 곧게 펴고 서되 몸의 중심이 두 발의 가운데에 쏠리도록 한다.
- 머리와 가슴을 가지런히 펴고 양팔은 자연스럽게 내린다.
- 턱을 내밀지 않도록 하며, 입을 자연스럽게 다문다.

의자에 앉을 때의 자세

- 될 수 있는 한 깊이 앉되, 허리를 펴고, 눈은 앞을 바라보고 앉는다.
- 여자는 두 무릎과 다리를 꼭 붙여 모아 가지런히 하여 앉는다. 남자도 무릎이나 두 발을 크게 벌리지 말고, 11자가 되도록 앉는다. 특히 책상다리(한쪽 다리를 다른 쪽에 올려 포개 앉는 것)는 매우 좋지 않다. 편하다고 멋대로 앉는 것은 예절도 없으며 나중에 척추에 문제가 되어 병의 원인이 된다.
- 오른손으로 의자를 빼서 왼편으로 앉고, 일어설 때는 의자를 약간 뒤로 밀고 왼쪽으로 물러서서 의자를 조용히 밀어 넣는다.

온돌방이나 바닥에 앉을 때의 자세

- 방석에 앉을 때는 방석을 밟지 않도록 주의한다.

- 어른을 모시고 앉을 때는 어른보다 먼저 앉아서는 안 된다.
- 웃어른 앞에서는 꿇어앉는 것이 좋으나, 요즘은 편한 자세로 앉으라고 한다. 그렇다고 다리를 뻗고 앉을 수는 없다.
- 짧은 스커트 차림일 때는 두 다리를 살짝 옆으로 하여 바르게 앉는다.

걸음걸이

- 몸의 상하를 흔들지 말고 바르게 걷되, 시선은 정면을 보면서 걷는다.
- 신 뒤꿈치를 질질 끌거나 꺾어 신지 않는다.
- 실내에서 구두나 실내화를 신고 걸을 때는 소리를 내지 않는다.
- 남의 앞을 지날 때는 좀 더 유의한다.
- 어른과 마주쳤을 때는 어른이 먼저 지나가도록 비켜선다.
- 한쪽으로 비켜서서 다소곳하게 목례(目禮)를 하고 지난다.
- 남의 앞을 정면으로 지나지 말고 뒤로 비켜서 지나가거나, 부득이 앞으로 지날 때는 '실례합니다'라는 뜻을 전하고 지나면 좋다.

문을 열고, 닫을 때

- 문을 열고 닫을 때는 소리 나지 않게 열고 닫는다.
- 문을 열고 들어갈 때는 자기가 들어갈 만큼만 연다.
- 문지방이 있는 방을 드나들 때는 문지방을 밟지 않는다.
- 어른이 계신 곳에서는 문을 열고 나갈 때는 뒷걸음으로 걸어서 비스듬한 자세로 문을 열고 뒷모습이 보이지 않도록 나간다.

청소년, 세상에 서다

물건을 주고받을 때

- 모든 물건은 정중하고 아끼는 정신을 가지고 취급한다.
- 어른께 물건을 드릴 때는 공손하게 두 손으로 드리고, 물그릇이나 음식은 쟁반에 받쳐서 든다.
- 가위나 칼, 우산 등은 받는 사람 쪽에 손잡이가 가도록 하며, 책이나 신문 등도 받는 사람 쪽에서 옳게 보도록 전한다.
- 걸레나 비 등은 던지지 말고, 떨어진 물건을 주울 때는 짧은 치마나 스커트를 입은 여성일 경우 무릎을 굽혀 줍는 것이 옳다.

밥상에서의 예절

- 자기가 좋아하는 음식(갈비, 회 등)만 먹지 말고 골고루 먹되, 손이 닿는 것을 위주로 먹는다. 닿지 않은 음식은 옆의 사람의 도움을 받는다.
- 밥이나 반찬이 들어갈 때, 혀를 밖으로 내서 먹지 않는다.(요즘 음식에 대한 방송을 통해 연예인이 먹는 아름다운 모습을 보고서 배우면 좋다.)
- 식사할 때 상 위를 깨끗하게 보존하되, 부득이 가시나 뼈 등이 있을 때는 자기 앞쪽으로 보이지 않게 둔다. 별도의 접시가 있을 때는 그곳에 가지런히 둔다. 특히 식사가 끝나고 냅킨(napkin)을 사용한 후 함부로 상위나 밑에 버리지 말고 접어서 보기 좋게 두거나 밑에 접어서 잘 둔다.

친구나 다른 사람과 같이 잠을 잘 때 예절

- 집에서의 습관처럼 하지 말고, 옷은 걸거나, 걸어 놓을 때가 없을

때는 반으로 접어서 놓고 양말도 가지런히 발쪽에 놓는다.
• 자고 일어나서는 창문을 열고 이부자리를 더불어 같이 정돈한다.

참고: 문교부. 『기본생활 습관 지도자료』. 장학자료 제37호

• 문: 직장 화장실에서 남직원이 소변을 보고 있는데, 회장이 들어와 옆
에서 소변을 본다. 이런 경우 직원이 어떻게 하는 것이 좋은 모습
일까?

성숙한 시민사회는 예와 준법정신이 살아야

대개 사회규범이라 할 때 법과 예를 들 수 있다. 외부의 공권력을 동
원하여 규범 준수를 요구하는 것이 법이라면, 예는 인간의 내면적 도
덕심을 내어 자율적으로 규범의 준수를 지키는 덕목이다.

예가 법보다 먼저 만들어져 사전에 공동체의 질서와 안녕을 꾀했다
고 볼 수 있다. 그러나 인간의 인지가 발전할수록 공동체 사회가 예로
써는 감당하기 어렵기에 통치자가 법을 만들어 통치할 수밖에 없었다.
사실 법은 지엽적이며 사후(事後)의 행위를 조치하는 규정이다. 법을 어
기게 되면 형벌이 뒤따르며, 큰 잘못을 했을 때는 생명까지 잃는다. 법
은 공정성 때문에 엄격하며 인정도 없다.

공자는 "법령으로써 사람들을 인도하고 집행한다면 그저 법망을 빠
져나가 형벌을 면하려고만 할 것이다. 즉, 사람으로서 부끄럽고 수치
심은 모르게 될 것이다. 그래서 덕과 예로써 인도하고 질서를 잡는다
면 사람들은 잘못을 부끄럽고 수치심을 느껴 스스로 잘못을 고치게 될
것"이라고 하였다.

청소년, 세상에 서다

법령을 가지고 형벌로 사람을 다스린다면 범법자만 양산할 뿐만 아니라 한계가 있다는 이 얘기는 오늘날에도 음미해 볼 필요가 있다. 법의 세계는 인성이 메마르고 각박하며 인정미가 없기에 법으로 통제하는 것만이 능사는 아니라는 얘기이다. 예부터 동양에서는 덕치나 예치로써 백성들의 각성을 이끌고 순화하는 정치를 주장하였다. 춘추전국시대 때 진나라에서 법가를 등용시켜 가혹한 법으로 부국강병 정책을 써서 천하를 통일하였다. 하지만 가혹한 법 때문에 강물이 핏빛으로 물들었고 진나라는 원망 때문에 쉽게 무너졌다고 해도 과언이 아니다.

현대사회에서는 대부분의 나라가 법치국가로 법의 영향력을 강화하고, 예는 약화되어 가고 있다. 육법전서의 법전이 갈수록 두꺼워져도 사회는 여전히 어지럽고 범죄는 늘어 갈 뿐이다. 현대사회에서 정의 실현을 위해 사회의식이나 법의 공정성이 성숙되지 않아 곳곳에서 갈등과 충돌이 일어나는 사례도 많다. 심지어 법의 공정성이 충실하지 못해 법대로 하면 손해가 된다는 생각까지 팽배해지고 있다. 이 같은 상황에서 정의가 살아 있기는커녕 수단과 방법을 가리지 않는 편법주의, 요령으로 법망을 피하고 있는 현실이다.

우리는 '악법도 지켜야 한다.'며 독배를 마셨던 철학자 소크라테스의 말을 되새기며 정의로운 사회를 위해 예와 준법정신을 생활화하여 선진 시민사회를 건설해야 한다. 따라서 법이란 이상적인 것이 아니라 다양한 인간사회에서 최소한의 질서를 유지하기 위한 인간 노력의 산물이다.

• 법을 지킨 왕 •

옛날에 어떤 왕이 새로운 법을 만들고 모든 백성이 법을 잘 지킬 것을 엄중히 말했다. 만일 이 법을 지키지 않았을 때는 지위 고하를 막론하고 두 눈을 뽑히는 처벌을 받을 것이라 공포하였다.

그러던 어느 날, 한 관원이 새 법을 범한 자를 잡아 왔다. 그런데 공교롭게도 범법자가 다름 아닌 왕의 외아들이었다. 왕은 깊은 고민과 슬픔에 빠졌다. 사랑하는 아들이라 봐준다면 그 법으로 백성을 다스릴 명분을 잃게 될 것이요, 아들을 벌하여 두 눈을 잃게 된다면….

왕은 깊은 궁리 끝에 판결을 내렸다. 아들의 한쪽 눈을 뽑고, 자식을 제대로 가르치지 못한 책임을 물어 아버지, 즉 왕의 한쪽 눈도 뽑았다. 왕은 준법정신도 지켰고, 자식에 대한 깊은 사랑도 보여 주었다. 이 같은 예와 준법정신을 가지고 산다면 아마도 지상낙원이 따로 없을 것이다.

• 답: 화장실 밖에 나와서 기다렸다, 정중히 인사하는 것이 바람직하다.

5

대한민국에서
중요한 인성 덕목은
무엇일까?

단결과 화합이 절실하다

오늘날 대한민국에 절대적으로 필요한 덕목은 사회 단결과 협동심이다. 원래 우리 민족은 착하고, 머리가 좋고, 부지런하며, 저력이 있는 문화민족이라는 자긍심이 있다. 특히 정(情)이 많은 민족으로 농경사회에서 두레나 품앗이 같은 상부상조(相扶相助)의 전통을 실천해 온 우리에게, 협동심은 뿌리박힌 민족정신이다.

그러나 과거 정치적인 사색당파의 폐해로 한데 뭉치는 결집력과 협동 정신이 없다는 지적도 받았고, 일본의 지배까지 당한 쓰라린 아픔도 있었다. 또 현재 동포끼리 남북으로 갈라져 총부리를 맞대고 싸우는 민족은 우리뿐인 것 같아 가슴이 아프다. 나라 안의 분열과 갈등으로 조용한 날이 없을 정도로 시끄럽고 갈등 비용이 해마다 수백 조에 이른다는 말도 있다. 더구나 사회에 만연한 개인주의와 독선적인 사고방식은 사회를 단결하고 협조하기는커녕 공동체의 갈등과 불협화음으로 심화되고 있다.

　사실 사회공동체(국가)가 무너지면 그 구성원 개개인의 운명은 기약할수 없다. 즉 개인의 운명은 집단에 의해 규정되고 제약받기 때문에, 개인의 운명보다는 국가를 포함한 사회집단의 운명이 더 귀중하다. 사실개인의 사회집단적 단결과 협동심 정도에 따라 공동체의 운명이 결정난다. 따라서 개인이 사회공동체에 상호 단결하고 화합하여 협동심을높인다면 사회와 국가는 더욱 발전하고 밝은 미래가 보장될 것이다.

• 집단의 단결과 화합은 기쁨이다 •

　가장 작은 사회집단이 가정이며 큰 사회집단은 국가라 할 수 있다. 가정에서 가족끼리 협조가 잘되고 맡은 일에 충실하다면 전연 골치 썩힐 일이 없는 가화만사성(家和萬事成)의 모범 가정이 이루어진다. 화목한 가정은 미리 맛보는 천국이요, 극락세계라고 한다. 반대로 가족 구성원의 협조성이 부족한 가정은 화목하지 못하며, 재산이 아무리 많아도 행복할줄 모른다.

　캐나다 몬트리올 동계올림픽의 피겨스케이팅 경기에서 김연아의 환상적인 경기 모습이 눈에 선하다. 세계인이 보는 가운데 가장 잘하는 우승자를 뽑는 경기인지라 국민 모두 한마음으로 우승을 빌었다. 끝내 우승을 했으니 얼마나 좋고 신나는가. 김연아 본인과 가족은 물론 전 국민이정말로 열광적으로 환호하였다.

　사회공동체는 단결과 화합이 잘되느냐, 되지 않느냐에 따라 행복과 불행이 결정 난다. 김연아를 응원했듯이 나라가 하나로 단결하고 화합한다면 어찌 즐거움을 다른 곳에서 찾겠는가? 오늘날 한국의 슬픔은 분열과 불협화음의 수렁에 빠져 있기 때문이다.

자기 이름과 명예심을 가꾸자!

만물은 저마다의 이름을 가지고 있다. 이 지구상의 생물체 중에 이름 붙여진 생물체가 무려 170여만 종이나 된다고 한다. 아침에 태어났다, 저녁에 죽는 미물에게도 '하루살이'라는 이름이 있다. 하물며 위대한 인간이 어찌 이름이 없겠는가?

부모님이 지어 주신 이름도 있고, 전에는 20살이 되면 자(字)라는 호칭도 썼었고, 호(號)라는 칭호는 오늘날 문예가 중에서 일부 쓰고 있다.

요즘 젊은 부부들이 임신하면 배 속의 아이에게 태명(胎名)을 지어 주는데 아주 재미가 있다. '희망이'라든가, '대박이'라든가, 심지어 '로또'라고까지 지어 부모의 꿈을 은연중에 표현한다. 이같이 자녀에게 아름답고 좋은 이름을 주기 위해 태어나기 전부터 부모가 고심하고 정성을 다하여 이름을 짓는다.

사실 이름은 인격체로서 자신의 존재를 지칭하는 것이므로 자신의 이름을 함부로 욕되게 해서는 안 된다. 속담에 '호랑이는 죽으면 가죽을 남기고, 사람이 죽으면 이름을 남긴다'고 했다. 사람도 아름답고 자랑스러운 이름이 공동체에 알려지며 좋은 일로써 명예를 얻는 것이다. 명예를 주는 주체는 개인이 아니다. 작은 공동체에서부터 사회, 국가, 인류가 공동체의 모범이 되고 긍정적으로 평가되는 한 개인을 칭송하고 기리는 것이 명예이다. 그리고 이러한 명예는 자신의 이름부터 스스로 아끼고 소중히 여기는 마음에서부터 생겨나는 것이다.

오늘날 세태는 청소년 시기부터 입에서 상스러운 욕이 끊이질 않는다고 한다. 매우 잘못된 습관이요, 나쁜 습속이다. 가끔 욕쟁이 할머니가 인기를 끈다 하여 자신도 욕쟁이가 되어서는 절대 안 된다. 부족한 사람들이 얍삽하게 세상을 살면서 이상한 짓거리로 이름을 내려는 것은 '똥 친 막대기'로 변하는 것과 같다는 사실을 모른다. 그런 사람은 나중에 손가락질을 받고 오명만 남길 뿐이다.

말은 그 사람의 인격이며, 명예는 거저 얻어지는 것이 아니다! 명예는 자신이 하는 일에 대한 자긍심과 합당한 능력과 덕성을 겸했을 때 자연스럽게 주어지는 것이다. 앞으로 정의의 사회가 도래한다면 청소년기에 언행이 반듯하고 공부와 봉사를 열심히 한 사람이 명예를 얻을 것이며 첫째가는 지도자로 손꼽힐 것으로 믿는다.

• 나의 이름을 더럽히지 말자 •

신라 선덕여왕 때에 죽죽(竹竹, ?-642, 합천)이란 사람이 미관말직(微官末職: 아주 낮은 벼슬)으로 대야성에 있었다. 백제의 큰 병력이 이 성을 급습해 에워싸고 항복을 하라고 다그쳤다. 어리석은 성주는 항복하려고 병졸들을 내보냈다가 매복에 걸려 다 죽고, 결국 성주도 자살한다. 죽죽이는 "아버지가 내 이름을 죽죽(竹竹)이로 지어 준 까닭은 대나무와 같이 항상 푸르고 굽히지 말라고 하심인데, 내 어찌 죽음이 두려워 항복하겠는가?" 하며 남은 군사를 모아 장부답게 싸우다 죽었다.

청소년, 세상에 서다

신의와 정의가 살아 있는 사회를 만들자!

개인주의와 물질만능주의가 팽배한 사회에 가장 필요한 덕목이 신의와 정의라 할 수 있다. 두 단어는 비슷한 뜻으로, 공동체 사회에 중요한 덕목이다. 오늘날은 누구 하나 믿을 수 없는 세상이 되었다고 이구동성으로 한탄들 한다. 눈앞에서 했던 언행을 번복하며 오리발을 내미는 사람이 있는가 하면, 약속을 하고도 거짓말을 밥 먹듯 하는 사람이 있다. '눈 감으면 코를 베어 가는' 세상이 아니라, 눈을 뜨고 있어도 코를 베어 가는 세상으로 변해 가고 있다. 사회에 신의와 정의를 다시 세우는 일이 절실하다.

첫째, 믿음이 있는 사회를 만들어야 한다. 신(信)은 '인간의 말과 행위가 서로 일치되는 것'을 말한다. 함께 어우러져 일하고 사는 곳에서는 믿음(신뢰)은 절대적이라 할 수 있다. 공자는 사회와 국가를 유지하는 근간이 믿음(信)이라고 하였다. 즉 '사람이 사는 사회는 신(信)이 없으면 설 수 없다'라는 무신불립(無信不立)을 강조하였다. 살기 좋은 사회는 믿음 속에서 출발한다.

• 죽음으로 약속을 지킨 미생 •

미생이란 사람은 정직하고 약속을 잘 지키는 총각이다. 어느 날 애인하고 강 다리 밑에서 만나기로 하였는데 정해진 시간이 지나도 애인은 오지 않았다. 이때 강물이 불어나기 시작하였으나 미생은 다리 밑에서 계속 애인을 기다렸다. 물이 불어나 가슴팍까지 올라와도 떠나지 않다가 끝내 다리를 끌어안고 죽었다. 그래서 '미생지신(尾生之信: 죽음으로 약속을 지킴)'이란 고사성어가 생겼다.

둘째, 의(義)는 사람이 마땅히 행하고 지켜야 할 바른 도리이다. 조선 사회의 선비는 자신을 성찰하여 바람직한 인간상으로 의리(義理) 사상을 내세웠다. 의리 사상은 안으로 올바르며, 밖으로 불의와 부정에 대하여 비판 정신을 가지고 행동한다. 나아가서 나라의 위기나 외세의 침략에는 저항 의식을 발휘했다. 국난극복의 정신을 계승한 위정척사(衛正斥邪) 운동으로 수많은 충의 열사가 나왔다.

• 조헌과 칠백 의사 •

선조 때의 조헌(趙憲, 1544-1592) 선생은 어렸을 때부터 효순(孝順)하고 배운 대로 실천하는 분이다. 그는 문과에 급제하여 벼슬을 하면서 직간을 잘하였고 백성을 위하여 시폐(時弊)를 없애는 실천적인 관리였다. 임진왜란이 일어나자 옥천에서 의병을 일으켜 갑사(충청도 소재) 출신의 영규 스님과 함께 활약이 컸다.

조헌은 금산전투에서 아들과 영규 스님을 비롯한 칠백 명의 의병들에게 "의(義) 자 앞에 한 치의 부끄럼이 없이 최후까지 싸우자!"라고 하였다. 워낙 중과부적(衆寡不敵)이라 화살, 창, 칼로 쏘고 찌르고 베면서 무기가 떨어지자 돌멩이와 맨주먹으로 처절하게 싸웠다. 한 사람도 뒤로 물러남이 없이 장렬하게 옥쇄(玉碎)하였다. 이들 700명의 의로운 죽음은 자주성과 국난극복의 정신을 심어 주었다. 병자호란 때의 김상헌, 송시열, 최익현 등이 모두 조헌을 숭상하였다. 조헌은 사후 영의정에 추증되고 성균관에 배향되었다.

청소년, 세상에 서다

특히 옛날부터 의(義)와 이(利)의 상충에 대한 논변이 많았다. 맹자는 "만일 사람들이 이(利)만 밝힌다면 빼앗지 않고는 못 배기기 때문에 나라까지 위태로워질 뿐만 아니라, 사람을 죽이면서 이익을 빼앗는 세상이 될 것"이라고 경고했다. 생뚱맞은 소리라고 항변할지 모르지만, 오늘날 사회의 범죄 90% 이상이 돈 때문에 일어나는 것이 사실이다. 이익이 우선시되는 사회일수록 신의와 정의와 같은 인성교육을 강화하여야 한다.

• 『삼국사기』의 검군(劍君) 이야기 •

신라 진평왕 때 기근으로 농사가 흉작이었다. 백성들이 자식을 팔아 끼니를 이을 정도였다. 이때 궁중에서 일하는 사인(舍人: 신라 직위)들이 공모하여 창고의 곡식을 훔쳐 나누어 가졌는데, 검군만은 혼자 곡식을 받지 않았다.

"모든 사람이 다 받았는데, 자네만 왜 받지 않는가? 혹시 양이 적어서 받지 않는가?"

이에 검군은 웃으면서 말했다.

"나는 화랑 근랑의 무리와 함께 행실을 닦고 있소. 진실로 의(義)에 맞지 않으면 비록 천금의 이(利)가 있더라도 취하지 않소."

그러자 곡식을 훔쳤던 사람들이 "검군을 죽이지 않으면 반드시 비밀이 샐 것이다."라고 하였다.

검군은 그들이 자신을 죽이려 한다는 것을 알고, 근랑에게 작별 인사를 하러 갔다. "오늘 이후로는 못 볼 것일세."

그러자 친구가 자초지종을 묻고 말했다.

"왜 사정 기관에 고하지 않소?"

"내가 죽는 것이 두려워서 여러 사람을 처벌받게 하는 것은 차마 인정상 못할 짓이오."

"그렇다면 왜 도망가지 않소?"

"저 사람들이 나쁘고 내가 옳은데, 내가 도망가면 사내장부가 아니지 않소."

그리고 검군은 그들에게 갔다. 도둑들이 독이 든 술과 음식을 준비하고 그를 기다리고 있었다. 검군은 그걸 알면서도 먹어 죽음을 맞았다.

이상적인 지도자의 정신과 자세

처음부터 모든 것을 갖춘 지도자(단체장)는 없다. 어떤 분야에 오래 있으면 자의든 타의든 간에 지도자의 위치에 서게 된다. 자기가 하고자 하는 분야의 전문가가 되기 위해서는 적어도 1만 시간(10년)의 기본적인 수련을 쌓고 노력해야 한다. 그러나 업적과 명예를 얻으려면 수십 년간 뼈를 깎는 노력과 봉사와 공부를 해야 한다.

정치지도자가 되려는 사람이 많다. 지방의회 의원도 그 지역의 대표요, 모범적인 지도자들인데, 한때 후보자 중 40%가 범법자라고 보도된 바 있다. 개과천선하여 지역사회의 봉사자로 거듭 태어났다면 모르되, 부족한 자들이 두꺼운 낯가죽을 자랑하듯 버젓이 선거에 나온다. 그들은 어느 날 갑자기 국가나 지역사회의 중심에 서서 부와 명예와 권력 등을 취해 수직상승의 신분을 탐하려는 자들로 비추어지니 이것도 문제이다. 진정 지도자가 꿈이라면 청소년 시절부터 성실하고 봉사하며 실력을 기르고 익히도록 노력해야 한다.

우선 올바른 지도자(단체장)를 선택하거나 장차 지도자가 되기 위해서 유념해야 할 사항들을 요약해 보고자 한다. 모두가 좋다는 사람도 지도자로서는 단점이 있을 수 있고, 깡패 두목에게도 장점이 있을 수 있다. 그러므로 낱낱의 단점·장점을 대비할 것이 아니라, 큰 원칙을 적용해 그 분야의 지도자(단체장)를 뽑아야 한다.

첫째, 공동체와 사회 발전을 위하여 실질적으로 봉사를 하였는지 여부를 평가해 본다. 지도자의 의식적인 행위가 공동체를 위한 것인지, 아니면 자신의 욕심을 위한 것인지를 살펴보아야 한다.

둘째, 일을 원칙대로, 공정하게 성심성의껏 처리했는지 평가한다. 작은 집단에서부터 국가 공동체에 이르기까지 맡은 일의 집행은 우선 철저한 원칙과 신뢰·공정 속에서 이루어져야 한다.

이런 원칙적인 두 가지를 살핀 다음에 지도자(단체장)를 뽑으면 된다.

이에 더하여 국회의원 이상의 국가 정치지도자에게는 다음과 같은 덕목이 절실하다.

첫째, 뚜렷한 국가관을 갖고 준법정신 아래 국정을 운영하는 능력을 보이며 국가 기강을 바로 세운다.

둘째, 시대정신(국민 대통합, 민생경제, 통일, 청년 일자리 등)에 맞는 정책을 갖고 있어야 한다.

셋째, 미래 국가의 비전(이상)에 대한 혜안을 가져야 한다.

넷째, 능력 있는 인재를 널리 구하고 뽑는 안목을 가져야 한다. 국가 지도자는 혼자서 북 치고 장구 칠 수 있는 자리가 아니다.

다섯째, 애민(愛民)정신으로 국민과 장애인을 비롯한 소외된 계층을
따뜻하게 보살펴야 한다.   참고: 이태호, 『어떻게 공존할 것인가』「지도자론」

정치지도자는 최소한 위의 다섯 가지 덕목을 반드시 가져야 한다.
현재 우리나라와 같은 소용돌이 사회에서는 강력한 통치력(리더십)이
필요하다. 특히 교활하고 부족한 사람이 욕심만 가지고 지도자 노릇
을 한다면 그 국가나 국민의 미래는 위태롭고 불안하다. 정치가 불안
정하면 국민의 희망과 행복까지 빼앗아 버린다. 그러므로 정치지도자
자리는 아무나 탐내서는 안 되기 때문에 구도자의 길보다 더 어렵고 힘
든 길이라고 한다.

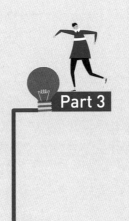

Part 3

지식
공부

　발분망식할 정도로 공부를 열심히 하여 성인의 반열에 오르신 분이 공자이다. 역사 속에 수많은 성현이나 영웅호걸들은 하나같이 수불석권(手不釋卷:손에서 책을 놓지 않음)의 자세로 이름을 천하에 떨친 사람들이다. 위나라를 세운 조조도 수불석권의 삶 속에서 제왕이 된 사람이다.

　예부터 아무리 잘 살아도 자식에게 다음과 같은 한마디의 시나 교훈을 주어 공부하게 했다.

　　　젊은 시절은 거듭 오지 아니하고, (盛年不重來 성년부중래)
　　　하루는 두 번 다시 새벽이 없네. (一日難再晨 일일난재신)
　　　오늘 이때를 맞이하여 열심히 공부하라. (及時當勉勵 급시당면려)
　　　세월은 사람을 기다리지 않느니라. (歲月不待人 세월부대인)
　　　- 남북조 시대 문인 도연명(陶淵明)의 청소년을 위한 권학시

　　　황금이 광주리에 가득해도 자식에게 한 줄의 글을 가르침만 못하고, 자식에게 천금을 주더라도 자식에게 한 가지 재주를 가르침만 못하니라. (漢書云한서운 黃金滿籝황금만영 不如敎子一經불여교자일경 賜子千金사자천금 不如敎子一藝불여교자일예)

　오늘날 전쟁터와 같은 산업현장에서 CEO(Chief Executive Officer: 경영
최고 책임자)나 임원들도 시대에 뒤떨어지지 않기 위해 밤낮으로 공부와
독서를 한다고 한다. 청소년은 미래세계의 주역들이니 공부에 대해 곰
곰이 생각해 보자.

1

아는 것이
힘이다

지식이 세상을 바꾼다

천상천하에 사람이 가장 귀하다고 했지만, 사람이 사람 구실을 해야 사람답고 귀하다. 사람 구실을 하자면 사람다운 마음공부와 지식공부를 반드시 해야 한다. 『예기』에 다음과 같은 말이 있다.

옥을 다듬지 않으면 귀한 보물이 될 수 없고,

사람이 배우지 않으면 도(도리)를 알 수 없느니라.

(禮記曰 玉不琢옥불탁 不成器불성기 人不學인불학 不知道부지도)

옥도 갈고 닦지 않으면 옥으로서 값어치가 없고, 사람이 배우지 않으면 인간 구실을 못한다. 더구나 옛날과 다르게 산업사회에 살고 있는 우리는 먹고사는 문제뿐만 아니라, 미래를 향한 창의적인 일에 관심을 가지고 쉴 새 없이 공부해야 한다.

만 권의 책을 읽지 않으면, 도리의 깊고 넓음을 알지 못하고,

만 리를 다녀 보지 않으면, 천지가 광대함을 알지 못하니라.

(不讀萬卷書부독만권서 不知道理之淵博부지도리지연박 不行萬里路불행만

리로 不知天地之廣大부지천지지광대)

원나라의 황견(黃堅, 1269-1354, 문인화가)은 위와 같은 말을 남겨 책을 읽어 지식을 넓히고, 먼 곳으로 여행을 다녀 진정한 인간의 삶을 알라고 하였다.

청나라 초에 고염무(顧炎武, 1613-1682)는 위의 글을 줄여 '독만권서 행만리로'를 신주같이 받들었다. 그는 두 마리 말과 두 마리 당나귀에 책을 가득 싣고 다니면서 공부하고 여행하였다. 이러한 그의 깊은 학문과 현장학습을 통하여 청나라의 실학자로 문명(文名)을 크게 떨쳤으며 개화에 힘을 실었다.

아는 것이 힘이다(Knowledge is Power)!

영국의 명문가 출신 프랜시스 베이컨(Francis Bacon, 1561-1626)은 학문의 목적은 유용성과 진보성이어야 한다고 주장하였다. 그는 실험과 관찰에 의한 자연과학적 지식을 통하여 기존의 고정관념이나 선입견을 깰 것을 주장하였다. 경험론을 강조한 베이컨 철학은 영국을 세계 선두자리에 이끌며 '해가 지지 않는 나라'로 산업혁명의 토대를 마련한 사상이다. 이같이 지식의 공효(功效: 공부의 효과)가 얼마나 큰지 알 수 있다.

옛것을 익히고 새로운 것을 알게 되면 스승이 될 수 있다.

(子曰 溫故而知新온고이지신 可以爲師矣가이위사의)

공자가 비록 2500년 전 분이지만 만고에 유효한 결론을 내려 주었다. 공부란 것은 먼저 선배들이 이룩한 것을 바탕으로 익힌 뒤에 새것을 연구해야 한다. 즉, 기존 지식의 바탕 위에 미래를 향한 창조적인 작업을 계속 쌓아 놓기를 강조했다.

지금 세계는 지식정보에 의한 4차 산업혁명이 도래하고 있다. 이같이 인류는 지식을 바탕으로 끊임없이 진화발전을 꾀해 왔다. 공부(=앎·지식·학문)를 해야 자신을 포함한 모든 인간의 생존과 발전의 길을 밝히는 데 이바지할 수 있다. 청소년 시절은 학생이란 이름이 딱지처럼 붙어 있으니 공부를 해야 사람다운 구실도 할 수 있고 인류 발전에 동참할 수 있다.

배움의 목적은 수기안인(修己安人)

만물 중에 사람이 숭고하고 아름다운 것은 배워서 인간답기 때문이다. 처음부터 아는 사람은 없다. 시간을 아껴서 배우고 익혀야 한다.

청소년 시절은 늙기가 쉽고 배움은 이루기가 어렵구나,

짧은 시간이라도 가벼이 여기지 마라.

연못가에 봄풀이 꿈에서 깨기도 전에,

계단 앞에 오동의 잎은 벌써 가을 소리를 내는구나.

오늘 배우지 않고 내일이 있다고 말하지 마라.

청소년, 세상에 서다

금년에 배우지 않고 내년이 있다고 말하지 말라.

시간은 가는데 세월은 나를 기다려 주지 않으니,

아아! 늙어지면 이것은 누구의 허물인가?

少年易老學難成(소년이노학난성)

一寸光陰不可輕(일촌광음불가경)

未覺池塘春草夢(미각지당춘초몽)

階前梧葉已秋聲(계전오엽이추성)

勿謂今日不學而有來日(물위금일불학이유내일)

勿謂今年不學而有來年(물위금년불학이유내년)

日月逝矣(일월서의) *歲不我延*(세불아연)

嗚呼老矣(오호노의) *是誰之愆*(시수지건)

　중국 송학을 완성한 주희의 권학시(勸學詩)이다. 배움에 관한 이 시는 많은 사람이 즐겨 회자되고 있다. 공부할 때를 놓치지 말고 열심히 정진해야 한다. 예부터 나라를 세우고 지도자를 세우면 제일 먼저 교육기관을 만들어 가르치고 배웠다. 그렇다면 배움의 목적은 진정 무엇일까?

　공자와 제자와의 대화에서 "배운 사람은 먼저 군자가 되는 것이다. 군자는 먼저 스스로 몸을 닦고(수기修己), 더 나아가 타인까지 편안하게 배려해 주는 안인(安人)"이라 했다. 즉 공부의 목적은 수기안인(修己安人)이다.

　현시대는 개인주의 시대여서 혼자 잘 먹고 잘사는 것을 위주로 하나 좀 더 나은 세상을 위해서는 더불어 살아야 한다. 즉 많이 배우거나,

지위가 높거나, 재산이나, 권력이 있는 사람이 사회공동체와 국가를 이끌어야 할 모범적인 도덕적 책무(Noblesse Oblige)를 먼저 실천해야 한다. 자기가 바로 서야 남도 바로 세울 수 있다는 수기안인의 덕목은 현대에도 틀린 말이 아니다.

모든 청소년은 우선 수기에 목표를 두고 자기 능력을 발휘하여 자아실현을 이루면서 살기 좋은 사회를 만들기 위해 노력해야 할 것이다.

•자신의 고통 속에서도 인류 미래를 위해 애쓴 삶•

영국의 세계적인 천재 물리학자 스티븐 호킹 박사는 아인슈타인 이후 최고의 이론물리학자라는 영예를 안고 계신 분이다. 그는 루게릭병(근육이 위축되는 질환)으로 고통 속에서도 인류의 나은 미래를 위해 노력하였다. 그는 여덟 살 때까지 글을 제대로 읽지도 쓰지도 못했지만, 과학과 수학에 꾸준히 창의적인 관심을 가져 '현대의 아인슈타인'이란 별명까지 얻었다고 했다. 2018년 3월에 유명(幽明)을 달리했다.

공부는 인간의 정신력을 한없이 키워 준다

보통 사람이 40㎏ 들기도 버겁고, 270㎏ 이상 들면 세계 금메달감이라고 한다. 그러나 코끼리의 힘에 비하면 별것이 없다. 육체는 청소년 시절에 쑥쑥 크다가 25세 전후에 성장이 둔화하면서 더 크지 않는다.

그러나 정신(력)은 그렇지 않다. 말하기 시작하면서부터 조금씩 배운 지식을 쌓고 익히면서 뇌수에 계속 담아 삶에 직간접적으로 작용하는 것이 정신(력)이다. 물론 잊어버리기도 한다. 하지만 계속 쌓인 지식은 슬기로운 지혜의 샘으로 자신의 인격을 만들고 능력을 키우는 데 바탕이 된다.

예컨대 어떤 목적지를 가는 데 힘이 좋은 청년은 빨리 달려갈 수 있지만, 지식이 축적된 노인은 지름길로 더 빨리 목적지에 도달할 수 있다. 축적한 지식을 융합하여 더 깊고 더 멀리 내다보는 혜안과 지혜에서 나오는 것은 모두가 정신력이다.

이런 지혜는 어떤 과정을 통해 실천까지 하게 되는가에 대해 『중용』에서 다음과 같이 강조하고 있다. 즉 널리 배우고(博學박학), 깊이 파고들어 묻고(審問심문), 조심스럽게 생각하며(愼思신사), 명확하게 판단하고(明辨명변), 독실하게 실천할(篤行독행) 것을 권하고 있다. 다섯 가지의 학문하는 방법은 예부터 내려오는 것으로 결국 독실한 실천에 뜻을 두고 있다. 즉, 배우는 사람은 이 다섯 가지 방법을 철저하게 지키면서 끝에 확실한 실천을 강조하였다.

'다른 사람이 한 번에 그 일을 해내면, 나는 백 번을 해서라도 해내겠다'. 즉 끝장을 본다는 습관이 옛 선비의 공부 방법이다. 대개 학생들이 입시를 보고 나면 공부에서 해방된 것으로 알고 있다. 그러나 인생에서 대학을 잘 들어갔다고 할 일이 끝난 것은 아니다. 이제 겨우 아주작은 산을 넘었을 뿐이다.

어쨌든 '알아야 면장이라도 한다'는 우스갯소리가 있듯이, 배우고 익힌 지식을 끊임없이 응용하고 창조하여 실천하는 것이 중요하다.

• 응용이나 창조 없는 공부가 문제이다 •

때는 전국시대 말기(BC 260)의 일이다. 조나라에 장군 조사(趙奢)의 아들 조괄(趙括)이란 자가 있었는데, 어렸을 적부터 병법 배우기를 좋아했다. 아버지와 병법에 관해 얘기하면 천하에 당할 자가 없을 정도로 막힘이 없이 술술 얘기했으나 아버지는 조괄에게 잘한다는 얘기를 하지 않았다. 부인이 그 이유를 묻자, 이같이 대답했다.

"병(兵)은 사지(死地: 죽는 곳)인데 조괄은 너무 쉽게 얘기한다. 만약에 조나라에서 괄이 장군이 되는 날에는 반드시 조나라가 패할 것이다."

십여 년 후에 막강한 진나라가 쳐들어왔다. 당시에 염파라는 장군이 적을 막고 나섰다. 염파는 성문을 굳게 닫고 싸우지 않는 것이 상책이라고 생각하였다. 진군에서는 간첩을 조나라에 풀어 "염파 장군은 늙고 겁이 많아서 싸우지 못한다. 조괄이가 나서면 진군을 격파할 수 있다"라는 헛소문을 퍼뜨렸다. 어리석은 조왕은 그 말을 듣고 염 장군 대신에 조괄을 장군으로 임명한다.

당시 인상여라는 충신이 "조괄은 교주고슬(膠柱鼓瑟)로 아직 전쟁터의 임기응변을 모르니, 그를 장군으로 써서는 안 된다."라고 극구 말렸다(인상여와 염파는 문경지교(刎頸之交)라는 고사를 남긴 충신이다). 또 조괄의 모친도 조왕에게 아들이 부족하다는 것과 망부(亡父)의 얘기까지 덧붙여서 장군 임명을 철회할 것을 권했다. 그러나 어리석은 군주는 끝내 조괄을 장군으로 임명하여 염파 장군을 대신하였다.

조괄은 임지에 가자마자 기존의 전략 전술을 모두 변경하고 40만 대군을 출정시켰다. 조괄이 출정한다는 소식에 진군은 전술을 바꾸고 패하는 척하면서 조괄 군을 유도하였다. 조괄은 처음에 승승장구하여 밀고 들어갔다가 결국 진군의 호구(虎口) 앞에 놓이는 함정에 빠졌다. 46일간 식량 보급이 끊겨서 병사들이 먹지 못해 암암리에 동료 병사를 죽여 먹을 정도였다. 조괄은 특공대로 활로를 열고자 했으나 진군이 멀리서 활로 죽이니 속수무책(束手無策)이었다. 마침내 40만 명이 모두 파묻혀 죽고, 살아 돌아간 자는 나이 어린 240명이라고 역사는 기록하고 있다.

학생이란 명칭답게 배워야 한다

학생(學生)은 '배우는 인생'이요, '배움을 본격적으로 하는 삶'이란 뜻이다. 따라서 학생이란 명칭답게 공부를 해야 한다. 아버지가 가족을 위해 일하듯, 어머니가 가사를 돌보듯, 노동자가 직업을 가지고 맡은 일을 열심히 하듯 학생의 본분은 공부이다. 학창 시절에 하고 싶은 것도 많고 유혹도 많지만, 학생의 기본은 공부이다. 늦을 것도 없고 천천히 꾸준하게 줄기차게 하면 된다.

'너무 늦었다.', '나는 안 돼.', '공부하고는 멀어.' 하지 말고, 자기가 좋아하는 분야의 이야기책이나 잡지라도 의미 있게 읽으면 된다. 꼭 책상에 앉아서 공부하는 것만 공부가 아니다. 자연을 포함한 모든 사물과 가까이하며 궁리하고 놀면서 하는 행위 자체가 공부이다.

물론 컴퓨터로 하는 재미난 게임도 공부다. 그러나 재미난 게임에 중독되는 것은 독(毒)이다. 아무리 좋아도 자신의 정신세계를 황폐하게 만들고 가치가 없는 환락에만 몰입하는 것은 중독이다. 그 중독은 자신을 망하게 하고 낳아 준 부모에게 큰 상처를 줄 뿐이다.

스티브 잡스나 빌 게이츠는 컴퓨터에 빠졌지만, 헤픈 재미에 빠져 자기 몸과 마음을 병들게 한 사람이 아니라 미래에 큰 뜻을 두고 공부하고 연구한 사람이다. 그들은 오늘날 모든 청소년의 희망이요 우상이 되었다.

사실 어린 나이에는 공부의 필요성도 잘 느끼지 못하고, 공부에 대한 절박한 심정도 없을 수 있다. '정말로 공부가 하기 싫다!'라는 학생은 우선 다음 낙서를 한번 보자.

- 기적은 반드시 공부 안에 있으며, 공부는 내 안에서 만들어진다!
- 인생을 열이라고 치면 공부는 그중 하나밖에 차지하지 못한다. 그러나 남은 아홉 가지는 모두 공부에서 비롯된다.
- 노력한다고 다 성공하는 것은 아니다. 그러나 성공한 사람 중에 노력하지 않은 사람은 하나도 없다.
- 지금 공부를 지겨워하는 사람들은 20년 뒤엔 인생을 지겨워하게 될 것이다.

위의 글들은 학생들이 책상이나 화장실 등 여기저기에 써 놓은 낙서지만 주옥같은 명언들이다. 학생들의 처절하고 절박한 심정을 알 수 있다. 그렇다면 이번에는 하버드 대학생들의 공부에 대한 열정적인 구호를 보자.

- 지금 잠을 자면 꿈을 꾸지만 지금 공부하면 꿈을 이룬다.
- 공부할 때의 고통은 잠깐이지만 못 배운 고통은 평생 간다.
- 공부는 시간이 부족한 것이 아니라 노력이 부족한 것이다.
- 지금 흘린 침은 내일 흘릴 눈물이 된다.
- 오늘 걷지 않으면, 내일은 뛰어야 한다.
- 지금 이 순간에도 남들은 책장을 넘기고 있다.
- 성적은 투자한 시간의 절대량에 비례한다.
- 가장 위대한 일은 남들이 자고 있을 때 이뤄진다.

하버드나 아이비리그의 학생들에게는 '공부벌레'라는 칭호가 따라다닌다. 그들은 졸업 후 세계적인 다국적 기업에 들어가서 성공하는 인생을 꿈꾼다.

재미없는 공부를 억지로 하는 학습 태도에서 벗어나 모든 일에 긍정적이고 적극적인 관심이 그 사람의 미래를 좌우한다. 학생이란 명칭답게 배워야 한다.

2

공부를
잘하려면

스스로 노력하는 학생

공부에는 왕도가 없다. 스스로 학습해야 한다. 공부는 누가 시키지 않아도 묵묵히 꾸준하고 줄기차게 하는 학생이 잘한다. 스스로 암기할 것은 암기하고, 풀 것은 풀고, 몰라서 물어볼 것은 표시하여 놓았다가 선생님, 부모, 친구 등을 통해서 해답을 구하는 학생이 공부를 잘한다. 혼자서 스스로 공부 계획을 짜고, 그 계획에 따라서 공부하다 보면, 공부하는 요령도 터득하게 된다. 스스로 공부를 하다 보면 더 좋은 방법으로 개선·보완하여 주도적인 공부법을 터득할 수 있다. 이런 공부 자세가 결국 그 사람의 밝은 미래를 보장한다.

공부는 배를 저어 강을 거슬러 올라가는 것과 같다. 끊임없이 저어 올라가지 않으면 뒤로 떠내려가기 때문에 계속 노를 저어야 한다. 예컨대 1일에 20개의 영어단어를 매일 외운다고 해도 첫째 날에 외운 단어는 10일 뒤에 12개밖에 남지 않고 한두 달 뒤에는 가물가물하며 반 이상을 잊어버린다. 새로운 단어를 매일 20개씩 외우되, 전날 배웠던 단어까지 반복적으로 연습하면서 나가야 한다. 이와 같은 공부를 스스로 주도적으로 할 때 학습 효과도 더욱 크다.

공부는 개인의 의지가 강해야 잘한다

앞에서도 의지나 극기에 대해 수없이 강조하였다. 의지가 강한 사람이 공부하겠다고 다짐하면 무섭다. 의지가 약한 사람은 자꾸 잡념이 떠오르며 참을성도 부족하여 싫증을 쉽게 낸다. 인생에서 자연이나 다른 사람과의 싸움도 있지만, 자기와의 싸움이 제일 중요하다.

흥미와 호기심이 많으면 좋다

새로운 지식을 습득하는 데 흥미나 호기심이 많으면 그만치 학습 동기가 생겨 공부를 잘할 수 있다. 그 흥미와 호기심이 학습에 내적 요인을 일으켜 스스로 주도적으로 공부할 수 있다. 학습하는 데 매우 중요한 요인이다. 새로운 지식이나 경험 쌓기에 흥미와 호기심이 많은 청소년은 모든 일에 진지할 수밖에 없다. 즉, 학습에 능동적이고 적극적인 자세가 공부의 향상으로 이어진다는 것이다. 대개 어린 아동들은 산만하고, 중·고등학생들은 잡념으로 집중도가 약하다.

•화담 서경덕(徐敬德) 선생의 호기심•

화담(花潭, 1489-1546)은 청소년 시절에 집이 가난하여 밭에 가서 나물을 캐다 먹었다. 들에 나간 화담이 늦게 들어오는데 망태기에 나물도 차 있지 않았다. 부모가 이상해서 그 까닭을 물었더니 화담이 얘기한다.

"나물을 뜯을 때, 새 새끼가 둥지에서 나왔는데 제대로 날지도 못해요. 다음 날에 한두 발짝 뛰더니, 다음 날에는 조금 날더니만 결국 멀리 날아가네요. 이 새를 관찰하면서 그 이치를 궁리해 봤으나, 그 뜻을 터득하지 못해 날마다 저물고 나물도 캐지 못했습니다."

공부할 때는 흥미와 호기심 속에 격물치지(格物致知: 사물을 궁리하여 앎에 이르는 길)를 하여 깨닫는 것이 중요하다. 화담은 어린 시절부터 호기심이 많아 조선의 큰 철학자가 되었다. 개성의 이름난 송도삼절(松都三絶)로 서경덕, 황진이, 박연폭포를 말한다.

반복·연습하는 학생

공부는 반복을 통해서 아는 것이다

공부한다는 뜻으로 '학습(學習)'이란 용어가 있다. 즉 배우고 익힌다는 뜻이다. 〈영재발굴단〉이라는 TV 프로그램을 보면 천재란 없고 스스로 반복적인 학습만이 영재를 만든다고 한다. 어떤 것이든지 완전히 알기까지는 반복 학습이 필요하다.

보통 청소년은 한 것을 또 하라고 하면 싫증이 날 뿐만 아니라 짜증스럽게 여긴다. 그래서 보통 학생은 대충 대강 할 뿐이다. 이런 공부는 얼마 못 가서 가물가물해지다가 결국 사라진다. 언젠가는 똑같은 공부를 또다시 하는 것이 못난 사람의 공부 방법이다. 공부에는 인내가 필요하다. 반복해서 외울 정도로 익히는 것만이 공부의 왕도이다.

옛날에는 배울 과목이 그리 많지 않았다. 『소학』이란 책에 보면 한 과목이라도 정(精: 자세히)하고, 익숙할 정도로 2~3백 번 반복해서 공부한다고 하였다. 또 3~5일 전에 수업했던 것을 50번 통독하여 외울 것을 강조하였다. 누구든지 반복하는 노력을 한다면 공부는 어려울 것이 없다. 정말로 '무엇이든지 하면 된다!'는 말이 옳다.

·반복 연습의 힘·

유명한 가수 하춘화 씨는 TV에 나와서 자기 곡을 부르기 위해서 1,000번 이상의 연습을 한다고 했다. 더 잘하기 위해서 입에서 단내가 나고 입이 부르트도록 반복 연습하며, 목청이 붓고 아프도록 연습한다고 한다. 생달걀을 먹으면서 부르고 또 불러 1,000번만이 아닌 1만 번을 연습하고 지금도 지도받고 공부한다는 말을 들었다.

필자도 타고난 삼치(三癡: 박자치·음정치·가사치)로 〈고드름〉이란 노래밖에 모른다. 고민도 많이 하였다. 어울려 노는 것도 싫어서 모임이 끝나면 집으로 도망가기에 바빴다. 마음고생이 이만저만이 아니었다. 핀잔도 많이 받았고, 놀 줄도 모른다고 왕따 아닌 왕따도 당해 봤다. 유명한 가수도 천 번 연습한다는 방송을 보고 자문하였다. '너는 한 곡을 몇 번이나 연습해 봤어?'

집에서 몰래 컴퓨터를 켜 놓고 한 가지 노래를 정해서 30번 이상을 듣고 연습했더니 가사가 머리에 들어오고, 60번 이상 반복 연습을 했더니 박자와 음정까지 들어오는 것을 느꼈다. 정말로 신기할 정도이다. 그 이후 노래방에 가도 분위기를 맞추며 그런대로 넘어갈 수 있었다.

사람은 놀 줄 알아야 한다. 공자도 유어예(游於藝: 예술에서 놀다), 성어악(成於樂: 음악에서 이루어진다)이라 말했다. 단, 놀 때는 낙이불음(樂而不

淫: 즐겁되 넘치거나 음란하면 안 된다)이란 원칙을 세우고 놀아야 한다.

암기 잘하는 학생이 공부 잘한다

반복적인 학습이란 결국 암기이다. 암기가 창의성에서 아무런 도움이 되지 못하는 것처럼 얘기하는 학자도 있다. 반복 학습을 하는 목적은 완전히 이해하고 암기하기 위함이다. 반복 횟수의 차이가 있을 뿐, 알았다는 그 자체는 똑같다. 어렸을 때 완전히 암기한 것은 늙어서도 잊어버리지 않는다.

어느 노교수는 외우고 있는 시(詩)와 명언을 곁들여 명강의를 펼친다. 강좌 개설을 하면 눈 깜짝할 사이에 마감된다. 그가 중·고등학교 시절에 외웠던 시와 명언이 톡톡히 한몫하는 것이다.

초등학교보다 중학교에서 공부하는 지식의 내용이 30% 이상 많고, 중학교보다 고등학교의 지식이 30% 이상 많다. 공부를 제대로 하지 않으면 학년이 올라갈수록 공부해야 할 양은 많아질 수밖에 없다. 초등학교 때 구구단을 외우지 못하면 수학에서 한 발자국도 더 나갈 수 없는 것과 같다.

모든 학문은 암기에서 출발하여 응용과 창작으로 향상되어 성과가 나오는 것이다. 상품도 처음에 남의 물건을 본떠서 모조품을 만들다가, 창작품을 내고 명품을 만들어 내는 것이다. 인간의 인식 기능은 무한하므로 아무리 머릿속에 집어넣어도 넘치는 법이 없이 요령이 생기고 창작으로 향할 수 있다.

〈도전 1,000곡〉이라는 일요일 아침 TV 프로그램이 있었다. 가수 및 유명 연예인들이 나와서 무작위로 번호를 누르면 노래 제목이 뜬다. 음정 박자는 조금 틀려도 가사만은 정확하게 불러야 하는 오락 프로이다. 어 떻게 1,000곡의 가사를 다 외울 수 있을까? 초기에 왕중왕에 뽑혔던 노 ○○ 방송인은 가수도 아닌데 노래도 잘하고 가사도 틀리지 않았다.

유태인은 구약 성서를 암송하는 것이 공부하는 방법의 하나라고 한다. 신약성경을 전부 외울 수 있는 사람도 세계에 몇 천 명이 된다고 한다. 신 구약을 모두 외우는 사람도 열 명이 넘는다고 들었다.

암기가 잘되지 않으면 이렇게 해 보자.
- 외울 때는 큰 소리로 낭독하여 외우라!
- 긴 문장을 외울 때는 짧게 단락을 끊어 외우라!
- 처음에는 잘 외워지지 않아도 습관이 붙으면 잘 외워진다.

공부는 집중력에서 판가름이 난다

공부 잘하는 학생은 대개 모든 일을 집중해서 하고 공부하는 자세도 좋다. 광선을 집중하면 레이저와 같아 강한 쇠도 끊을 수 있듯이 정신 을 집중하면 무엇이든지 할 수 있다. 그래서 예부터 '정신일도하사불성 (精神一到何事不成 Where there is a will, there is a way)'이라고 강조하였다.

어떤 학생은 공부할 때 이어폰을 귀에 꽂고 음악을 들으면서 공부를 한다. 그렇게 해야 공부가 잘된다고 우기기도 한다. 공부 습관이 매우 잘못된 학생이다. 머지않아 난청에 시달리게 된다. 공부하는 자세를 빨리 바로잡아야 한다.

　요즘 어린이들은 상당히 산만하다. 산 게 잡아 놓은 것처럼 어수선하기 짝이 없다. 어릴 때는 어느 정도 그러려니 해야 한다. 어릴 때 공부는 많이 하는 것보다는 자세부터 잡는 것이 매우 중요하다. 특히 어떤 어린이들은 집중은커녕 한자리에 오래 앉아 있지도 못한다. 산만했던 행동은 학년이 올라갈수록 지적당하고 눈총받으면서 의젓해진다.

　공부는 집중력에서 판가름 난다. 집중력을 통해서 정성을 다하고 궁리하면 무슨 문제든지 해결할 수 있다는 교훈을 잊지 말자.

• 비가 오는 줄도 모른 집중력 •

　고봉이란 선비는 오로지 밤낮으로 쉬지 않고 공부에만 정신을 쏟았다. 먹고사는 농사일조차 부인이 맡았다. 어느 날 뜰에 보리를 말리면서 남편에게 닭이 오면 막대기로 쫓으라고 얘기하고 부인은 들로 나갔다. 때마침 소나기가 몹시 쏟아져 보리가 빗물에 떠내려가는데 고봉은 손에 막대기를 잡고 지그시 눈을 감고 공부만 하더라. 그는 후에 큰선비가 되었다.

• 집중력과 바둑 •

어떤 학부모가 아들이 너무 산만하여 방법을 궁리하다 바둑이 집중력에 좋다는 말을 듣고 아이를 동네 바둑 교실에 데려갔다. 아들은 5개월 정도 열심히 바둑 도장에 놀러 나가듯 다녔다. 한자리에 오래 앉아 있는 습관도 생기고, 집중하는 습관까지 붙었다고 한다. 끝내 산만한 공부 태도를 고쳤을 뿐만 아니라 바둑이 재미있다고 하더니 소질까지 있다고 했다. 몇 년을 더 공부하더니 영재 아닌 천재 소리까지 들어가며 시합에 나가 프로기사로 입단하여 우승까지 하였다는 얘기가 전한다.

지능이 높은 학생과 노력하는 학생

두뇌의 작용은 복잡다단하고 다양하다. 사실 사람의 머리가 좋고 나쁘고를 아직 정확하게 측정할 수 없다. 현재 과학적으로 객관적인 두뇌 측정검사로는 IQ(Intelligence Quotient) 지능검사가 있다. 이 지능검사에서 수치가 높은 사람이 머리가 좋고 공부도 잘하는가? 지능지수가 높은 사람을 천재라고 불러도 되는가? 이러한 천재는 인생에서 성공과 행복을 거머쥘 수 있는 것일까?

IQ 검사는 개선되어야 할 점이 아직 많다고 들었다. 아동기에서 청소년기를 거쳐 청년기에 이르는 동안 IQ는 고정된 수치가 아니다. 지능지수는 고정된 것이 아니라 변화무쌍한 수치일 뿐이다. 특히 감성적인 측면이나 예술적인 면에서 IQ는 전혀 쓸모없는 수치임을 많은 학자가 지적하고 있다. 교육 현장에서 직접 공부 잘하는 학생을 살펴보고 전문가의 책을 본 결과, 공부는 IQ와 관련이 없다. 천재란 없다. IQ가 높고 머리 좋은 사람과 성공하고 행복한 인생과는 전혀 무관하며 별개의 문제이다.

IQ가 높은 사람에게는 자신의 머리를 믿지 말고, 줄기차게 노력하라는 경고 한마디만 전하고 싶다. 마찬가지로 '내 머리가 나쁘다'라고 스스로 단정 짓거나, 공부를 포기하는 것도 매우 잘못된 생각이다. 공부는 '노력을 더 했는가 덜 했는가 차이'일 뿐이라고 강변하고 싶다.

• 지능보다 중요한 것 •

• 서울의 한 학습 클리닉과 가톨릭대가 강남지역 중학생 215명의 지능 검사를 분석하였다고 한다. 그 결과에 의하면 지능지수가 공부에 미치는 영향은 4%(100점 만점에 4점)에 불과하다. 또 IQ 90이면 전교 1등도 가능하다는 연구 결과가 나왔다고 했다. 그들은 지능이 중요한 것이 아니며 올바른 학습방법을 갖고 생활화한다면 얼마든지 명문대에 진학할 수 있다고 강조했다.

• KAIST 겸임교수인 이인식 과학문화연구소장은 「바보야, 문제는 IQ가 아니야」라는 글에서 "IQ검사로 합리적인 사고 능력을 가려낼 수 없다. 그 까닭은 두뇌가 두 가지 상이(相異)한 체계로 일상생활의 정보를 처리하고 있기 때문인데, 하나는 직관(intuitive) 체계이고, 다른 하나는 숙고(deliberative) 체계이다. 지능지수가 높음에도 직관으로 판단해서 엉뚱한 결정을 내릴 가능성이 크다."라고 했다. 캐나다 토론토대학교 응용심리학자 카이스 스태노비치는 2008년『인성과 사회심리학 저널(JPSP)』 4월호에 실린 논문에서 지능과 합리적 사고는 별개의 능력이라고 했다. 키가 크다고 누구나 유능한 농구선수가 되는 것은 아니듯, IQ가 높다고 누

구나 합리적으로 의사결정을 하고 공부를 잘하는 것은 아니라는 것이다.

영재·천재는 태어날 때부터 있는 것이 아니다. 어떤 일을 하다 보니 재미도 있고, 집중력을 갖고 하니 잘한다. 그렇게 한 달이 가고, 일 년이 가고, 몇 년이 지나다 보면 그 분야에 남다른 요령과 소양(끼)까지 붙게 되어 결국 영재·천재란 소리를 듣게 되는 것이다. 다시 말하자면 천재란 반복하고 모방하고 남들과 조금 다른 생각을 하면서 노력하는 산물이지, 영재·천재로 태어나는 것은 아니다. 이런 말이 있다.

'바보는 천재를 이기지 못한다.
하지만 천재는 노력하는 자를 이기지 못한다!'

사람마다 타고난 특성은 다양하다. 어떤 사람은 감각이 예민하고 머리가 빨리 도는 것이 특징이라면, 어떤 사람은 깊이 생각하고 인내심이 강한 것이 특징일 수 있다. 사람마다 조숙형(早熟型)도 있고, 대기만성형(大器晩成型)도 있다. 세계적인 위인들 가운데는 학창 시절에 성적이 좋지 않았던 사람이 많다.

면도칼이 아무리 예리해도 그것 가지고서는 벼를 벨 수 없다. 벼를 베는 데는 낫이 필요하고, 나무를 찍는 데는 도끼가 필요하다. 사람마다 개성과 특성이 모두 다르므로 자기가 하는 일에 자긍심을 가지고 열심히 노력하면 좋은 성과를 얻게 될 것이다.

3

공부 자체가
원래 하기 싫은 것이다

공부뿐 아니라 모든 것은 처음에 억지로

유·아동기에서부터 공부하라는 말로 귀에 딱지가 앉았다. 그래서 공부가 하기 싫고 거슬린다. 요즘은 공부를 놀이하듯이 하는 방법을 많이들 연구하고 재미나게 가르치려고 한다. 부모도 그런 책을 보고 생각하면서 자녀에게 접근해야 한다.

청소년 시절에 공부가 좋아서 하는 학생이 간혹 있을지 몰라도 대개는 억지로 한다. 어른도 자기가 하는 일(직업)에 만족하며 일하는 사람은 통계상 40%도 안 된다고 한다. 부모가 가족의 생계를 책임지고 자녀를 가르치기 위해서 피할 수 없기에 직업을 가지고 일할 뿐이다. 현재 하는 일이 좋든 싫든 간에, 가족의 생존을 위해서 억지로라도 일을 해야 한다. 이것이 가족을 위한 사명이요, 피할 수 없는 운명이다.

마찬가지로 청소년도 피할 수 없는 공부를 억지로라도 해야 한다. 공부밖에 모른다든가, 공부가 내 취향에 맞는다는 학생은 가물에 콩 나

청소년, 세상에 서다

듯 있을지는 모르나, 모든 학생은 처음엔 억지로 공부를 하는 것이다.

• 무엇이든지 시작은 억지로 하지 않음이 없다 •

전국시대 위(魏)나라 안리왕과 공자의 6대손 공빈(孔斌)의 이야기이다.

· 위왕: 오늘날 천하에서 최고의 선비가 누구입니까?

· 공빈: 그런 사람은 없지만, 다음으로 노중연(魯仲連)이란 사람을 꼽을
수 있지요.

· 위왕: 노중연은 억지로 하는 사람이 아닙니까? 자연적으로 높은 경지
의 선비가 된 사람이 아니지요.

· 공빈: 사람은 모두 (처음에) 억지로 하는 것입니다. 억지로 하는 것을
그치지 않으면 군자가 되는 것입니다. 하고자 하는 것을 변하지 않고
꾸준하게 하면 습관이 되고, 몸에 익숙해지면 자연스럽게 되는 것입
니다.

* 노중연은 전국시대 때 제후에게 충언하면서, 작위를 내려도 받지 않
은 기상이 높은 선비이다.

무슨 일이든지 처음에 억지로 하다 보면 일이 조금씩 익숙해진다. 억
지로라도 계속하다 보면 일이 수월해지며 관심과 흥미를 갖게 되고 습
관까지 붙는다. 일에 요령까지 붙고 자연스러워지면 재미도 나고 신바
람까지 나게 된다. 그것이 소질이 되고 끼까지 발휘하며 영재나 천재로
알려진다. 세상에 태어날 때부터 영재·천재는 없다.

반대로 '나는 흥미가 없어!', '나는 그런 것 못해!', '나는 원래 소질이
없어!'이런 식으로 하기도 전에 선을 긋지 말자. '하고 싶은 일은 방법

이 생기고, 하기 싫은 일은 변명만 생긴다'라는 말이 있다.

만약에 어떤 중2 학생에게 꿈에 저승사자가 찾아와서 '1개월 안에 천자문을 외워 쓰지 못하면 너의 목숨을 빼앗겠다!'라고 했다면 이 학생은 천자문을 외웠을까, 아니면 저승사자에게 끌려갔을까? 어떤 바보라도 하루에 3시간 이상씩 33자 정도를 외우고 쓴다면 1개월에 모두 외워 쓸 수 있다. 왜 죽겠는가? 이 세상에서 자기 목숨보다 중요한 것이 없는데, 죽기보다는 외워서 살려고 할 것이다.

이렇듯 죽는다는 것이 무서운 줄 아는 나이가 되면 절박한 상황에서 무엇이든지 할 수 있는 것이 사람이다. 못하는 것이 아니라, 하려 하지 않는 것이다.

중국에 '우주의 아버지'라고 불리는 우주 공학자 전학삼(錢學森)이라는 분이 있다. 그는 학생들에게 "미국이 아폴로 우주선을 쏘아 달에 착륙시켰다. 중국은 왜 못하는가? 미국이 하면 우리 중국도 할 수 있다!"라고 격려하여 오늘날 중국의 우주공학을 발전시킨 인물이다. '네가 하면 나도 할 수 있다.'가 맞는 말이다.

'불가능이란 노력하지 않는 자의 변명이다!'라는 말이 있다. 누구나 '하면 된다!' 정신을 갖고 줄기차게 하면 된다.

공부가 안 될 때는 물리적인 방법도 좋다

공부라는 것은 강물을 거슬러서 상류로 올라가는 배와 같다고 했다. 목적지에 도착하기 전까지는 혼자 스스로 열심히 노를 저어 올라가야 한다. 힘도 들고, 꾀도 나고, 짜증도 나고, 쉬고 싶은 마음이 드

청소년, 세상에 서다

는 것은 모든 학생이 똑같다. 그러나 스스로 이겨 나가야 한다. 공부가 잘될 때도 있겠지만, 하기 싫어질 때도 많다. 이럴 때는 부모와 상의해서 물리적인 방법을 쓰는 것도 좋다.

물리적인 방법이란 혼자 스스로 공부하기 힘들어서 억지로 공부를 하게끔 하는 방법이다. 예컨대 과외 선생을 두는 방법도 있다. 공부 잘하는 친구와 같이 공부하게끔 환경을 만들어 줄 수도 있다. 기숙학원에 갈 수도 있다. 학원에 다닌다든가 도서관에 다니는 방법도 있다. 몇몇 학생이 모여서 스터디(study)를 할 수도 있다. 또 보상심리를 이용할 수도 있고, 옛날처럼 체벌이나 강압을 가할 수도 있다. 이런 모든 수단이 물리적인 방법이라 할 수 있다.

이런 방법들은 돈이나 물리적인 힘을 가해 억지로라도 학습 환경을 만들어 준다는 데 의의가 있다. 여러 가지 방법 중 학생에게 맞는 것을 찾으면 좋은 결과를 얻을 수 있다.

• 지리만큼은 잘한 어느 학생 •

어떤 학생이 다른 과목의 점수는 별로인데 지리 과목만은 잘했다. 잘하는 이유를 들어 봤다. 학생에게 형이 있었는데 초등학교 때 세계 지도를 펴 놓고 오대양 육대주의 나라 이름과 수도 등을 외우라고 다그쳤다. 못하면 얻어맞았다. 공부하기 싫었지만 맞지 않기 위해서 억지로 외웠다. 6학년 가을에 이불 속에서 얻어터져 눈물을 흘리면서 깊은 잠에 빠져들었다. 정말로 형이 싫었고 공부도 싫었다. 먼 훗날이 지나서야 물리적인 방법으로 배운 지리가 빛나기 시작했다. 지리 과목은 시험을 칠 때마다 상위이다. 정말로 '인내는 쓰나 그 열매는 달았다.'

과외는 필요한가?

과외 공부는 필요하다. 특히 기능을 필요로 하는 예능 과목은 절대적으로 과외가 필수적이며, 서양에는 기능을 가르치고 배우는 도제(徒弟) 수업이 있었다. 중·고등학교의 학과공부는 스스로 학습하는 것이 제일 좋다. 하지만 사람마다 특징과 개인차가 심하여 때로는 과외를 통해서 배울 수도 있다.

특히 국어·영어·수학 등의 과목은 단기간에 좋은 결과를 얻을 수 없다. 이 중에서 국어는 평상시에 독서를 통해서 접근하면 좋다. 많은 책을 통독하거나 정독하면서 독서량을 높여야 한다.

영어 과목은 지구촌의 공용어로 자리 잡고 있으니 반드시 해야 한다. 그러나 우리말도 하기 전에 영어에 돈을 쏟아붓는 것은 '밑 빠진 독에 물 붓기'이다. 어떤 유명한 영어 선생이 주장한 영어공부 방식은 무조건 교과서를 통째로 암송하라는 것이다. 교과서 내용 중에 문법이고 단어이고 회화까지 있다고…. 영상으로 된 좋은 CD나 자기가 좋아하는 한 편의 영화 CD를 통째로 외우면서 혼자 공부할 수도 있다.

과외를 한다면 수학을 권하고 싶다. 수학은 반드시 해야 하는 과목이요, 오랜 시간이 걸린다. 수학 전문 선생의 진단(도움)을 받아 모르는 공식, 정리(定理) 등 약한 부분에 집중적으로 도움을 받아야 한다.

과외는 뒤처진 공부를 빠르게 따라가기 위해서, 또 하기 싫은 과목을 억지로라도 하려고 할 때 필요하다. 마치 병이 깊은 중환자가 부족한 영양을 보충하고 빠른 회복을 원할 때 값비싼 특별 보양식을 먹거나 전문가의 치료를 받듯이 말이다.

그러나 계속해서 과외를 받다 보면 과외중독이 될 수도 있다. 스스로 공부하는 주도적인 학습 능력이 사라지면 그것도 문제이다. 정상적으로 과목에 대한 자신감이 회복되면, 스스로 공부하는 주도적인 학습 방법으로 되돌아와야 한다.

• 웅변 챔피언이 된 말더듬이의 기적 •

마커스 힐(20세, 대학 2학년)은 7세 때 다리를 다친 뒤 정신적인 후유증으로 말을 심히 더듬게 되면서 초중고 시절에는 급우들의 놀림감이 되기도 하였다. 그는 자신감을 잃었고 의기소침한 성격으로 변했다.

그러던 중 그가 밸리 칼리지(대학)에 진학하였을 때 웅변수업을 담당한 스미스 교수가 힐의 숨겨진 재능을 발견했다. 힐은 말을 더듬거렸지만, 첫 수업에서 수강생 40명의 이름을 한 번에 외우는 놀라운 암기력을 보인 것이다. 스미스 교수는 한사코 웅변을 거부하는 힐에게 "입 있는 사람은 누구나 웅변을 할 수 있다."라고 다독거렸다. 할 수 없다고 더듬거리며 버티던 힐도 한번 해 보기로 하였다. 스미스 선생은 그에게 한 문장을 끝없이 반복해서 말하는 훈련을 시켰다.

"I'm here to win gold(나는 웅변대회에서 우승하려고 여기에 있다)!"

이 한 줄의 말만 4개월 동안 되풀이하도록 했다. 처음에는 제대로 발음하기도 힘들었다. 한 문장을 매끄럽게 말할 수 있다면 두 문장에 도전하는 일은 훨씬 쉽다. 어느덧 그는 웅변가로 변해 갔다. 자기 암시를 통해 자신감을 회복하도록 도운 것이다. 결국 450명이 참가한 미국 전국대학 웅변대회에서 우승한 힐은 수상 소감으로 '인생에서 자신감이 얼마나 중요한지 후배들에게 알려 주고 싶다.'라고 울먹이며 말했다. 참고 『조선일보』 2008. 5. 2.

정규교육은 1년이었지만 대통령이 되었다

링컨은 어렸을 때부터 아버지의 일을 도우면서 원시림에서 도끼질하며 땅을 일궈 생존하는 개척정신(frontier spirit) 속에서 자랐다. 야생에서는 억척같은 생존만이 최우선이다. 링컨이 받은 정규교육은 6개월씩 1년간이 전부였다. 그는 독학으로 모든 것을 헤쳐 나갔다. 이같이 링컨은 청소년 시절부터 한 손에 도끼, 또 한 손에는 책을 쥐고 밤낮으로 책을 읽었다. 같이 일하던 사람이 말했다.

"링컨은 온종일 중노동에 가까운 일을 하고 있었지만, 언제나 밤늦도록 책을 봤지. 그래도 다음 날 아침이면 가장 먼저 일어나 일터로 나왔지." 그는 그야말로 주경야독(晝耕夜讀)을 하였다.

사실 그의 생애는 대통령이 되기까지 고난의 연속이었다. 그는 선거에서 7번이나 낙선했다. 엄마와 누나도 젊은 시절에 잃었다. 42세, 53세 때 둘째 아들, 셋째 아들을 잃었다. 대통령에 취임하자마자 미국이 남북으로 갈려 전쟁을 하였다. 비록 전쟁에서 이겼지만 많은 희생이 따랐다.

링컨은 "이 나라가 하느님의 품 안에서 자유를 되찾고, 인민의, 인민에 의한, 인민을 위한 정치가 지구상에서 멸망하지 않도록 노력해야 할 것"이라고 강조했다. 끝내 노예 해방을 선언하였고, 대통령 재선에 성공하여 오랜만에 부인과 연극을 보러 갔다가 변을 당한다.

우리 속담에 '개천에서 용 난다'라는 말이 있다. 정말로 링컨은 성실과 정의로 역경을 헤쳐 나가며 독학으로 공부하여 전설적인 지도자가 된 분이다.

참고: 동아백과사전 외 위인전

과목별
이야기

성공하고 싶다면 수학을 뛰어넘어라

수학은 반드시 해야 하는 과목이요, 오랜 시간을 들여 연습 문제를 매일 직접 스스로 풀어야 하는 과목이다. 수학이나 과학 과목이 결코 어려운 과목은 아니다. 초등학교 때부터 더하고 빼는 무미건조한 셈은 수없이 해 왔다. 구구단을 비롯하여 공식과 정리 등 외우는 것도 엄청 많다. 단순히 가감승제로 끝나는 것이 아니다. 학년이 올라갈수록 알쏭달쏭한 개념과 어려운 문제로 차츰 흥미까지 잃게 된다.

초등학교 때 산만한 어린이들은 어느 한 단계라도 놓치게 되면 문제를 풀지 못한 채 미로의 세계를 헤매게 된다. 학생들은 '생활에서 필요한 간단한 가감승제만 알면 되었지 어려운 수학을 왜 하는가?' 하고 볼멘소리를 한다.

수학은 인간의 사고를 체계적이고 합리적으로 사용하도록 인간의 두뇌를 훈련하여, 창조적이고 자주적인 인간을 만드는 데 필수적인 과목이다.

이미 수많은 생물체가 지구상에 출현했다가 90% 이상이 없어졌다. 인간도 진화·발전이 없다면 언젠가 자연히 없어질 수밖에 없다. 도태되지 않으려면 수학과 과학을 통해서 무한한 발전을 꾀해야 한다.

수학은 단기간에 성취되는 과목이 아니다. 그러나 적어도 1년간 수학을 열심히 해 보지도 않고 그만둔다면, 앞으로 인생에서 흥미 없고 어려운 일은 모두 못한다고 포기할 것이 뻔하다. 수학이나 과학에 관심을 가지고 열심히 하다 보면 좋은 결과를 얻을 수 있고 미래에 반드시 큰 역할을 할 것이다.

• 자연과학의 발전은 수학에서 나온다 •

• 월스트리트저널(WSJ)에 의하면, 미국에서 좋은 직업을 구하려면 수학을 잘해야 한다는 조사 결과가 발표되었다. 최고 직업 1위부터 5위는 수학자, 보험 계리사, 통계학자, 생물학자, 소프트웨어 엔지니어 순으로 꼽혔다. 이들의 경우 주로 작업환경이 좋고 연간 수입이 평균 $94,160에 달하는 고소득층에 속한다고 한다. 현재 이름난 세계적인 부호들은 이공계 출신이 많다. 일본에서 최고의 부와 명예를 움켜쥔 손정의 박사도 이공계 출신이다.

• 미국 IT 산업의 핵심기지인 실리콘밸리의 IT 엔지니어 30%가 인도의 수학자들이다. 미국 항공우주국(NASA)의 엔지니어도 인도인이 20%에 이른다고 한다. 인도의 진정한 힘은 수학에서 나온다는 말까지 있다. 이들은 어릴 때부터 구구단을 가정에서 가르치고, 초등학교에서 19단을 배운다고 한다. 그것도 모자라 24단 책까지 나왔다고 한다.

• 점촌고의 최○○양은 중학교 시절 어려운 경시대회 수학문제집을 쥐고 끙끙 앓은 적이 많았다고 한다. 방학 때는 온종일 수학책만 붙잡았다. 아무리 공부해도 새로운 유형의 문제가 나오면 당황하기 일쑤였다. 성적이 눈에 띄게 오르지 않았어도 수학을 포기하지 않았던 것이 공부 비결이라고 했다. 최 양은 모르는 수학 문제를 적어도 30분 이상 혼자서 안간힘을 다해 생각해 본 뒤 해답을 본다고 했다. 그래도 모르면 해답지를 보고, 답지를 봐도 이해가 안 되면 그때서야 남에게 질문을 하라고 충고했다. 좋은 수학 점수를 받으려면 혼자서 사고하고 풀이 과정을 알아내는 능력을 길러야 한다. 이는 짧은 시간 안에 길러지는 것이 아니다.

세계적인 우수 학생들이 벌이는 수학 올림피아드에서도 한국 학생이 좋은 성적을 내고 있다. 그러나 전체 학생의 40%가 이미 수학을 포기하였다고 한다.

참고: 『조선일보』 「맛있는 공부」 2008. 6. 9.

국어는 반드시 해야 한다

국어는 우리가 살아가는 데 매우 중요한 도구 과목이다. 도구가 튼실해야 작업할 때 좋은 성과가 있듯이, 국어는 사람의 능력과 품격을 한없이 높여 준다. 옛사람들이 인물을 고르는 기준으로 '신언서판(身言書判)'이란 성어가 있다. 언과 서가 모두 언어의 영역으로서, 출세하는 데 비중이 컸다.

'문이재도(文以載道)'란 한자 말이 있다. 문(文)이 진리를 실어 나른다는 뜻이다. 아무리 뛰어난 학자라도 자기 연구 분야를 글이나 말로 표현할 줄 모르면 아무 소용이 없다. 신라의 최치원 선생이나 고려의 서희 장군이 말과 글로 적들을 물리친 예는 문(文)의 힘을 잘 보여 준다. 예부터 문(文)이 무(武: 힘)보다 세다고 여긴 것은 공효(功效: 공과 효과)가 그만큼 크기 때문이다. 우리 속담에 '말만 잘하면 천 냥 빚도 갚는다'라는 말도 같은 맥락에서 국어의 효용성을 말한 것이다.

정말 공부가 하기 싫은 학생도 좋아하는 분야의 쉬운 책부터 접근하여 읽는 것이 좋다. 차츰 재미난 책이나 관련된 책으로 넓혀 가면서 독서를 꾸준히 해야 한다.

고대 그리스나 로마의 교육사를 보면 중요한 교육 과정에 웅변술이나 대화술, 토론, 문법 등이 포함되어 있다. 모두가 국어 교육을 중시했다는 것을 알 수 있다. 특히 요즘 많은 학생이 방송인, 리포터, 문화예술인을 장래에 희망하는 직업으로 꼽고 있다. 그런 의미에서 국어 교육이 매우 중요하고, 평상시에 주옥같은 글들을 외우고 메모하여 연습하는 습관이 필요하다.

요즘 교육상 글씨체에 관해서는 그리 중요시하지 않아 학생들의 글씨체가 엉망이다. 대부분 신경조차 쓰지 않으나 '글씨는 그 사람의 마음이다.'라고 할 정도로 정서에도 좋다. 아직 논술시험 답안이나 이력서 등을 쓸 때 글씨를 잘 쓰면 유리한 점도 있다. 글씨를 잘 쓰기 위해서는 경험에 의하면 다음과 같이 하면 된다.

- 몸의 자세를 반듯하게 하고서 글씨를 천천히 정성스럽게 쓴다.
- 글씨의 중심과 간격(자간)을 잘 맞추면 글씨체가 좋아진다.
- 정말로 글씨를 잘 쓰고 싶은 학생은 서예학원에 가서 한글을 하루에 2시간 동안 6개월 이상을 쓰면 바르고 예쁜 글씨체를 쓸 수 있다.

국어는 도구 과목으로 자신의 발전을 위해서 반드시 공부할 것이며,

독서를 하면 할수록 많은 양식을 얻고 독서량을 늘려 자신을 발전시킬
수 있다.

한자 공부는 사람을 변화시킨다

언어학자들은 이구동성으로 한글이 세계적인 우수한 문자라고 말한
다. 유네스코에서 훈민정음을 '세계기록유산'으로 등재할 정도로 한글
은 과학적인 문자로 쉽고 빠르게 배울 수 있다는 장점이 있다.

우리는 반만년 역사의 문화민족으로 오랜 시간 한자를 사용하였다.
지금도 우리가 쓰는 표준어 중 70% 이상의 명사와 형용사가 한자어로
구성되었다. 한자를 모르면 특히 동음이의어(同音異義語: 음은 같으나 뜻
이 다른 말)의 문제가 크다.

예를 들어 ○○학교 축구부가 '3연패'를 했다고 하는데 좋은 일인지
슬퍼해야 할 일인지 알 수가 없다. '3연패(連覇)'와 '3연패(連敗)'는 정반
대의 뜻이다. 3연패(連覇)는 3년간 연달아 우승을 차지했다는 뜻이고,
3연패(連敗)는 세 번 내리 졌다는 뜻이다. 또 '전기'라는 말을 살펴보면
전기(電氣), 전기(前期), 전기(傳記), 전기(轉機), 전기(前記), 전기(全期),
전기(戰記), 전기(戰機) 등이 모두 실제 사용하는 동음이의어들이다. 한
자를 배우지 않으면 그중 어느 뜻인지 전혀 알 수가 없다.

더구나 수학을 비롯한 자연과학 계통의 용어는 모두 한자어이다. 수
학에서 예각(銳角)과 둔각(鈍角), 총각(總角)의 뜻은 한자만 알면 머릿속
에 콕 박힐 수 있는데, 한자를 모르는 사람은 일일이 단어 자체를 외워
야 한다. 교육 현장에서 학생들이 수업을 받아도 의미를 몰라 개념을

확실히 파악하지 못한다. 수업이 되지 않아 학포자(학업을 포기한 학생)가 늘어난다는 지적이 오늘의 얘기가 아니다. 공부는 50년 전보다 2배나 더 하지만 학력은 갈수록 떨어진다는 얘기가 있다. 결국 학력(學歷)은 높은데 학력(學力)은 저하되고, 학식도 없다고 통탄만 한다.

완전한 언어는 없다. 한글은 소리글자요, 한자는 뜻글자로 서로의 문제점을 보완하면 최고의 실용적인 문자체계가 될 수 있다. 국어에서 1,800자를 상용한자로 정해 놓고도 한글과 병기하여 실행하지 못하고 있다.

이웃 일본의 문자는 한자의 글씨체에서 나왔다. 상용한자는 우리보다 많은 1,945자이다. 유치원과 초등학교에서 1,006자를 배우고, 나머지는 중학교에서 배운다고 한다. 초등학교 때 이미 신문을 읽을 정도이다. 일본은 세계에서 최고의 독서 국가로 인정받고, 일본인은 선진 문화인으로 대접받는다. 산업 강국으로 도약하였고 노벨상 수상자(문학상을 포함하여) 26명을 배출한 일본의 힘은 독서와 한자 교육에서 비롯되었다고 학자들은 설명한다.

한자 공부를 하면 일어나 중국어에도 접근하기 좋다. 한자 공부는 사람의 품격을 높이고 도덕적인 면을 일깨워 사람까지 변하게 한다.

노비에서 형조판서까지

반석평(潘碩枰, ?-1540)이 이 참판 댁의 종으로 들어간 것은 아주 어린 시절이었다. 조선시대는 반상의 계급이 엄격하게 구분되는 사회로, 고된 생활 속에 반석평은 청소년기를 맞이한다.

'세상을 아무리 둘러봐도 남부럽지 않게 잘사는 사람은 모두 글공부를 하는 양반들뿐이야. 글을 알아야 출세할 수 있고 사람답게 살 수 있는 거야. 나도 공부를 해서 출세하고 사람답게 살 거야.'

마침 이 참판 댁에서는 반석평과 나이가 엇비슷한 이오성이라는 참판 댁 도령이 독선생을 모셔다 놓고 공부를 하였다. 청소년기의 이 도령은 공부에 전혀 관심이 없어 학업은 별로였다. 그러나 반석평은 밖에서 문틈으로 새어 나오는 소리를 한마디라도 놓칠세라 귀를 세워 듣고 익히며 공부하였다.

시간이 흐르면서 반석평이 밖에서 몰래 도둑 공부한다는 것을 선생이 알고는 야단도 치고 쫓아 버리기도 하다가, 반석평이 배우고자 하는 뜻이 강한 것을 보고 더 이상 쫓거나 나무라지 않았다.

사춘기의 반석평은 공부할수록 '노비 주제에 글을 알아서 무엇하겠는가?'라는 회의 또한 강했다. 공부를 끊고 방황하며 지내다 보면 더욱 외롭고 미칠 것만 같아 마음의 상처만 커졌다. 밤하늘의 별을 세 가며 마음을 추스르고자 골백번 생각해도 도둑 공부일망정 공부할 때가 그래도 즐겁고 희망적이라는 생각이 들었다.

'서당 개 3년이면 풍월을 읊는다.'라는 속담처럼 반석평의 실력은 일취월장(日就月將: 날로 달로 발전함)했다. 어느 날 이 도령에게 『자치통감』 책을 빌려 읽고 있을 때, 참판 대감이 반석평에게 사랑채에 와서 다리를 주무르라고 명했다. 그는 읽고 있던 책을 품속에 숨기고 들어가 다리를 주무르기 시작하였다. 이 참판은 지그시 눈을 감고 선잠에 빠져든 듯하였다. 이 틈에 반석평은 책을 꺼내 몰래 책장을 넘기며 내용에 빠져들었다. 책에 정신을 쏟다 보니 처음 주무를 때와는 영 딴판이라

시원할 리 없었다.

"이놈, 무얼 하기에 손끝에 이리 힘이 하나도 없누?"라는 호통을 몇 번 듣고 결국 참판에게 책을 읽던 것을 들키고 말았다. 어린 노비 놈이 『자치통감』을 읽다니 참판이 놀라서 캐묻지 않을 수가 없었다. 『자치통감』은 송(宋)나라의 사마광(司馬光)이 쓴 역사책으로 조선조 선비들의 필독서이다. 야단은 각오한 터라 자초지종을 이야기하였다. 나중에 독선생에게 모든 사정을 듣고 자기 아들과 반석평을 비교해 본 참판의 심정은 더욱 씁쓸할 수밖에 없었다.

이 참판은 "참 장한 일이다만 남의 집 종살이를 하는 주제에 글공부가 무슨 소용이 있겠나? 과거조차 볼 수 없는 글공부를 해서 무엇하겠느냐."라고 야단치거나 윽박지르기도 했다. 하지만 반석평의 신념을 꺾지 못한다는 것을 알게 되었다. 나중에 참판은

"네가 뜻한 바를 이루기만 한다면 노비 문서 따위 내가 언제든 없애 주마. 다만 혈혈단신(孑孑單身: 의지할 데 없이 외로운 홀몸)으로 세상에 나가 봤자 출세가 호락호락한 것이 아니다. 우선 내가 자손 없는 양반집에 수양아들로 주선해 줄 테니, 더 공부하여 과거에 응시하는 것이 좋을 성싶구나. 단지 우리 집에는 절대 드나들지 말아야 한다.

종은 집안의 큰 재산인데 면천(免賤)을 시켜 양반집 수양아들로 들어가게 해 준 참판의 큰 뜻은 참으로 천우신조(天佑神助)와 같은 일이다. 반석평은 양부모의 기대와 참판의 은혜를 저버리지 않고 1507년(중종 2년) 식년 문과에 급제하게 된다. 예문관 검열이란 관직을 시작으로 형조판서 등을 역임한 반석평의 인간 승리 얘기이다. 반석평은 유엔 사무총장을 역임한 반기문의 조상이다. 참고: 이은식, 『우리가 몰랐던 한국사』 타오름, 2009.

청소년, 세상에 서다

5

학부모의 관심도가
공부를 좌우한다

부모는 자녀를 낳기 전부터 정성을 쌓는다

예부터 자녀 교육을 농사 중의 농사라고 하였다. 온 집안이 새로 잉
태할 자손을 위해 목욕재계하며, 하늘에 치성을 드렸다. 옛사람들은
할머니나 어머니가 새벽부터 장독대에 정화수를 떠 놓고 빌고 비는 모
습을 익히 보아 왔다. 집안 식구가 태어날 자손이 잘되기를 비는 마음
으로 먼 옛날부터 양자법(養子法), 종자지도(種子之道) 등이 간간이 전설
처럼 전해 왔다.

튼튼하고 총명한 자녀를 갖고 싶은 부모의 마음은 세월이 지나도 변
함없어 여전히 태교(胎敎)는 계승된다. 태교 학당에 가서 서로 덕담을
하고 좋은 태교 강의를 들으며, 전문적인 태교 음악을 감상한다. 또
식생활에서도 예비 엄마들은 좋은 영양 섭취를 위해 인스턴트식품을
금한다. 맵고 짠 음식과 설탕 등은 피하고 정갈하고 담백한 음식을 먹
되 단백질 섭취를 위해서 육류와 채소를 겸하는 조화로운 식단을 마련

한다고 들었다. 부정한 음식뿐만 아니라, 좋지 않은 언행이나 사악한 생각조차 멀리한다. 때로는 남편들도 참가하여 태교에 대한 정신교육을 받는다고 한다.

예비 엄마 아빠들이 이런 교육을 통해서 육신뿐만 아니라 영혼까지 맑아지면, 그들이 낳은 자녀들도 반드시 건강하고 총명할 것이다. 직장에 다녀 시간을 내기 어려운 엄마도 나름대로 노력한다. 문명의 이기(利器)를 동원하여 전문의가 임부와 태아를 계속 체크하며 건강을 위해 최선을 다한다. 부모의 부모들도 절이나 교회에 나가 임신한 며느리나 딸을 위해 기도하고 치성을 드린다.

새로운 자녀의 탄생을 위해 온 가족이 절제하고 근신하는 구도자(求道者)처럼 진지하다. 이 같은 부모의 정성 아래 태어난 자녀는 튼실하며 총명하다는 것이 태교(법)의 본질이다.

'우리 민족이 세계에서 우수성을 갖고 교육에 대한 열정이 최고'라고 정평이 난 것은 그저 하루아침에 만들어진 얘기가 아니다.

유아기에서 아동기까지 부모님의 고달픈 삶

하늘에 치성을 드리고 귀신을 막는 금줄까지 쳐 가며 태어난 영아는 부모에게 귀중한 보배요, 희망이요, 꽃이다. 세상모르고 새근새근 잠자는 그 모습은 부모뿐만 아니라 온 가족에게 큰 기쁨이요 영광이다. 아기는 진자리 마른자리를 갈아 누이며 다칠세라 아파할세라 온갖 정성을 쏟는 부모 사랑의 보살핌 속에서 자란다.

이때 강보에 싸인 자녀를 바라보는 부모는 오직 아기가 튼튼하게 자라 주기만을 바라는 마음으로 꽉 차 있다. 그러다 아이가 점점 자라서 유치원에 다닐 때쯤에는 이왕이면 애가 튼튼하면서도 총명하게 컸으면 하는 바람으로 마음이 바뀐다.

그러면 총명한 머리는 어떻게 만들어질까?

첫째, 부모의 머리가 좋으면 자식도 좋을 것이다.

모든 생물체처럼 인간도 타고난 유전은 무시할 수 없다. 유전이란 부모나 조상을 이어받아 닮는다는 뜻이다. 자녀는 부모의 영향 속에 성장하면서 겉모습과 심성, 손톱, 발톱은 물론 언행까지 닮는다. 부모가 훌륭하면 자식도 훌륭한 인물이 될 수 있다. 반대로 부모의 행동거지가 얼렁뚱땅하면 자식도 배울 우려가 있어 부모는 항상 바른 생활로 솔선수범하며 이끌어야 한다.

둘째, 건강한 어머니의 젖과 정성을 받고 자란 자녀는 머리가 좋다.

모든 동물의 새끼에게는 어미의 젖이 최고이며 완전식품이다. 인간도 최소한 10개월 이상은 모유를 먹을 것을 권하고 싶다. 건강한 산모의 모유를 먹고 자란 아기는 튼튼할 뿐만 아니라 면역력이 강하고 총명한 두뇌를 갖게 된다. 유아기의 뇌세포는 생후 1년간에 60%가 완성된다고 한다. 특히 뇌세포는 몸의 세포와 달리 죽을 때까지 교체되지 않으며, 늙어 가면서 줄어든다고 한다.

셋째, 이유식 이후에 영양 섭취를 골고루 해야 몸이 튼튼할 수 있다.

이유식이란 젖을 떼면서 차츰 보통 사람처럼 먹는 식사를 말한다. 이유식을 먹일 때도 엄마는 아기에게 정성을 다하여 잘 먹이려고 노력한다. 유아기에서 아동기로 들어가면서 걸음마와 언어를 배우기 때문에 먹는 것도 다양하며 양도 많아진다. 이왕이면 골고루 먹도록 해야 할 것이다.

넷째, 초등학교 때부터 머리를 옳게 사용하며 노력하는 어린이가 머리가 좋다.

요즘 아동은 어린이집이나 유치원에서 이미 놀이 문화를 통해서 사회성이나 인지 교육을 받는다. 정규교육은 초등학교 때부터이다. 이때부터 '머리를 옳게 쓰면 머리가 자꾸 좋아지고, 머리를 나쁘게 쓰면 자꾸 나빠진다'라는 정설이 있다. 학교 들어오기 전에는 아이들에게서 개인차가 크지 않지만 6년이란 시간이 흐르면서 개인차가 확연히 날 수 있다.

총명했던 머리가 왜 나빠질까?

전문가들은 두뇌는 선천적인 유전이 30% 정도이며, 후천적인 영향이 70%라고 얘기한다. 아무리 좋은 유전자의 두뇌를 가지고 태어났어도, 후천적인 노력이 좌우한다는 얘기이다. 최근의 견해에 따르면 '머리가 좋고 나쁨은 유전적인 영향도 있으나, 영·유아기와 특히 8세 이후 머리를 어떻게 썼는지에 달려 있다'라고 한다.

예컨대 새 자전거 A, B에 비유하여 설명해 보자. A는 아주 잘 달릴 수 있는 고가(高價)의 좋은 자전거로 기어까지 달려 있다. A는 진흙탕에서 타고 논 뒤에도 잘 닦지 않고, 제대로 손질 한번 하지 않는 등 아무렇게나 취급한다. 반년이 지나 녹이 나니까 천덕꾸러기로 취급한다. 끝내 고물상에 갖다 버릴 자전거가 되는 것이다. B 자전거는 보통 자전거이다. 비록 값싼 자전거이지만 진흙탕에서 타고 놀면 귀가 즉시 깨끗하게 손질하고 닦아 둔다. 눈비가 오면 비닐로 덮어 보관하고, 가끔 기름칠까지 한다. 오래 타도 재산목록 1호라고 보물 다루듯 한다.

인간의 머리도 이같이 쓰고 닦아야 더욱 총명해지며 좋은 머리를 가질 수 있다는 것이다. 다음처럼 실천해 보자.

- 지나치게 잠을 많이 자지 말고 적당히 자야 한다.
- 쓸데없는 잡념이나 근심을 하지 말아야 한다.
- 인생 목표나 꿈을 갖고 정진해야 한다.
- 놀이와 독서를 통해 생각하는 습관이 필요하다.
- 과일, 견과류와 잡곡밥, 그리고 해산물을 먹되 포식을 하지 말자.
- 짜고 매운 자극성 음식 등을 가급적 피한다.
- 머리나 머리 가까운 이목구비(耳目口鼻)의 병을 조심한다.

참고: 정치근, 『학생과 건강』, 경심사

총명한 두뇌를 위해서 스스로 노력도 해야겠지만, 보호자인 부모의 역할도 크다. 항상 자녀를 살피고 보호해야 한다.

• 호기심 많은 자녀의 총명함을 지켜 준 부모 •

에디슨은 호기심이 아주 많은 어린이다. 궁금한 것이 하도 많아 쉴 새 없이 묻는 통에 정신이 나간 아이라고 동네 사람들이 피할 정도였다. 심지어 거위 알을 품고 있으면 거위 새끼가 태어날 줄 알고 알을 직접 품고 잠을 자다 알만 깨트렸다.

초등학교 때 선생님이 수학 시간에 "사과를 하나 갖고 있는데 누가 사과를 하나 주었다. 몇 개지?"라고 묻자, 아이들은 입을 모아 "2개요!" 외쳤다. "그래, 하나에 하나를 보태면 2개다. 알겠지!" 그때 앨(에디슨의 애칭)이 손을 번쩍 들었다.

"그런데 물은 왜 한 방울에 또 한 방울을 더하면 하나가 되나요?" 아이들이 "그래, 하나가 되네." 하며 까르륵 웃어댔다. 잘되는 수업을 앨이 또 망쳤다.

결국 3개월 만에 학교를 그만두고 엄마가 사랑으로 집에서 가르쳤다. 그리고 1천 종 이상의 특허를 낸 세계적인 발명왕이 되었다. "천재란 99%가 땀이며, 나머지 1%가 영감(靈感)이다."라는 말을 평생의 모토로 삼았다.

부모는 큰 틀에서 청소년을 살펴야

유아기(幼兒期)를 거쳐 아동기가 되면 떼를 쓰고 자신의 주장까지 내세운다. 자주성이 발전한 것이다. 이때 부모는 어린 자녀를 어루만지며 달래고 보상심리를 활용하거나 때로는 설득하거나, 아니면 윽박지르고 사랑의 매라도 들어야 하는데 그 어느 것도 쉽지 않다.

청소년기에 들어오면서부터 자녀는 감정이 조금씩 변해 부모의 생각과는 차이가 있음이 점점 느껴진다. 부모도 전과 같이 그저 자식이 튼튼하고 공부 잘하기를 바라나 이 시기에 도덕성을 확실히 잡아 주어야 한다.

사실 부모가 자식을 기르는 방식과 수단은 조금씩 다르겠지만 자녀가 건강하고, 공부도 잘하며, 반듯하게 자라 주기를 비는 사랑의 마음은 모든 부모가 다 같다고 본다. 그러나 과거의 권위적인 부모처럼 자신의 잣대로 자녀를 이끌어서는 안 된다. 부모가 먼저 문제점이 있나 없나를 살피면서 부모 자신부터 바람직한 방향으로 수신하는 노력이 수반되어야 한다.

청소년기에 습관을 잘못 익히면 성년이 되어서도 밥값조차 못하는 천덕꾸러기가 될 수도 있다. 어른이 되어도 탐욕 때문에 베풀지 못하고 배려하지 못하여 문제가 되고 늙어서 노추(老醜: 늙고 추함)로 망하는 사람도 허다하다. 특히 청소년기에는 분별력이나 판단력이 취약하고 의지력조차 약하여 편하고 좋은 것에 유혹당하기 쉽다. 그러므로 부모는 큰 틀에서 자녀를 격려하고 보듬어 주면서 올바른 길로 인도하는 데 최선을 다해야 한다.

부모의 관심이 자식을 만든다

'맹모삼천지교(孟母三遷之敎)'라는 말이 있다. 자녀의 학습에 엄마가 지나친 열정을 보이는 것이 치맛바람으로 폄하된 적도 있다. 자녀가 성장할수록 부모의 역할에는 한계가 있기 마련이다. 학년이 올라갈수록 부모는 큰 틀에서 목표치에 도달할 수 있도록 관심을 가지고 격려하는 선에서 그치는 것이 좋다. 즉 자녀가 스스로 공부하고 실천할 수 있도록 관심을 가지되 천천히 조정의 끈을 하나하나 풀어놓는 것이 좋다.

개인차가 있겠지만 중학교에 들어가면 스스로 목표를 설정해서 계획하고 실천할 수 있도록 하면 된다. 품행에 관한 습관도 마찬가지이다. 부모의 과보호를 받고 자라면 나중에 스스로 생각하고 행동하고 결단 내리는 데 문제가 생기기 때문이다. 심하면 '마마보이'라는 굴레에서 벗어나지 못하고 성장하고도 자주성이나 주관성이 나약해서 남의 눈치 보기에 바쁠 뿐이다.

따라서 부모는 자녀가 학년이 올라갈수록 자녀가 스스로 공부하고 노력할 수 있도록 관심을 가지고 사랑과 격려로 보듬어 주는 역할을 잊지 않으면 된다.

• 부모의 관심이 자녀의 앞날을 이끌었다 •

• 한호(韓濩, 1543-1605, 호는 석봉)는 조선에서 글씨로 추사와 쌍벽을 이루며, 중국의 명필과 견주어도 손색이 없다고 평할 정도이다. 한호는 10년 동안 절에서 글씨를 공부하려고 올라갔다가 중간에 내려왔다. 자식과 어머니가 불을 끄고 글씨 쓰기와 떡 썰기 시합을 하여 보니 아들 석봉의 글씨가 형편없었다. 어머니가 "눈을 감고도 글씨를 잘 쓸 때까지 집에 올 생각을 하지 마라!" 하고 크게 꾸짖었다는 이야기는 잘 알려져 있다.

• 김정호(金正浩, ?-1864, 호는 고산자)의 아버지는 전국을 누비며 지필묵(紙筆墨)을 장사하는 사람이다. 당시에는 실학사상(실사·실용·실무)으로 서학(西學)이 유입되면서 사상적이나 정치적으로 혼란기에 있었다. 그의 아버지는 '지금 세상이 변하고 있다. 정호도 공부를 시키지 않고는 훌륭한 사람이 될 수 없다.'라는 열린 사고로 정호를 공부시켰다. 아버지의 배려 때문에 김정호도 양반 자제들과 같이 서당에서 눈총을 받으며 공부를 열심히 하였다. 훗날 김정호가 27년 동안 노력과 실측(實測)으로 도전한 끝에 『대동여지도(大東輿地圖)』를 탄생시킨다(1861년).

Part 4

건강한
생활

　사람은 누구나 병치레 없이 건강하게 오래오래 무병장수하기를 원한다. 예부터 '천하를 얻고도 건강을 잃으면 모두 다 잃어버린 것'이라고 하였다. 또한 '재산을 잃으면 조금 잃은 것이요, 명예를 잃으면 많이 잃은 것이요, 건강을 잃으면 전부 잃은 것이다.'라는 말이 있다. 세상에서 건강이 가장 중요하며 최우선이니 건강을 잘 돌보라는 뜻이다.

　우리는 요람에서부터 흙으로 돌아갈 때까지 100년 남짓한 한 번뿐인 일생을 산다. 인생 목표를 세우고 노력과 정성을 다해 고지를 눈앞에 두고 병마가 찾아온다면 그것 또한 슬픈 일이다.

　특히 청소년기의 신체 충실도가 나이 들어서 장년 이후의 건강을 좌우한다. 한생을 살아가는 데 있어 건강하고 튼튼하고 온전한 심신을 가졌을 때만 성공의 열매를 맛볼 수 있고 인생을 즐길 수 있다.

1

청소년의
신체와 건강

일생의 건강은 청소년 시절에 달렸다

만물의 영장일지라도 생로병사의 틀을 벗어날 수 없고, '태어난 것은 반드시 죽는다'라는 생자필멸(生者必滅)의 길을 피할 수 없다. 그래서 인생을 바람직하게 살기 위해서는 건강한 육체를 전제하지 않으면 안된다. 현대인의 질병이 약 12,420개에 달한다고 한다. 이런 수많은 질병의 도전을 물리치고 건강한 신체를 유지하려면 이것 또한 노력 없이는 안 된다.

인도의 사상운동 지도자인 마하트마 간디는 이렇게 말했다.

'인간의 첫째 의무는 자기의 심신(心身)을 건강하게 하는 것이다.'

사실 건강해지고 오래 살려면 올바른 노력을 해야 한다. 건강한 심신은 청소년기에 만들어지고, 장수의 기초 또한 20세 전후에 만들어진다.

심신이 약하면 병자같이 생기도 없고 활기가 없다. 건강하지 못하면 남과 어울리지 못하여 우울하고 슬프기까지 하다. 하고 싶은 꿈도 있고 목표도 있지만 허약하면 되는 일이 없다. 꽃이 핀 봄 동산을 걸어도 건강하지 못하면 괜히 짜증만 난다. 건강을 잃으면 진수성찬에 산해진미도 소용이 없다. 몸이 약하면 시집 장가는커녕 연애 한 번 못한다. 허약한 몸은 부모에게 걱정을 안기고, 가정 분위기까지 어둡게 한다. 태어났다고 축복만 받았지, 인간 구실조차 못해 보고 세상에 신세만 잔뜩 지고 간다. 이렇게 사는 것은 사는 것이 아니다.

한 번뿐인 인생이 건강한 삶이 되도록 심신을 갈고닦는 데 최선을 다해야 한다. 아름답고 멋진 육체와 무병장수의 틀은 모두 청소년기에 만들어진다고 해도 지나치지 않다.

• 강인한 신체와 정신을 기른 스파르타인 •

병약하고 비리비리한 소년이 옛날 스파르타에 태어났다면 골짜기에 버려졌을 것이다. 스파르타인들은 강한 아이들만 키웠다고 한다. 사내아이는 부모 품에 있다가 7살이 되면 집단공동체 생활을 하며 달리기·씨름·검법·창법·승마 등 전사가 되기 위해 강하고 철저한 훈련을 받는다고 한다. 춥고 배고픈 열악한 환경을 참고 견디는 그 자체가 교육으로, 모두 감내해야 한다. 참고 견디는 인내심을 갖춘 용맹한 전사로서 국가에 충성을 다한다는 것이 스파르타인의 정신이다. 여자들도 건강해야 튼튼한 아이를 낳고 기를 수 있다 하여 여성 또한 호되게 교육을 받았다고 한다.

페르시아 제국의 40만 침략군이 파죽지세(破竹之勢)로 그리스에 쳐들어왔다. 오직 스파르타 레오니다스 왕을 비롯한 300명만이 애국정신으로 막고 나섰으나 장렬하게 모두 전사한다.

'조국에 대한 우리의 열정은 목숨을 바쳐 이 땅에 잠들어 있노라.'

도시 연합군은 전열을 정비한 후, 해전에서 페르시아 대군을 통쾌하게 물리친다.

신체는 정신작용이 중요하다

건강한 신체를 위해 중요한 것이 마음이다. 학창 시절에 무슨 생각들이 그렇게 많은지, 꿈도 많고 생각도 많고 잡념도 많아서 사실 공부에 집중이 잘 안 된다. 신체를 건강하게 만드는데 왜 마음을 바르게 닦아야 하는가?

육체는 마음의 조종을 받는다.

마음은 가슴속에 있는 것이 아니다. 마음은 곧 정신을 지칭하며, 정신은 머리에 있는 뇌수의 작용이다. 뇌수의 작용을 영어로 'mind'라 하는데 이는 '정신이나 마음'을 뜻하며 생명체의 원천이다. 이같이 뇌수(腦髓, brain)는 신체의 지휘부요, 사령부와 같은 존재로 중추신경계를 총괄한다.

인간의 뇌수는 다른 동물보다 훨씬 발전되어 있다. 고등동물이 5개

정도의 추상력을 가졌으나, 인간은 25개 정도의 추상력을 갖고 있다고 한다. 거기다 인간은 컴퓨터를 사용해 상상할 수 없는 무한대의 힘을 갖게 될 것이다.

사람이 태어날 때 몸이 약하더라도 청소년 시절에 몸 관리를 잘 하면 건강하게 성장할 수 있으며 장수할 수 있다. 설사 죽을병에 걸리더라도 마음먹기에 따라 얼마든지 회복하여 건강하게 살다 가는 사람이 많다.

오늘날 의학과 건강학이 발전하여 백 살까지 사는 것도 큰 문제가 아니라고 한다. 그러나 오래오래 장수하는 것이 중요한 것이 아니라, 인간답게 인간다운 좋은 일을 하면서 건강하게 살다 가는 것이 중요하다. 인간답게 살다 간다는 것은 생물학적인 본능대로만 살지 말고, 건전한 정신과 건강한 육체를 가지고 살아야 한다는 말이다.

'건강한 신체에 건강한 정신이 깃든다'라는 제퍼슨의 말도 맞지만 '건전한 정신에 건강한 신체가 깃든다'라는 말도 무시할 수 없다. 그만큼 오늘날은 정신세계가 건강뿐만 아니라 세상살이의 행(幸)과 불행을 좌우하기 때문이다. 세상일은 정말로 마음먹기에 달려 있다!

마음이 병들면 몸도 병든다

'마음의 병이 신체의 병을 만든다.'라는 말이 있다. 마음이 신체에 얼마나 영향을 미치는가를 알아보기 위해 실험 연구를 했다고 한다. 평소에 자신은 병원에 가 본 적이 없으며 앓아 본 적도 없다는 건강한 사람에게 "선생님! 지금 안색이 좋지 않은데 혹 아프신 것 아닙니까?" 하고 물었다는 것이다. 건강을 자신했던 사람은 아침 출근길에 그 말을 들고 '별사람 다 봤네.' 하며 가볍게 지나쳤다.

그런데 점심을 먹기 위해 사무실 근처 중국집으로 향하던 중 모르는 사람이 또 "선생님! 어디 불편한 곳이 없으십니까? 병원에 한번 가 보시지요." 하는 것이었다. 뚱딴지같은 소리를 반복해 듣다 보니 짜장면이 제대로 소화될 리 없다. 불쾌한 사람의 말이 자꾸 귀에 거슬린다. '정말 내가 큰 병이 있는 것이 아닌가?' 하는 생각으로 꽉 찼을 수도 있다. 그날 저녁 퇴근길에 똑같이 "안색이 안 좋으니, 큰 병원에 가서 검사 한번 받아 보오."라는 말을 듣고 끝내 몸져눕게 되었다는 얘기가 있다.

'삼인성호(三人成虎)'라는 말이 있듯이 세 사람의 거짓말에 생사람을 병든 사람으로 만든 꼴이 되었다. 건강한 사람이라도 '마음이 병들면 몸도 병든다.'라는 소리는 맞는 말이다.

신체의 개인별 차이(발전의 차이)는 그리 크지 않지만, 정신적 발전 수준에서는 노력하는 사람과 노력하지 않는 사람의 차이가 크다는 것을 교훈으로 삼아야 한다. 그래서 '걱정하지 말라! 노하지 말라! 범사에 감사하라!'라고 예부터 성인들은 외쳤다.

한문 성어 '一笑一少一怒一老(일소일소일로일로)'도 좋은 말이다. 따라서 사람이 건강하게 살려면 평상시에 운동도 해야겠지만 마음을 잘 다스려 정서 안정을 꾀할 것이며, 가정에서는 가화만사성이 되도록 최선을 다해야 한다.

신경쇠약에 유의하자

청소년 시절에는 꿈도 많고 작은 일에도 신경이 예민할 때이다. 더구나 치열한 입시 때문에 학생들은 정신을 많이 쓰다 보니, 신경이 날카롭고 약해져서 신경쇠약에 취약할 수밖에 없다.

『천자문』에 '축물의이(逐物意移: 사물을 쫓아 생각이 옮긴다)'와 '심동신피(心動神疲: 마음이 자주 움직이면 신경이 피곤하다)'라는 대구(對句)가 있다. 즉 무엇을 하고자 생각이 자주 옮겨 가다 보면 신경이 피곤할 수밖에 없다는 뜻이다.

옛날 단순한 농경사회에서도 심동신피를 경계하였는데, 현대 산업사회에서는 정신을 쓰는 일이 훨씬 많아 문제가 있다. 심지어 청소년이 게임이나 인터넷 채팅 등에 중독되어 신경쇠약보다 무서운 중독성으로 우려를 낳고 있다. 이 장에서는 청소년의 신경쇠약에 관련된 것을 간추려 보았다.

신경쇠약에 걸리는 원인

• 크게 지나치고 근심되는 일을 마음에 두거나 무리하게 공부하고 신경을 썼을 때

- 힘에 넘치는 일을 계속적으로 할 때
- 특별한 병에 걸리거나 약물에 중독되었을 때
- 머리에 심한 상처를 입거나 병이 있을 때
- 자위행위나 성에 대한 생각으로 몸이 고달플 때
- 지나친 잡념으로 밤잠을 설쳤을 때

신경쇠약에 걸리면

- 밤에 잠을 깊이 들지 못한다.
- 신경이 날카롭고 쓸데없는 생각으로 잠을 설친다.
- 잡념이 많아지고 집중력도 떨어진다.
- 신경과민으로 신경질이나 노하기를 잘한다.
- 식욕이 떨어지고 밥맛도 없다.
- 우울하며 만사가 싫어진다.
- 늘 골치가 아프며 눈이 어질어질하며, 때로는 눈이 충혈도 된다.
- 주의력이 산만하며 결단력이 없다.
- 정서가 안정되지 못해 불안·실망·낙담·슬퍼하기를 잘한다.
- 밤에는 끝없는 생각들이 한없이 이어진다.
- 병이 진행되면 신체가 쇠약해지며, 미친 사람처럼 엉뚱한 면이 있다.
- 신경쇠약이 심하면 틱 장애까지 생긴다.
- ADHD(주의력 결핍 및 과잉 행동 장애)가 올 수 있다.

신경쇠약을 고치는 방법과 마음가짐

- 신경쇠약에 걸린 원인을 빨리 찾아 원인부터 없애야 한다.

① 무리한 공부 때문에 생긴 신경쇠약이라면 잠시 공부를 중단한다. 경쟁의식이나 입시 때문에 생긴 신경쇠약이라면 일단 공부를 접고, 치료에 최선을 다한다.

② 땀을 흘리도록 운동하되 무리하지는 말자.

③ 역사소설이나 위인전으로 가볍게 독서하는 것도 좋다.

• 신경쇠약은 밤에 잠을 설치니, 밤에 숙면하도록 해야 한다.

① 밤에 숙면(熟眠)하기 위해 반드시 낮잠을 자지 않도록 한다.

② 잠자리에서는 잡념이나 공상 등의 생각을 말자.

③ 커피나 카페인이 든 차를 마시지 말고, 따뜻한 우유나 대추차를 마신다.

④ 육식보다 채소를 많이 먹되, 특히 양파·연근·우엉 등을 먹으면 좋다.

⑤ 음식을 먹고 소화되기 전에 자면 숙면에 문제가 생긴다.

• 자위행위가 심해지면 신경쇠약이 될 수 있다. 자위는 본능적인 행위라고 한다. 의사들도 크게 해롭지 않다고 하나, 성에 대한 편향과 집착이 습관화된다면 역시 몸은 피곤하고 쇠약해져 청소년에게는 신경에 부정적인 작용이 될 수 있다. 이런 학생은

① 혼자서 공부하지 말고, 학교나 도서관(실)을 이용하는 것이 좋다.

② 운동을 꾸준히 하고 특기학습이나 취미에 집중하는 습관도 좋다.

③ 더 높은 뜻을 갖거나, 고상한 취미로 벗어나야 한다.

• 취침 전에 조용히 복식호흡이나 명상을 10~20분간 해 주는 것이 좋다. 잠자리에서는 생각을 끊고 100을 역으로 센다(100, 99, 98, …, 3, 2, 1).

- 자신의 열등의식도 문제이다. 나(我)라는 존재는 이 세상에서 하나 밖에 없는 귀한 존재이다. 자신의 인생 목표를 세워 노력해 본다.
- 비록 정도의 차이는 있을지언정, 많은 학생이 신경쇠약에 걸린다는 것이다. 따라서 슬퍼하거나 우울할 필요가 없다.
- 신경쇠약은 소심하거나 작은 일을 크게 근심·걱정으로 키우기 때문에 생긴다. 시간이 지나면 별것이 아니며 자연히 모두 해결된다.
- 성격이 소극적이거나 내성적인 학생이 신경쇠약에 걸릴 우려가 크다. 원래 청소년 때는 수시로 감상적이기 쉽다. 세월이 가면 자연히 바뀌거나 변한다. 모든 것을 성급하게 속단하지 말자. 학생뿐만 아니라 남녀노소가 차이는 있을지언정 다 고민하고, 사색하고, 방황하며 산다. 변화하고 발전하기 위해서 고뇌는 당연하다.
- 신경쇠약이 심하면 ADHD(주의력 결핍 및 과잉행동장애)나 틱 장애가 올 수 있다. 신경 전문의를 찾아가 원인을 찾아 치료하면 된다.

참고: 정치근, 『학생과 건강』, 경심사, 1964. pp. 56-58

*정치근 선생은 해방 직전에 히로시마 원폭 투하를 직접 멀리서 보았던 학병이다. 원폭이 떨어진 황량한 잿더미를 수습하는 과정에서 원자병을 얻었다. 그는 의사가 아니지만, 학생 건강에 관하여 많은 것을 알려 주었다. 학생 건강을 위해 이 자료보다 좋은 것은 찾지 못했다.

신경쇠약을 극복하기 위하여

- 무조건 잠을 잘 자야 한다.
- 먹기 싫어도 악착같이 먹어야 한다.
- 운동을 땀이 나도록 해야 하며 무리는 말자.

- '밝은 태양은 내일도 다시 떠오르고, 모든 것은 다 지나가리라!' 등의 긍정적인 글과 긍정적인 사고로 살자.
- 심신이 편안해야 모든 것을 할 수 있고 행복할 수 있다.
- 천상천하에서 내가 제일 귀하고 중요하다.
- 내 쉴 곳은 가정이며, 가정 화목이 가족 건강의 원천이다.

• 장애를 이긴 인간승리자 월머 루돌프 •

4년에 한 번 열리는 올림픽은 세계 체육인의 잔칫날이다. 체육인들에게 올림픽 메달은 길고도 고통스러운 여정의 성과물이다. 특히 불굴의 드라마 같은 연출로 인간승리자가 태어난다.

미국의 육상선수 월머 루돌프는 4살 때 폐렴과 성홍열에 걸려서 제대로 걷지도 못했다. 의사는 어린 소녀가 다시 걸을 수 없을 것이라고 말했다. 천신만고 끝에 걷기까지는 하였으나, 다리 한쪽이 짧아 기우뚱거리며 걸었다고 한다.

부모와 루돌프는 끈질긴 정신력으로 결국 역경을 딛고 미국 육상선수 대표가 되었다. 1960년 로마 올림픽대회 100m, 200m 그리고 400m 이어달리기에서 영광의 세계 신기록과 금메달을 획득하였다. 스타디움의 모든 관중은 진정한 인간승리자인 루돌프에게 기립박수로써 영광의 우승을 축하해 주었다.

참고: 클라이브 기포드, 장석봉 역, 「올림픽이야기」, 아이세움, 2004.

2

지혜로운 학생의
하루 시간 계획과 생활

일과표와 평가표

1) 중·고등학생의 24시간 일과표(*학년에 따라 가감)

① 06:00 −   • 기상

② 06:00−06:40 • 간단한 방청소와 정리정돈, 화장실 가기

                • 몸 풀기(스트레칭)와 심호흡하기, 세수

③ 06:40−07:00 • 학과목에 대한 계획

④ 07:00−07:30 • 아침 식사(천천히 오래 씹기)

⑤ 07:30−08:00 • 등교 시간(밥 먹고 뛰지는 말 것)

⑥ 08:00−16:00 • 학교생활

                • 수업 시간에 정신 집중(오래 기억됨)

                • 똑바로 앉기, 교실에서 뛰지 않기(급우에게 먼지를
                들이마시게 한다)

• 학교는 또래와 어울리며 성장과 사회성을 기르는 곳

⑦ 16:00-16:30 • 귀가 시간

⑧ 16:30-18:30 • 수학·영어 및 복습

⑨ 18:30-19:30 • 저녁 식사

⑩ 19:30-20:30 • 휴식 시간 및 간단한 운동

⑪ 20:30-22:30 • 공부 시간

⑫ 22:30-23:00 • 1일 평가 및 감사와 반성, 취침

2) 중·고등학생의 토·일요일 24시간 계획표

① 평일 수준으로 계획하되 부족한 과목을 더 많이 할당한다.

② 주말 하루만이라도 종교, 특기, 취미, 운동 등의 시간을 충분하게 배정한다.

3) 1일 일과표와 인성에 관한 평가표를 만들어 생활한다.

• 중학생 때부터 일과 및 인성 평가표를 만들어서 생활하면 좋은 습관을 가질 수 있다.

• 1일 학과 공부 및 수신공부 평가표 • (예시: 고1학년 기준)

일자	학습 계획					수신 공부			전체 평가
	수학	영어	독서 국어	특기·기타	계획 이행	극기	준법 정신	효도	가산점 1점 +
4/1 (일)	교과서 10-11	교과서 20-21	감자 (단편)	신앙생활	10점	3	3	3	20(점)

날짜									
4/2 (월)	교과서 12-13	교과서 22-23			10	*1	*0	3	14
4/3 (화)	문제집 17p.			과학실험 (과외)	*5	*2	*1	*1	9
4/4 (수)	문제집 17-18	교과서 24-26			10	3	*1	3	17
4/5 (목)		교과서 문장 암기	국어 복습		10	1	1	3	15
4/6 (금)	문제집 19-20	교과서 27-28			10	2	1	3	16
4/7 (토)	수학문제 풀이	영어회화		친구들과 농구	*8	*2	*1	3	14
총계					63점	14	8	19	105점

· 4/1(일) 하루를 계획대로 실천 한 날이다.(가산점 +1)

· 4/2(월) 학과공부는 계획대로 잘 했으나, 수신은 친구에게 욕을 하고, 휴지를 길에다 버렸다.

· 4/3(화) 과학을 과외 하러 갔다 늦어 수학을 다 풀지 못했다. 또 엄마한테 학원이 늦게 끝났다고 거짓말을 했다. 사실은 짝꿍하고 얘기하다 늦었다.

· 4/4(수) 이 학생은 학과 계획은 잘하나, 수신에서 휴지를 마구 버리는 습관이 있다.

· 4/7(토) 회화 수업이 끝난 후 친구들과 농구. 피곤하여 수학 문제 풀다 잠들었다. 극기심과 준법 정신은 철저하지 못했다. (음료수 컵을 그대로 두고 왔음)

• 이 학생은 효도는 그런대로 잘 지키고 있다. 5월에 다른 덕목을 채택한다.

• 총계 점수는 주별 또는 월별로 통계를 내어 그래프로 표시하여 비교하고 반성한다.

① 자신이 꼭 해야 할 학과목과 분량을 미리 계획하여 써 놓는다.

• 1일 계획한 과목을 다했으면 10점, 못했으면 0, 세 과목 하는 날 에 하나에 3점씩이며 가산점 1을 더해 10점, 한 과목은 대충했다면 6+2=8점이다.

② 수신 공부는 자신이 쌓을 덕목 2~4가지를 선택한다. 잠자기 전

에 하루를 반성할 때 기입한다. 3가지 덕목으로 3점씩이다. 모두 잘한 날일 때 가산점 1점을 (+)더한다.

• 성직자(목사, 스님, 신부 등)나 교육자가 인생 목표인 사람은 수신 덕목을 3가지 이상을 적고서 철저하게 지켜야 한다.

• 몸이 비만인 학생은 먹는 것을 줄이고, 땀이 나도록 운동을 한다. 지켰으면 +1~3점이며, 몇 시간 뒤에 인스턴트식품을 먹었다면 −1~−3점이다.

④ 위 표를 참고하여 자신에게 맞는 일과표나 인성 평가표를 만들어 실행하면 좋다. 처음에 실행하기가 힘들지 습관이 되면 반드시 큰 효과가 있다.

• 위대한 벤저민 프랭클린 •

벤저민 프랭클린(Benjamin Franklin, 1706-1790)은 미국이 영국으로부터 독립할 때에 미국의 기초를 다졌던 분이다. 보스턴에서 가난한 집안의 17명의 자녀 중 15번째로 태어났다. 정규교육이라곤 10살 전에 받은 2년이 고작이다. 그는 비록 정규교육은 짧았지만, 어린 시절부터 돈이 생기면 책을 사서 봤을 정도로 독서와 글쓰기를 게을리하지 않아 20대에 신문사를 운영하는 계기가 된다.

청소년 시절부터 바른 생활 습관을 기르기 위해서 13가지의 덕목을 만들어 실천했다. 그는 공익사업이라면 발 벗고 나서서 도서관, 소방서, 대학설립, 병원설립, 우체국, 지역 방위군 등 수많은 일을 계획하고 추진하며 성공시켰다. 정치적으로도 주 의회 의원, 체신장관 및 외교사절로 미국의 독립과 건국을 위해 헌신적으로 일했다. 벤저민 프랭클린의 삶은 동서고금을 통해 모든 사람의 귀감이 될 수 있는 훌륭한 사람이며 인간승리자이다.

참고: 강미경 역 『프랭클린 자서전』 외 2종

학생 때 얼마나 자야 할까?

성인 남자의 수면 시간은 24시간 중 대개 3분의 1인 8시간 전후이다. 유아기 때는 엄마 품에서 젖 먹고 자는 일이 전부이지만 점점 성장하면서 잠자는 시간이 줄어든다. 아동기는 10시간 전후로 하며, 청소년기는 8시간을 기본으로 한다. 이때는 성장기로서 먹기도 많이 먹어야지만, 잠도 잘 자야 건강하게 성장할 수 있다. 잘 때는 완전수면이 되도록 자야 한다.

여기서 한 가지 더 말할 것은 '일찍 자고 일찍 일어나라!'는 것이다. 동요에도 '새 나라의 어린이는 일찍 일어납니다.'라는 노래 가사가 있다. 또 '아침 일찍 일어난 새가 벌레를 잡는다'라는 속담도 있다.

왜 이같이 옛날부터 '늦게 자고 늦게 깨라'고 하지 않고 '일찍 자고 일찍 일어나라'고 했을까? 아마도 그것은 아침에 일찍 일어나서 맑고 깨끗한 머리로 공부하는 것이 효과가 크기 때문일 것이다. 밤에 졸면서 하던 2시간 공부보다는 아침에 일어나서 맑은 정신 속에 1시간 공부하는 것이 훨씬 효과적이라는 얘기이다.

'잠을 10시간 자도 부족하다'라는 학생이 있다. 그 사람은 게으른 학생이며 잘못된 습관을 고쳐야 산다. 1990년 이전에 미국으로 유학하여 성공한 사람들을 보면 2~4시간 자면서 악착같이 아르바이트로 학비까지 벌며 공부를 했다고 한다. 그들은 역경을 딛고 성공한 인간승리자이다.

적정 수면 시간에 대해서는 다음 표를 참고하되 개인의 건강과 체질에 따라 가감(加減)할 수 있다.

최근에 나온 실험에 의한 데이터에 의하면 수면의 질에 좌우하지만, 건강에 좋은 적정 수면 시간은 7시간으로 잡고 있다.

나이(Years Old)	수면 시간(Hours Sleep)
6 − 8세	10 − 12시간
9 − 10세	9 − 11시간
11 − 14세	8 − 9시간
15 − 19세	8 − 6시간
20 − 40세 이상	8 − 6시간

어느 미국 교포의 이야기

김종훈(金鍾勳, 1960년생)은 서울에서 태어나 중학교 2학년 때 미국에 이민했다. 사춘기 시절에 미국에서 겪어야 하는 시련과 아픔은 한없이 눈물겨운 이야기들뿐이다. 가정 사정으로 집에서 나오게 된 그는 학교에 가면 영어 발음이 이상한 동양인이라고 무시당하기 일쑤였다. 점심때는 국가에서 주는 혜택(결식아동 식권)으로 해결하자니 자존심이 상해 수없이 굶었다고 한다. 그는 당시의 삶에 대해 '바위 밑에 깔린 삶'이라 표현한다.

학교 수학 선생 집의 지하실에서 기거하며 주경야독(畫耕夜讀: 낮에는 일하고 밤에는 공부함)을 하였다. 점원, 배달, 편의점에서 일하며, 주말에도 잔디 깎기 등의 2~3개의 알바로 험난한 고통의 길을 가야만 했다. 2~3시간의 잠을 자며 악착같이 일하고 벌며 공부했다고 한다. 너무 피곤하고 졸린 탓으로 오토바이를 몰다 경찰차와 충돌한 적도 있었다. 공중으로 떴다 떨어져 헬멧이 깨지는 큰 사고였지만 구사일생(九死一生)으로 살아났다고 한다.

그는 청소년 시절 때 육체적인 피로보다도 놀림과 비웃음에서 오는 정신적인 갈등 때문에 코피와 눈물을 한없이 흘렸다고 한다. 그럴수록 그는 자신의 존재를 증명해 보이겠다는 강인함과 굳은 결심을 불태웠다고 한다.

이 시절에 수학 선생이 보여 준 애플 개인 컴퓨터를 보고 자기도 스티브 잡스처럼 되겠다는 꿈을 키웠다. 그 결과 우등생으로 고등학교를 졸업하고 명문대의 장학생으로 입학했다. 공부도 중요하나 스포츠나 과외 활동을 통해 친구 사귀는 일도 열정을 가지고 학교생활을 하였다. 전자공학과를 나와 해군 장교로 핵잠수함에서 7년간 근무하였다. 그는 '시간은 생명이다'라는 실천철학을 갖고 꾸준히 노력한 결과 성공한 것이다.

1997년에 그가 세운 '유리 시스템즈'사가 미국에서 가장 급성장하는 우수기업으로 『비즈니스위크』지 표지에 실림으로써 일약 명사(名士)가 되었다. 그는 30대 후반에 재산은 5억 6천만 달러(약 6,600억 원)로 미국 400대 갑부에 올랐다. 그리고 그와 함께한 20명의 사원 모두가 백만장자가 되었다.

"나는 머리가 썩 좋은 사람은 아니다. 단지 성공 목표를 높게 정하고 주간 168시간 중 120시간가량 밤낮없이 일한 것이 지금의 나를 만든 힘이다."

그는 2012년 메릴랜드대에 공학교수직, 벨연구소(노벨상 수상자를 13

명이나 배출한 미국 최고의 통신연구소)의 수장(首長)인 소장직 등을 맡고 있다. 그는 스포츠광으로 미국 프로 아이스하키팀 '워싱턴 캐피털스'와 프로 농구팀인 '워싱턴 위저드스'의 공동소유자이다.

참고: 문원택 외, 『미국 재계를 움직이는 9명의 한국인들』(HANEON.COM)한언. 조선일보

학교생활은 배움, 사회성 그리고 친구

중학교에서부터 학교생활이 시간이 하루 24시간 중 3분지 1인 8시간이 넘는다. 상급반이 될수록 학교생활은 점점 길어진다. 그러므로 학교생활이 즐겁고 재미나고 신나야 자신의 삶도 즐겁다. 학교생활은 수업이나 학년에 따라 달라지나, 중요한 것은 또래들이 모여서 공부하고 사귄다는 것이다. 이같이 학교생활이 피할 수 없는 공동체 생활이라면 긍정적이고 적극적인 생활 자세로 사는 것이 좋다.

선생님과의 만남

예부터 '군사부일체(君師父一體)'라고 얘기한 것을 보면 선생님과의 만남도 매우 중요하다. 담임선생님이나 교과목 선생님은 모두 나의 인생 선배요, 인생의 길잡이다. 예부터 스승을 잘 만나면 인생의 반은 성공한다고 말할 정도이다. 비록 처음에 선생님은 가까이하기엔 어렵고 생소하고 낯설게만 느껴진다. 세상 사람이 모두가 처음에는 생판 모르는 사람이지만, 알면서 정들고 가까워진다. 처음 만난 선생님도 생활하다 보면 가까운 인생 선배이며 교육자로 얼마든지 여러분의 인생 상담자가 될 수 있다. 마치 양치기가 어린 양들을 넓고 좋은 목초지로 인

도하듯 말이다.

당나라 때 문장가 한유(韓愈, 768-824)가 스승에 대해 다음과 같이 말했다.

"스승이란 도를 전하고, 수업을 주며, 의혹을 풀어 주는 것이다."

선생은 세계와 인간의 본질적인 진리를 전달하며(전도傳道), 선생이 가지고 있는 지식을 주며(수업授業), 언제든 모르는 부분에 답을 주신다(해혹解惑)는 스승의 의미를 말한 것이다.

물론 선생도 완전한 인간이 아니라서 부족할 수도 있고, 잘못할 수도 있고, 가끔은 모날 때도 있다. 선생도 시행착오를 통해서 성숙한 인간으로 변하고 발전한다는 것을 인정하고 받아들이면서 가까이해 보자.

•어느 평교사의 한마디와 정유선 교수 이야기•

미국 조지메이슨대 특수교육과 정유선 교수(43)는 뇌성마비로 말과 행동이 자유롭지 못한 분이다. 그러나 정 교수는 한 학기에 세 과목을 가르칠 정도로 유능하며 열정적인 '최고 교수상'을 받은 분이라고 한다. 이분은 옛날 고등학교 1학년 때 국어 선생님으로부터 '아무것도 겁내지 말고 너를 표현하여라. 한 번에 안 되면 다시 하고 될 때까지 혼신을 다 해 봐라!'라는 내용의 편지를 받았다. 그 말에 자신이 다시 태어났다고 한다. 진정으로 선생님을 잘 만나 자신의 삶을 변화시킨 '인간승리자'이다.

참고: 정유선, 「나는 참 괜찮은 사람이고 싶다」, 예담, 2013,「조선일보」2013. 9. 14,「Why?」

학교는 사회성을 키우고 친구를 만드는 장이다

우리는 세상에 태어나면서 부모를 만나고, 성장하면서 친구를 만나고, 성숙하면서 사랑하는 짝을 만난다. 이 같은 운명적인 만남을 통해 평생 함께하는 부모와 배우자, 그리고 친구 등을 만난다.

친구는 평생 같이 갈 동반자이다. 흉금을 털어놓고 말할 수 있는 진정한 친구를 만들어야 한다. 또래들과 한 번 더 어울려 인생을 논하고, 정의를 말하며, 미래의 꿈을 의논하는 친구 사귐이 매우 중요하다. 친구라는 말보다 아름다운 것이 없고, 우정보다 더 좋은 것은 없다고 한다. 학교 친구는 같은 반에서 1년 이상 생활하다 보니 마음만 먹으면 얼마든지 좋은 친구를 사귈 수 있다. 그러면 어떤 친구를 사귀는 것이 좋을까? 다음은 공자가 말한 교우관계이다.

'유익한 벗이 세 가지가 있다. 정직하고, 성실하고, 견문이 많은 벗은 유익하다.'

'해로운 벗도 세 부류가 있다. 마음이 편벽되고, 우유부단하며, 말만 많고 음흉한 벗은 해로운 벗이다.'

유익한 친구와 사귀면 똑같이 나도 그렇게 될 확률이 높다. 그런데 사귀고자 하는 사람이 어떤 부류의 사람인지 확신이 서지 않을 때는 다음을 참고하여 본다.

첫째, 그가 집에서 부모에게 효도를 잘하는지를 보라. 그리하면 그 친구의 성향을 대강이나마 파악할 수 있다.

둘째, 그 사람의 친구들을 살펴보라.

이 두 가지 사항은 예부터 친구를 사귈 때 그의 사람됨을 보는 방법이다. 부모님께 효도를 잘한다면 가정교육과 인성교육이 좋다는 뜻이다. 친구란 대개 유유상종(類類相從: 같은 무리끼리 서로 어울림)이며 초록동색(草綠同色)으로 비슷한 사람끼리 모이기 때문에 사귀는 친구를 살펴보라고 한 것이다. 친구라는 것은 인격 도야뿐만이 아니라 발전과 행복을 위해서 서로 이해하고 돕는 평생 동반자이다.

그리고 친구가 한번 잘못했다고 해서 절교나 외면하는 것도 문제이다. 사람은 누구나 완전치 못하기 때문에 상호 보완의 충고를 통해서 바람직한 방향으로 이끌어 가다 헤어져도 늦지 않다. 대개 겉으로 보기에 소심하고 내성적인 학생 중에 의외로 순수하고 도덕성이 갖춰진 학생이 많다. 자신의 성격과 맞지 않는다 하여 예외로 생각하지 말고, 넓게 이해하다 보면 나중에 가까운 친구가 될 수 있다.

친구를 사귀었으면 스스로 먼저 안부도 묻고 끈끈하게 변함없이 서로 연락해야 관계가 이어진다. 친교도 노력과 정성을 들여야 한다. 아무리 친한 벗일지라도 아무 연락이 없으면 멀어지게 마련이다. 눈에서 멀어지면 생각까지 멀어지는 법이다. 사회에 진출하여 많은 동료와 친구를 만들어도 초중고 시절의 친구가 좋다.

진실한 우정은 황금과도 바꾸지 않는다고 한다. 돈이야 있다가도 없는 것이다. 좋은 친구의 우정은 삶의 귀중한 보배이다. 특히 금전 관계는 친구 간에 조심스러운 문제이므로 금기해야 한다. 친구가 형편이 어려워 부탁을 해 오면, 되돌려 받을 생각 없이 주는 것이 좋다. 만일 감당 못 할 액수라면 정중하게 사양하면 된다. 금전 관계를 잘못하면 돈 잃고 친구까지 잃을 수 있기 때문이다.

우리는 평생에 수많은 사람을 만나고 헤어지고 스쳐 간다. 친구란 수많은 사람 중에 인연이 되어 우연히 만났다 운명적으로 나의 귀중한 동반자가 된 사람이다.

3

사춘기를
슬기롭게

사춘기란?

사춘기(puberty)는 생각할 사(思)와 춘기(春期: 봄 시기)의 합성어로 봄
을 생각하는 시기란 뜻이다. 다른 말로 '춘기발동기(春機發動期)'라 하
여 만물이 소생하며 활기차게 성장하고 짝을 찾기 시작하는 시기라는
뜻이다. 즉 사계절 중 봄과 같이 인간도 이성을 그리며 사랑하여 생식
을 시작할 수 있는 시기라는 뜻이다.

백과사전에는 사람이 '사춘기에 성적 성숙이 현저하게 눈에 띄며 2차
성징이 나타나 남자다운 체격이나 여자다운 체형을 갖추기 시작한다.
육체적 변화와 함께 감수성이 고조된다. 또 자아의식도 높아지고, 주
위에 대한 부정적 태도도 강해지며, 구속이나 간섭을 싫어하며, 반항
적인 경향으로 치닫는 일이 많고 정감(情感)이 불안정하다. 청소년기에
서 심신 양면으로 어른이 되는 과정의 과도기로, 심신 발달상 완성의
단계는 아니다'라고 쓰여 있다.

이 같은 사춘기는 남녀의 개인차에 따라 빨라지거나 늦어지는 경향이 있으나, 대개 11~13세부터 나타나기 시작한다. 사춘기가 되면 신체의 구조나 외양뿐만 아니라 정신까지도 변화에 변화를 거듭한다. 가슴이 두근거리고, 얼굴이 붉어지고, 비밀이 많아지는 때이다.

영어로는 사춘기(puberty) 또는 청소년이라는 뜻의 틴에이저(teenager)를 비롯하여 youth, adolescence, the awkward age 등의 용어도 있다. 이 시기는 갈등이 크고 정서의 안정이 수시로 깨지는 격변기임에 인생의 과도기, 질풍노도의 시기 또는 피 끓는 시기라는 문학적인 표현을 쓰기도 한다. 결론적으로 사춘기는 한 인간으로서 생식 기능을 갖추면서 아울러 정신적인 성숙을 위한 준비 단계라고 볼 수 있다.

사춘기 때 심신의 변화

사춘기에 들어선 남녀의 신체구조를 살펴보면, 골격과 근육의 발달 상태가 생식 기능을 갖추기 위하여 남녀의 가슴과 생식기가 변화·발달한다. 이 같은 현상은 진화·발전 과정에서 남녀의 생식과 보존의 사명이 크기 때문이다. 여기서는 사춘기 때 마음의 변화에 대해서만 알아보고자 한다.

남성의 마음

- 이론적으로 자기 일을 구체화하는 시기이다. 사물의 이치를 잘 따지며 원리 원칙을 논하기를 좋아한다.
- 부모나 어른들의 말과 기존의 사고에 반대 의견을 낸다.

- 정의감에 불타며 용감한 행동도 서슴지 않으나, 때로는 돌출행동을 한다.
- 예술 분야인 문학, 음악, 그림, 영화 등과 운동에 취미를 가지게 된다.
- 친한 친구가 생기고 인생의 전반적인 얘기를 교환한다.
- 이성에 관심이 깊어진다. 마음에 드는 여성이 나타나면 연애 감정을 품게 된다.

여성의 마음

- 감상적이 되고 소위 센티멘털리즘(sentimentalism)에 도취한다.
- 부끄러운 마음, 즉 수치심이 많아진다.
- 모성애나 동정심이 커진다.
- 연애 사랑을 취급한 소설이나 영화를 좋아하게 된다.
- 이때 친한 친구가 생기나 반대로, 질투심도 강하게 나타난다.
- 이성에 관심이 커지고 마음에 드는 남성이 나타나면 특별한 호의를 갖기도 한다.

참고: 정치근, 『학생과 건강』 경심사

　이때는 부모가 논리적으로 설득해도 듣지 않을 때가 많다. 강제적 또는 물리적인 힘으로 통제하는 것과 자녀의 감정을 무시하는 부모의 언행은 서로 감정의 골만 깊게 할 뿐이다. 사춘기 때는 일체 다른 사람의 간섭이 싫고, 기존에 내려오던 사고까지 부정적으로 보는 태도가 강하게 나타난다. 이러한 사고나 행동은 반항적인 기질로 나타나 정서까지 불안해지고 때로는 돌출행동으로까지 이어진다.

유충이 성충으로 자라 날개가 돋아나 훨훨 날기까지 여러 과정을 거치듯, 사춘기는 성인이 되기 위해서 반드시 거치고 넘어가야 할 과도기라 생각해야 한다. 이때는 부모도 자녀를 널리 이해하고, 섬세한 부분까지 살피되 조심스럽게 접근하지 않으면 안 된다.

사춘기 때 이성 교제를 할 것인가?

예전에는 '남녀칠세부동석(男女七歲不同席)'이라 한 적도 있다. 1960년대만 해도 남녀 중·고등학생이 함께 걸어가면 지나가는 사람들이 쳐다보면서 눈총을 주었다. 건전한 학생이라기보다 공부는 하지 않고 연애만 한다고 여긴 것이 당시의 사회적인 통념이다. 선진국이며 문화를 선도했던 미국의 영화에서도 키스 신이 드물었고 여성의 반라(半裸)조차도 허용되지 않았을 때이다.

오늘날은 성(性, sex)에 대한 인식이 많이 개방되어 남녀의 나체는 물론 포르노 영상물이 넘쳐흐르는 시대에 살고 있다. 그래서 그런지 젊은이들이 공공연하게 전철, 버스, 커피숍, 계단 등 공공장소에서 포옹하고 키스하는 낯 뜨거운 모습을 흔히 볼 수 있다. 공공장소에서 지나치게 사랑을 표현하는 행위는 다른 사람에 대한 배려와 예의가 없는 몰상식한 행동이다. 부모 앞에서 하지 못하는 행위를 공공장소에서 드러내 놓고 하는 것은 자신의 교양 문제이기도 하다. 또 '선진국에서 그렇게 한다'고 하는 것도 잘못 배운 것이다. 우리 사회의 정서가 있고, 지켜져야 할 전통사상과 예절이 있다. '송아지 못된 것은 엉덩이에 뿔이 난다.'라는 속담이 있다. 아무리 사랑이 좋아도 사회의 미풍까지 해치면서 하는 것이 과연 옳을까?

물론 오늘날은 남녀공학도 많고 이성 교제를 막을 수 없는 것이 자연스러운 풍조이며 시대의 흐름이다. 그래서 학교 생활지도에서 이성 교제에 대한 규제와 규제 철폐에 대한 대립으로 학칙 개정 논란이 분분하다. 자연스러운 이성 교제가 성장 과정에서 인격 형성에 도움이 된다고 생각하면 부모의 승인 아래 사귀면 된다. 즉 교회나 사찰 등에서 신앙심을 갖고 교제를 하거나, 학교 동아리 클럽에서 얼마든지 교제하며 활동할 수 있다.

그러나 건전한 이성 교제라고 말은 했지만, 남녀 간의 교제는 미묘하고 예측하기가 어렵다. 남녀의 감정은 사랑으로 변할 수밖에 없는 것이 하나의 감정 흐름이기 때문이다. 한참 감수성이 예민하고 성징이 왕성하게 나타나는 청소년기에 이성 교제로 인한 사랑은 참으로 감당하기 어렵고 정서에 빨간 불이 들어올 수도 있다. 사랑의 감정이란 한 이성에게 필(feel)이 꽂히는 순간 머릿속에 온통 그 이성의 모습만이 맴돌며 지워지지 않는 것이다. 단 한 사람만이 내 인생의 전부인 것처럼 활활 타오르는 불꽃을 막을 수가 없다. 오죽했으면 사랑을 '홍역(열병)'이라고 표현했던가?

쌍방이 열렬한 사랑은 어디로 어떻게 튈지 모른다. 또 이별이라도 하면 사는 의미와 존재가치조차 느끼지 못할 정도로 방황하기도 한다. 때로는 식음을 전폐하며 홍역을 하듯 열병을 앓아 드러눕게 된다. 이 상황에서는 무엇이 옳고 잘못되었는지 판단 기준조차 없는 것이 첫사랑이다. 출렁이는 바닷물에 썰물과 밀물이 있듯이, 첫사랑의 추억은 며칠이 흘러갈지, 몇 달, 몇 년이 갈지, 혹은 영원히 뇌리에서 맴돌지도 모른다. 사랑의 홍역을 치른 뒤에 가슴속에 텅 빈 허상만이 남게 되어 추억의 한 페이지를 장식한다.

인생 목표를 정해 놓고 줄기차게 가는 학생이 사랑이란 덫에 걸렸을 때 학습과 목표 그리고 정서에 미치는 부정적인 영향을 결코 가볍게 봐서는 안 된다.

•어느 처녀와 청소년 조광조의 일화•

정암 조광조(靜庵 趙光祖, 1482-1519) 선생은 15살 때 서당에서 공부를 마치고 집으로 돌아가던 중 비를 만났다. 비를 피해 어떤 양반 집의 처마 밑에 잠시 있었는데, 그 집 딸이 선생의 위풍당당한 용모를 엿보고 한눈에 사랑에 빠졌다. 그만 선생에 대한 애타는 염모(艶慕)로 상사병(相思病)에 걸려 약도 효험이 없고 앓아눕기만 하였다. 딸에게 물어 그 이유를 알게 된 그녀의 아버지가 수소문 끝에 선생을 찾아가 우선 딸이나 살려 놓기를 간절히 청했다.

선생이 그 집으로 찾아가니 처녀는 반색하며 기뻐 벌떡 일어났다. 그러자 선생이 "당신은 양반집 규수로서 정을 통한 일도 없는데, 어찌 남자를 보고 앓아누웠느냐? 부정한 여인이다! 또 자식의 몸으로 앓아누워 부모에게 걱정을 끼치고 있으니 불효막심하다!"라고 알아듣게 말했다. 처녀는 낯빛을 붉히면서 잘못했다고 사과했다. 물론 처자의 병도 말끔하게 나았다.

조광조는 조선 중종 때 선비의 표상이 될 만한 이론과 실천을 겸한 개혁성이 강한 선비로 38세 기묘사화(己卯士禍) 때 사사(賜死)되었다. 그의 도학(의리학) 정신이 퇴계와 율곡으로 계승되어 충효의 정신을 크게 선양하여 성균관에 배향된 분이다.

사춘기의 성(性)과 중독

청소년기는 심리적·정서적·사회적 미성숙기로 성인이 되어 가는 준비단계이다. 신체의 변화나 성징(性徵)은 두드러지나 정신력은 아직 충분히 자제하고 극기할 만한 능력이 부족하다. 많은 곳에 호기심을 자극하고 재미난 게임이나 이성에 대한 동경, 성욕의 유혹이 넘쳐흐르고 있다. 이런 재미난 게임이나 성 자체에 미혹되어 극복하지 못하고 방황한다면, 인생 목표를 이루는 데 성공 여부를 가름할 수 없다. 공자도 청소년 시절에 혈기가 안정되어 있지 않기 때문에 색(sex)을 경계하라고 말했다.

사실 성은 이제 사회 곳곳에서 개방적이고 노골적으로 적나라하게 만연되어 있다. 그런 풍조 때문에 점점 10대의 임신과 출산, 낙태, 성매매 등이 심각한 사회문제로 대두되고 있다. 그래서 성교육을 통해서 바람직하고 좋은 방향으로 선도하고자 한다.

세상에는 성(性 sex)을 모르고 사는 남자와 여자도 많으며 뼈를 깎는 고행을 통해서 자아를 완성하고 성욕을 극복하는 사람도 많다. 스님, 신부, 수녀 등의 성직자와 수도자 그리고 공부하는 사람들이 속세를 멀리하고 고고한 이상을 찾아 수행하며 바람직한 삶을 살고자 애쓰고 노력한다.

오늘날 게임이나 음란물과 인터넷 채팅 등에서 빠져나오지 못하고 중독된 청소년이나 성인들이 있다. 전에는 중독이라고 하면 약이나 마약에만 쓰는 용어로 알았다. 요즘은 감정적·정신적·심리적인 반응을 초래할 정도로 어떤 물질이나 습관, 행위에 통제 불능 상태로 의존하는 현상을 가리키는 의학용어로 중독을 정의하고 있다. 중독은 문명의 이기(利器) 속에서 부정적인 측면으로 발전한 병적인 현상으로, 개인의 삶과 사회의 문제로 대두되고 있다. 어떤 현상에 중독되면 심신의 황폐화가 심각하여 정상적인 사람으로 돌아오기까지 많은 시간이 흐른다.

따라서 유혹이 올 때는 생각해야 한다. 긴장해야 한다. 냉정하고 용기 있게 물리치고 벗어나야 한다. 처음부터 좋지 않은 싹을 끊어야 한다. 특히 혼자 있을 때 호기심을 발동하거나, 좋지 않은 생각을 하지 않는 것이 상책이다. 감성 대신에 이성(理性)을 앞세우고, 성욕 대신에 지성을 깊이 열어 심안(心眼)과 드넓은 영혼을 단련하고 두드려야 한다.

• 영화 〈초원의 빛〉•

〈초원의 빛〉이란 영화는 미국 사회를 배경으로 한 1960년대 말 멜로드라마이다. 한 지방 고등학교에 잘생기고 부유한 버드(웨렌 비티)가 아름다운 디니(나탈리 우드)와 깊은 사랑에 빠진다. 버드의 아버지는 자식에게 거는 기대와 애착이 크고 높았다. 장래가 촉망받던 자식이 별안간 여자에 빠져 공부를 하지 않으니 단란하고 유복했던 가정은 삽시간에 파탄된다. 아버지는 술에 취해서 사고로 돌아가시고, 어머니도 알코올 중독자(?)가 되어 집안은 삽시간에 풍비박산(風飛雹散: 사방으로 날아 흩어짐)이 된다. 첫사랑 디니는 가족과 멀리 다른 도시로 떠난다. 버드는 방황과 시름 속에서 술로 마음을 달래다가 어떤 여자와 잠자리를 한 뒤에 살림을 차려 삼류인생을 산다는 씁쓸한 얘기이다.

이같이 청소년 시절에는 이성에 대한 사랑의 감정이입이 쉽게 오기 때문에 학업이나 정서 안정에 치명적이다.

4

건강과
식습관

어머니의 밥상이 최고

인간이 생존하기 위해 먹고 사는 것은 중요한 문제이다. 무엇을 어떻게 먹고 사는 것이 좋을까? 사람들은 보통 하루에 3끼를 먹고 2식을 하는 때도 있지만, 한참 성장하고 활동하고 공부하는 청소년은 3끼 식사를 충분히 하는 것이 좋다. 청소년은 3끼 식사로 성장하는 몸에 필요한 영양분을 공급한다. 탄수화물, 단백질, 지방, 비타민과 무기질 등의 영양소를 골고루 섭취하는 균형 있는 식습관이 필요하다. 그렇다고 식사마다 영양분을 과학적으로 섭취하는 사람은 없다. 그저 집에서 어머님의 정성스러운 밥상을 맛있게 먹어 주면 된다. 정성이 들어간 음식은 매식이나 보약보다도 좋은 최상의 음식이다. 특히 아침 식사는 반드시 하는 것이 좋다.

"좋은 음식으로 고치지 못할 병은 약으로도 고칠 수 없다."

히포크라테스의 이 말은 과연 명언이다. 물론 밥상에서 수저를 들기 전 기독교인처럼 감사기도나, 스님처럼 합장하여 감사 표시를 하는 것도 좋다. 음식이 나의 입에 들어오기까지 수많은 사람의 노고에 순간이나마 감사하는 마음을 갖고 먹는 것은 당연한 예의요, 답례이다.

요즘은 옛날보다 먹고 사는 문제와 건강에 신경을 많이 쓴다. 어머니가 매일 신경 쓰는 일 중 하나가 세 끼 식사 마련이다. 오늘은 무슨 음식을 해야 하나, 아침을 먹고 나면 점심, 저녁이 기다리니 어머니는 죽을 맛이다. 거기다가 밥상머리에 앉아 반찬이 짜니 싱거우니 타박하면 정말로 좁쌀영감에 불과하다. 음식을 장만한 사람에 대한 예의도 모르며 몰상식한 행동으로 먹을 자격조차 없는 사람이다.

청소년 때는 어머니가 해 주는 대로 잘 먹어 주고 건강하면 그것이 최고의 효자다. 사실 엄마가 밥을 해 줄 때가 가장 좋을 때이고 행복한 시절임을 먼 훗날 알게 될 것이다.

• 우리 민족은 먹고 마시는 수저에도 철학이 있다 •

식생활 문화에 있어 우리 조상들의 예절과 지혜가 엿보인다. 대개 먹기 위해서는 손으로 먹든지, 서양인들처럼 포크(삼지창)나 나이프를 사용하든지, 우리처럼 숟가락(시匙)과 젓가락(저箸)을 사용한다.

동양에서, 엄격하게 말하면 우리 민족만이 수저를 사용한다. 그런데 이 숟가락과 젓가락은 사실 음양 철학에서 나온 듯하다. 숟가락은 양(陽)으로 하나요, 젓가락은 음(陰)으로 둘이다. 양의 모양새는 원만하고 둥글고 크나, 음은 날카롭고 모가 나고 좁다. 각기 작용은 다르나 항상 이 두 가지(음양)는 하나이면서 둘이요, 둘이면서 하나이기 때문에 일사불란(一絲不亂)하게 함께 움직이며 작용한다. 괘의 기본이 음양(-- —)에서 출발하여, 삼라만상을 음양의 조화로 설명하고 있는 것이 『역경(易經)』이다.

특히 우리 민족의 젓가락 문화 때문에 손재주가 있다는 것은 익히 들었다. 젓가락을 주로 사용하는 손가락이 인지(引指)인데, 이 인지의 활동으로 왼쪽 뇌를 발달시키는 요인이 된다고 한다. 세계 기능올림픽대회에서 14회 연속 1등 국가가 되었다는 전무후무한 얘기는 한국 산업발전의 자랑거리이다.

또 젓가락 사용으로 덕을 본 한국 생명 공학자가 배아 줄기세포연구에서 소의 정자를 골라내는 기술은 외국 과학자들도 혀를 내두르며 'Wonderful!'을 연발했다는 얘기도 있었다. 풍성하지 못한 먹거리에도 수저까지 만들고, 식사예법으로 품위를 높였던 조상의 지혜에 새삼 탄복한다.

채소 · 해조류 · 과일을 더 먹자

우리 밥상에 항상 오르는 김치는 우리 음식의 대표적인 반찬이다. 배추김치가 복합적인 채소 발효 식품이기는 하나 다양한 영양분을 섭취하기 위해서는 다른 반찬을 더 먹어야 한다. 또 계절에 따라 많이 나오는 채소를 생으로 먹거나 삶거나 무쳐 먹어야 한다.

무 · 시금치 · 상추 · 양배추 · 감자 · 고구마 · 당근 · 토마토 · 풋고추 · 호박 · 가지 · 양파 · 고사리 · 마늘 · 오이 · 콩나물 · 녹두나물 · 미나리 · 도라지 · 생강 · 연근 · 우엉 · 토란 · 브로콜리 · 파프리카 · 냉이 · 죽순 · 마 등 채소마다 영양성분이 다르고 나름대로 좋은 영양소가 있어 골고루 섭취해야 한다.

바다에서 나오는 식물성의 해조류는 영양가가 많고 좋다 하여 우리 식단에 자주 오르내린다. '김·미역·다시마·파래·톳' 등이 대표적인 해조류이다. 이런 해조류는 철(Fe)·칼슘(Ca)·옥소(I)·인(P)·마그네슘(Mg) 등의 귀중한 영양소가 들어 있다.

해조류는 몸 안의 독소를 제거하는 작용이 있다. 조상들이 일찍부터 미역국을 산모들에게 좋은 음식으로 상용한 사실만 봐도 알 수 있다. 요즘 간단히 먹을 수 있는 김밥이나 삼각 김밥은 영양 면에서도 뒤떨어지지 않기 때문에 일상생활에서도 많이 찾고 있다.

과실(과일)도 종류가 다양하며, 저장 기술이 발달해 모든 과실을 1년 내내 먹을 수 있다. 우리나라에 없었던 과일도 지금은 생산이 되거나 수입하여 먹을 수 있다. 사과·배·복숭아·포도·감·대추·밤·귤·호두·잣·은행·매실·참외·수박·메론·바나나 등이다.

과일도 각기 성분이 다르고 특색이 있고 철 따라 나오기 때문에 골고루 먹을 수 있다. 과실에서 나오는 효소가 음식 소화에 미치는 영향이 크기 때문에 후식으로 과일을 먹었으나, 요즘은 식사 전에 과일을 먹는 것이 좋다고 한다. 특히 여성분들이 피부와 다이어트에 효과가 있어 밥보다 과일을 더 찾는 분들이 많다.

고기를 많이 먹을 것인가?

쇠고기·돼지고기·닭고기·양고기 등을 '고기'라고 칭하며 '육식'이라고도 한다. 생선을 포함한 고기는 단백질의 공급원이기 때문에 식단에 빠질 수 없다. 옛날에는 1년에 몇 번 먹던 고기를 지금은 상복(常服)하는 집도 있다. 옛날에는 잘 못 먹어서 영양실조에 걸렸는데, 오늘날은 육식을 포함하여 너무 잘 먹고 비대하여 다이어트를 해야 하고 성인병에 시달린다. 성인들뿐만 아니라 공부하는 어린 학생들까지 고도 비만으로 인한 병원 출입이 많아지니 참으로 안타깝다. 잘 살다 보니 TV에 먹거리를 다룬 프로그램이 다양하며, 스테이크니 돈가스니 하면서 걸쭉하게 기름진 음식으로 배를 채우는 모습이 자주 눈에 들어온다. 서양인들은 육식이 주식이라 할 정도로 고기를 많이 먹는다. 고기의 잡냄새를 제거하기 위해 향신료(후추 등)가 필요한데, 그것을 얻기 위한 식민지 침략도 마다하지 않았다는 얘기가 있다.

음식에 따라 성격이 변한다는 소리는 옛날부터 전해 왔으며 이에 대한 연구 결과도 있다. 고기를 좋아하면 육식동물처럼 성격도 공격적이며, 이기기를 좋아하며, 아집이 세며, 양보할 줄 모르는 사람이 된다는 것이다. 게다가 성인병은 대부분 육식으로 인해 생긴 병이라고 한다. 육식을 백 일 이상 먹지 않고, 곡식과 채식으로 식단을 바꾸면 몸에 긍정적인 효과와 변화를 얻는다고 한다.

우선 먹는 식생활부터 개선하지 않으면 병은 쉽게 고칠 수 없다. 사실 고기가 맛도 있고, 단백질 섭취에 필수적으로 육식이 필요하나 꼭 채소와 함께 먹을 것을 권하고 싶다. 요즘은 서양인들도 채식주의자로 전환한다는 얘기를 들었다. 따라서 추운 지방에 사는 사람이나 육체노동자, 성장하는 아동이나 청소년 이외에는 육식을 덜 먹는 것도 생각해 볼 문제이다.

식습관의 지혜

- '기름, 설탕, 꿀, 엿, 술, 엑기스 등'은 음식물에서 최고의 윗자리를 차지하는 정제물이다. 그래서 조금만 섭취하는 것이 좋다.
- 취침 전 2시간 전에는 먹지 않는 것이 좋다(물은 1시간 전까지). 청소년 때는 먹어도 곧 배가 고파서 야식을 먹는다. 성인이 되어서도 습관을 버리지 못하면 문제가 될 수 있다.
- 밥을 먹은 뒤에는 물을 조금 마시는 것이 좋다. 옛날 어른들은 숭늉을 꼭 챙겨 드셨다. 음식 찌꺼기가 식도에 붙어 있거나, 남아 있으면 부패가 되어 식도가 깨끗하지 못해 좋지 않다.

청소년 시절에 술·담배를 해도 될까?

술을 마실 것인가?

문헌에 의하면 술(=酒)은 고대 하(夏)나라의 창업자인 우임금을 축하하기 위해 의적이란 족속이 가져왔다고 한다. 우 임금이 술을 마셔보고는 "너무 맛이 좋구나! 이렇듯 맛이 있으니 경계하지 않으면 집안을 망치는 자, 나라를 망치는 자가 나오겠구나!"라며 술을 물리쳤다는 얘기가 전해 온다.

우 임금의 경계에도 불구하고 그 후손 걸왕(桀王)은 주지육림에 빠져 사치와 향락으로 나라를 망친다. 이처럼 술은 인류의 역사와 함께 오랫동안 전해져 내려오면서 술로 패가망신한 사람 또한 수없이 나왔다.

옛말에 '사람이 술을 마시고, 술이 술을 마시고, 술이 사람을 마신다.'라고 할 정도로 옛사람들은 술의 해독(害毒)을 경고하고 있다.

첫째, 술은 재산을 탕진하고,

둘째, 술은 건강을 해치고,

셋째, 술은 식구나 다른 사람까지 욕을 하며 다투기를 하며,

넷째, 알코올로 중독되어 술주정뱅이로 찍히며,

다섯째, 뇌의 세포가 손상되어 기억력이 점차 쇠퇴해지며,

끝으로 추하게 일찍 죽는다는 것이다.

종교의 가르침도 술을 권하기보다 '모든 죄악이 술로 비롯되며 정신을 망가뜨리기' 때문에 술을 조심하라고 한다. 물론 예부터 술을 백약지장(百藥之長)이요, 백락지장(百樂之長)이라는 예찬도 있는 것을 보면 좋은 점도 있다. 그러나 청소년 시절에 술을 마시기보다는 아예 입에 대지 말고, 성인(20세)이 되어서 부모나 어른에게 음주법을 배워서 마셔도 늦지 않는다. 청소년 시절은 신체구조가 성장하는 때이므로, 술로써 뇌 기능이나 뇌세포를 망가뜨려서는 안 된다. 특히 가족력에 간장병이 있다면 절대로 술을 마셔서는 안 된다고 경고한다.

담배를 피울 것인가?

많은 사람이 담배의 폐해를 알면서도 피우는 이유는 무엇일까? 성인이라면 흡연으로 얻을 수 있는 정신적인 안정(평정심)을 우선 꼽을 수 있고, 습관의 탓도 크다.

청소년들이 처음에 몰래 끽연(喫煙)하는 이유는 단지 호기심 때문이기도 하고, 어른들의 담배 피우는 폼이 멋지게 보여 피운다는 학생도 있다. 담배가 몸에 얼마나 해독성을 끼치는지 직접적인 폐해를 당해 보

지 않았기 때문에, 담배를 못 피우게 하는 어른들 몰래 숨어서 피운다. 그러나 흡연이 습관화되어 끊으려야 끊을 수가 없게 된다. 친구 따라 강남 간다고 친구가 피우는 담배를 한번 피워 본 것이 중독까지 되어 끊지 못하는 것이다.

중독성은 참으로 무섭다. 일찍이 '담배는 건강한 사람도 병들게 한다.'라고 했고, 담뱃갑에도 '흡연은 건강을 해친다.'라는 경고가 있음에도 담배 소비량은 줄어들지 않고 있다. 과학적으로 담배를 피울 때 나오는 니코틴이나 타르 등이 폐와 기관지를 해칠 뿐만 아니라, 피우면 일산화탄소를 직접 흡입하게 된다. 일산화탄소(CO)는 무색무취의 맹독성 기체로 연탄가스와 같은 것이다.

담배는 '1갑당 5시간 사람의 생명을 단축한다'라는 것이 노벨화학상을 받은 사람의 말이다. 또한 흡연은 피부를 거칠게 하며 탄력성을 잃게 한다고 한다.

담배를 피우지 않은 사람의 뇌수는 정말로 맑고 깨끗하다. 흡연자의 사체를 해부한 결과 목, 기관지, 폐 그리고 뇌가 모두 담배 때문에 짙은 황갈색으로 덮여 있어 보기만 해도 섬뜩하다. 담배를 피우면 흡연자 자신뿐만 아니라 주변에 있는 사람들에게까지 해독을 끼친다. 담배는 백해무익으로 해로울 뿐만 아니라 마약보다 독성이 더 강하다고 한다. 따라서 담배는 성장하는 청소년들의 건강과 두뇌 발달에 매우 나쁜 기호품이라 할 수 있다.

5

건강한
육체

운동을 해야 건강해진다

운동은 운동선수만 하는 것이 아니다. 음식, 수면(휴식), 운동은 건강한 신체의 3요소라 할 수 있다.

청소년 시절에는 매일 조금씩 운동을 해야 한다. 그럴 시간이 없으면 주 2~3회라도 반드시 운동해야 한다. 땀이 나오도록 운동을 해야 쌓였던 노폐물도 빠져나간다. 대개 땀을 흘리면 냄새가 난다. 마른 사람보다 몸이 뚱뚱한 사람의 땀이 냄새가 강하고 채소 먹는 사람보다 고기를 많이 먹는 사람의 땀 냄새가 독하다. 땀을 통해서 몸속의 노폐물을 배출해야만 병이 없다.

요즘 청소년이 잘 먹으면서 운동을 하지 않기 때문에 신체가 웃자라 살만 찌면서 체력은 도리어 약해졌다. 시간이 없다는 핑계로 운동을 하지 않아서 몸에 노폐물이 퇴적되어 병으로 나타나기 시작한다. 신체에 이상이 오면 그때서야 건강을 뒤돌아보는 것이 어리석은 사람의 속성이다. 비록 입시를 앞두고 있더라도 정기적인 운동 시간을 내어 건강한 육체를 만들기를 바란다.

나이가 들면 신체를 위한 운동은 열심히 하는데 두뇌 운동을 하지 않는다. 이것도 문제이다. 뇌세포는 아동기와 청소년기에 만들어지면 늙어 죽을 때까지 생성되지 않고 조금씩 죽어 간다고 한다. 뇌세포를 건강하게 유지하기 위해서는 알코올이나 담배 같은 것을 멀리하고, 정신을 맑고 깨끗하게 사용하는 습관과 독서가 필수이다.

어떤 사람은 육체노동을 하면 운동은 하지 않아도 되는 것이 아니냐고 묻는다. 이것도 잘못된 생각이다. 운동과 노동은 목적부터 다르다. 직업적인 노동은 매일 쓰는 근육만 쓰고 레크리에이션처럼 재미와 즐거움이 없다. 오래 살기 위해 운동을 하는 것이 아니다. 건강하게 살기 위해 운동을 하는 것이다. 재미나고 즐거운 인생을 살기 위해 운동을 반드시 해야 한다.

그렇다면 학생 때는 무슨 운동을 하는 것이 좋을까? 공부하면서 손쉽게 할 수 있고, 가까운 곳에서 할 수 있는 운동이면 좋다. 온 국민이 많이 하는 줄넘기, 둘레길 걷기, 탁구, 배드민턴, 등산 등도 권하고 싶다. 개인적인 취미나 특기를 만들고 싶다면 유도, 검도, 태권도, 국선도, 요가, 스쿼시, 파크루 등도 있다. 남학생 위주로 단시간에 어울려서 즐길 수 있는 농구나 축구, 족구 같은 운동도 좋다. 운동을 처음 시작하려는 학생은 습관이 되지 않아 며칠 만에 그만두기 쉽다. 이럴 때에는 물리적인 힘을 가해서라도 실천하는 방법을 찾아야 한다.

청소년 시절의 운동은 일생의 건강을 좌우한다. 무조건 시작하여 바람직한 참살이 생활(Well Being)을 기약해야 한다.

•천하의 명의다운 유언•

어떤 마을에 유명한 의사가 살고 있었다. 마을 사람들은 몸이 아프면 그를 찾아가 치료를 받았다. 의사는 환자의 얼굴과 걸음걸이만 봐도 어디가 아픈지 척척 알아내 처방해 주는 명의였다. 그런 그가 나이가 들어 세상을 떠난다는 소리를 듣고 마을 사람들이 찾아가 임종을 지켜봤다. 의사가 마지막으로 말했다.

"나보다 훨씬 훌륭한 3명의 의사를 소개하겠습니다. 그 의사의 이름은 '음식'과 '수면'과 '운동'입니다. 음식은 위의 75%만 채우고 절대로 과식하지 마십시오. 12시 이전에 잠들고 해가 뜨면 일어나십시오. 그리고 열심히 걷다 보면 웬만한 병은 다 나을 수 있습니다."

명의는 숨을 몰아쉬며 말을 이었다.

"음식과 수면과 운동은 다음 두 가지 약을 함께할 때 더 효과적입니다. 육체와 더불어 영혼의 건강을 위해 꼭 필요한 것은 웃음과 사랑입니다. 육체만 건강한 것은 반쪽 건강입니다. 영혼과 육체가 고루 건강한 사람이 되십시오."

그렇게 의사는 자신이 세상을 살면서 깨달은 가장 중요한 것을 사람들에게 알려 주고 떠났다.

참고: 퍼온 글

눈을 보호하자

인간에게 있어 눈[目]은 매우 중요하다. 눈을 가리켜 마음의 창문이요, 영혼의 거울이라고 말한다. 특히 공부하는 학생들에게 눈은 매우 중요하다. 눈을 정말로 잘 보호해야 한다.

어릴 때부터 학생들이 공부보다 TV · 컴퓨터 · 스마트폰 등에 눈을 너무 많이 쓰기 때문에 시력이 나빠져 안경을 착용하기 시작한다. 즉, 현대 문명을 사용하는 잘못된 습관 탓에 안경을 많이 착용한다. 생각을 바꿔야 한다. 나이가 들면 자연적으로 눈이 나빠져 안경이 필요하겠지만, '안경을 쓰지 않는 것이 정상이다.'라고 생각해야 한다. 눈이 나빠져 안경을 쓰기 시작하면, 계속 도수를 높여 착용하기 때문에 점점 시력이 떨어져 불편한 점이 많다. 그래서 어렸을 적부터 눈을 잘 보호해야 하며, 눈을 사랑해야 한다. 이를 위해서는 다음과 같이 보호 대책을 세워 실천해야 한다.

1) TV · 컴퓨터 · 스마트폰 등을 보지 말자! 컴퓨터나 TV 등은 학습에 필요할 때에만 보도록 한다. 특히 흔들리는 버스나 전철에서 스마트폰을 사용하면 눈의 피로를 가져와 눈에 치명적이다.

2) 눈과 책의 사이에 30~35㎝의 거리를 두고 봐야 한다. 바른 자세 (눈과 책이 직각이 되도록)로 책을 보는 습관이 필요하다.

3) 어두운 곳이나 직사광선이 비치는 곳에서 책을 오랫동안 보게 되면 시력은 나빠진다. TV · 컴퓨터 · 스마트폰과 같은 발광체를 직접 눈에 비추는 것은 눈에 치명적이다.

4) 엎디어 책을 보는 것도 나쁘다. 책과의 거리나 조명도 문제이며 척추에 좋지 않기 때문이다.

5) 가끔 눈에 휴식을 주어야 한다. 푸른 숲을 본다든지 또는 눈 주위를 정성스럽게 문질러 주는 것도 좋다.(*중국에서는 어린 학생의 눈과 자세를 보호하기 위해 다음처럼 물리적인 방법으로 교정을 하고자 한다.)

청소년, 세상에 서다

눈 나빠지지 말라고…中, 근시 예방 책상도 등장　중국 후베이(湖北)성 우한(武漢)시에 있는 한 초등학교 교실에서 10일 학생들이 오렌지색 철제 장치에 턱을 괸 채 노트 필기를 하고 있다. 이 장치는 근시(近視)를 막기 위해 학생들이 책이나 노트를 눈에서 30㎝ 이상 떨어져 보도록 해 준다.

치아를 보호하자

치아(齒牙)는 '이 치(齒)'자와 '어금니 아(牙)'자로 구성된 한자어이다. 어렸을 적에는 치아의 중요성을 잘 몰라 이를 잘 닦으라고 얘기해도 듣지 않는다. 10살 전에 치아에 문제가 생기면 보철(땜질)을 하기 시작한다. 어금니는 곡물을 먹는 민족에게 맷돌의 역할을 하므로 매우 중요하다. 치아의 신경은 머리와 가까운 부분에 깔려 있어 이가 아프면 공부도 못한다. 병원에 가면 돈이 제일 많이 드는 곳이 치과이기 때문에 평소에 정성을 다하여 닦고 돌봐야 한다.

초콜릿 같은 단 음식을 먹었으면 반드시 이를 닦거나 최소한 양치질이라도 해야 한다. 특히 아래 어금니를 잘 닦아 주어야 모든 이를 잘 보전할 수 있다. 어금니가 상하면 음식 맛도 모르며, 제대로 먹을 수조차 없다. 치아가 병들면 장수하는 데 문제가 생기기 때문에 오복의 하나라고 하였다.

바른 자세는 건강과 인격에 필수다

바른 자세는 척추를 보호하며, 척추는 건강의 시금석이라고 한다. 프랑스 격언에 '오래 살려면 자세가 좋아야 한다'라는 말이 있다. 사람은 동물과 달리 직립 보행이기 때문에 척추(등뼈)가 매우 중요하다.

척추(脊椎)는 대개 33개의 뼈로 구성되어 있다. 척추의 뼈 사이에는 연골(물렁뼈)과 힘줄이 있어 뼈 사이의 압력과 충격을 완화해 주는 역할을 한다. 각 뼈의 좌·우 양쪽에 뚫린 구멍으로 신경이 통과하는데, 이 신경은 뇌수의 명령을 전달받아 각 기관에 전달하는 역할을 한다. 등뼈가 휘어지거나 굽어지면 신경이 뼈에 압박되어 눌리면서 심한 통증이 온다. 또 척추를 통과한 각 신경망은 오장육부의 장기와 사지로 뻗어나간다. 따라서 척추가 잘못되면 그 신경과 연결된 기관도 온전하지 못하다는 것이다.

이집트에서 발견된 고대 '미라'를 살펴본 결과 몇 번째 등뼈가 굽어 무슨 병명으로 사망했다는 고증까지 나올 정도이다. 사실 성장하고 자랄 때는 웬만한 병은 나타나지도 않고, 좀 아파도 곧 낫는 것이 청소년기이다. 그러나 이때의 작은 습관이 문제가 되어 나이 들면서 여러 곳에서 병이 발생한다는 사실을 알아야 한다.

앉는 자세가 바르지 않고 삐딱하게 앉았거나, 웅크리고 앉았거나, 책상다리로 꼬고 앉았거나, 상체를 뒤로 기대고 다리를 앞 물건에 걸치는 자세는 훗날 척추에 문제를 일으킨다. 즉 잘못된 자세가 습관이 되면 성인이 되어 척추가 굽거나 휘어져 척추병인 디스크뿐만 아니라 척추에 연결된 기관에도 문제가 생긴다. 또 바르지 못한 자세는 남에게 거만하게 보이며, 교양이 부족한 사람으로 인식될 수도 있다. 배운 사람답게 어른들 앞에서나 전철과 같은 공공장소에서 반듯하게 앉아 있는 모습은 보기에도 좋지만, 건강에도 좋다.

그렇다면 제일 좋은 자세는 어떤 자세일까? 입사시험에서의 자세, 맞선 볼 때, 이성과 처음 만날 때의 그 자세가 좋은 자세라고 보면 된다. 단지 긴장하여 경직된 자세에서 부드럽고 편하게 최적화한 자세가 최고라 할 수 있다.

한창 자랄 때는 먼 훗날의 건강 상태를 전혀 생각하지 못한다. '콩 심은 데 콩 나고, 팥 심은 데 팥이 난다'라는 속담이 괜한 말이 아니다. 결론적으로 학생 시절에 작은 것 하나, 사소한 것 하나도 부모님, 선생님, 기타 선배의 말씀을 잘 들어 좋은 습관을 만들어 가는 것이 좋다.

· 필자의 건강지식 ·

필자는 아주 어렸을 적부터 건강하지 못해 초등학교 때는 몇 차례씩 앓아누울 만큼 비리비리하였으나 결석한 적은 없다. 다행히 살아남았으나 체구도 작았고 쓸데없는 생각이 많아 신경쇠약에 걸렸고, 결핵에 걸린 적도 있었다. 어머니가 점집이나 용하다는 사람한테 데려가면 (약골같이 생겨서 그런지) 청산귀객(靑山歸客: 40전에 사망한다)의 괘가 나오기 일쑤였다.

이 세상에서 내 몸이 가장 중요하다고 생각하니 건강에 관심이 많을 수밖에 없었고, 책과 선배들의 가르침을 받았다. 특히 단식, 현미식, 쑥뜸, 하루에 2식 먹기 등 많은 경험을 통해 건강을 유지하고 있다.

Part 5

진로계획과
직업·돈

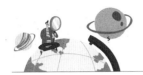

만물 중에서 많은 시간과 돈, 정력을 교육에 쏟아붓는 존재는 인간 밖에 없다. 사람다운 사람이 되기 위함이요, 직업을 갖고 잘 살기 위해서이다. 직업은 인생 전반기에 쏟은 노력의 결정체요, 성과물이다. 4차 산업혁명으로 직업세계 변혁의 파고(波高)가 청소년 여러분을 기다리고 있다. 철저한 진로 준비와 피눈물 나는 노력과 의지가 필요할 때다. 내일 부귀영화를 꿈꾼다면 오늘의 충동과 감정을 누르고 공부하자!

진로계획과
노동

인생 목표와 직업을 향한 진로계획

어릴 적부터 '내가 커서 무엇을 하며 어떻게 살까?' 하는 생각이 싹트게 된다. 청소년기를 거치면서 이러한 진로의식을 구체화해 잠재적인 개인 소양에 부합되고, 부모의 기대를 참조하여 미래사회에 적합한, 하고 싶은 직업을 찾아내야 한다.

더구나 지금의 청소년은 4차 산업혁명으로 기존의 직업이 없어지면서 새로운 직업이 나오는 과도기에 직업전선에 서게 될 것이다. 따라서 미래직업에 대한 철저한 탐색과 정보수집으로 진로를 선택하고 진로계획을 세워 실행해 나가야 한다.

진로의식 → 진로 탐색 → 진로 선택 → 진로준비 → 진로계획 실행

인생 목표나 직업에 영향을 주는 복합적인 요인을 전문가는 크게 4가지로 나눈다.

- 개인적 요인: 나이·성별·건강·적성·성격·능력·흥미·인생관· 가치관 등
- 환경적 요인: 부모의 요구와 기대, 교육수준, 경제적 수준, 가풍 등
- 직업적 요인: 직업의 의미와 이해, 직업 세계의 변화와 태도 등
- 일 자체의 요인: 일에 대한 욕구와 인식, 창의성, 급여, 명성, 자아 실현 등

참고: 경기도 교육정보연구원, 「고등학교 진로와 직업」, 중앙교육진흥연구소, p.109

이런 요인들을 모두 충족시킬 수는 없지만, 가급적 반영해야 시행착 오를 줄일 수 있다. 특히 직업에 관한 진로 전문가의 상담은 물론이거 니와 직업에 필요한 각종 검사를 받아 참고해야 한다. 중·고등학교 때 직업 심리검사, 직업적성검사, 직업 선호도 검사, 청소년 직업 흥미 검사 등의 많은 검사를 하고, 이것들을 참고하여 20살 전후에 직업 전 문가들을 찾아 상담하는 것이 좋다. 아울러 한국직업능력개발원이나 유사 기관 등에서 실시하는 직업체험캠프에 참가하는 것도 한 방법이 다. 20살이 넘어서는 취업하고 싶은 유사 직종에서 아르바이트, 봉사 로 미리 경험·체험해 보는 것도 좋다.

진로를 선택할 때 유의할 점은 쉽고 편한 길을 선택하지 말고, 서두 르지 말아야 한다는 것이다. 속담에 '급할수록 돌아가라'고 했다. 또 '이 세상에 그저 얻어지는 공짜는 없다'라고도 했다. 진로계획을 세워 서 학교 공부를 하고, 공부가 어렵고 힘들더라도 그 과정을 돌파해야 인생 목표나 직업에 진입할 수 있다.

작은 건물을 건축할 때도 가장 필요한 설계도면만 있고, 설계도에

없는 구체적인 작업 실행계획이 없으면 건물은커녕 집 한 칸도 지을 수 없다. 이 같은 인생 목표나 직업 목표는 최소한 10년 이상을 필요로 하는 장기계획이다.

• 2016년 초중고생 희망직업 선호도 (괄호 안은 2012년 순위, -는 10위 밖) •

순위	초등학생	중학생	고등학생
1	교사(2)	교사(1)	교사(1)
2	운동선수(1)	경찰(6)	간호사(5)
3	의사(3)	의사(2)	생명,자연과학자 및 연구원(-)
4	요리사(6)	운동선수(7)	경찰(9)
5	경찰(8)	군인(-)	군인(-)
6	법조인(7)	요리사(4)	정보시스템 및 보안전문가(10)
7	가수(4)	생명,자연과학자 및 연구원(-)	요리사(8)
8	제과,제빵사(10)	정보시스템 및 보안전문가(-)	의사(7)
9	과학자(-)	가수(3)	기계공학 기술자 및 연구원(6)
10	프로게이머(-)	공무원(8)	승무원(-)

참고: 김승 외 2인, 『새로운 미래직업』, 미디어숲, 2017, p. 26.

＊위 표를 보면 초등학교와 중·고등학교 때 희망하는 직업의 순위가 변하는 것을 볼 수 있다. 성장하면서 성격이나 공부 등이 변하는 탓도 있지만, 성적 등의 변수가 많아 선호도가 자꾸 바뀌는 것을 알 수 있다.

청소년, 세상에 서다

진로를 선택할 때 참고 사항

인생 목표나 직업에 영향을 주는 복합적인 요인 중에 몇 가지를 간략하게 설명하고자 한다.

적성(適性, Aptitude, Fitness)

우리가 직업이나 진로를 선택할 때 많이 따지는 것이 적성이다. 적성은 어떤 일(직무, 작업)을 할 때 개인의 적응력을 말하는 것으로 '일에 대한 적합성'을 말한다.

예컨대 A라는 사람이 어떤 일을 할 때 재미도 있고 일도 잘하며, 어려워하지 않으면서 성과까지 좋다. 직장 동료들로부터 일을 잘한다고 칭찬까지 듣는다면, 이 일은 이 사람에게 맞는다고 할 수 있다. 반대로 일에 흥미를 느끼지 못하고 힘만 들며 스트레스만 받는다면 이 일은 이 사람에게 적합한 일이 아니다.

적성에는 선천적 적성과 후천적 적성이 있다. 선천적 적성은 태어날 때부터 유전인자에 의해 어떤 방면에 적응하는 능력이 좋다는 뜻이고, 후천적 적성은 경험과 훈련, 의지와 노력 등을 통해 형성된 적합한 특성이나 능력이다. <small>참고: 백충용, 『민주사회의 직업윤리』, 동양문고, 2007, p.102</small>

적성이 선천적이든 후천적이든, 자신이 취업한 직장에서 주체적이고 긍정적인 노력을 통해 즐거운 직업 생활을 영위한다면 더없이 좋을 것이다. 문제는 자신의 적성을 알고 직업을 갖기가 어렵다는 것이다. 적성이란 용어는 추상적이며 관념적인 용어로, 적성을 가지고 직업을 정하기는 사실 힘들다. 청소년의 적성이 형성되어 갈 때 표준화된 적성검사, 직업적성검사 등에서 얻은 수치를 모두 직업에 반영하기가 어렵다. 즉 직업에서 100% 적합하게 반영된다는 보장도 없고, 검사한 지 10년 뒤에 취업한 직업 현장에서 적성이 그대로 나타난다는 보장도 없다. 적성을 알게 되면 직업을 선택하는 데 참고 자료로 쓸 수 있을 뿐, 경험이나 직업 현장의 상황을 배제하는 것은 문제가 된다. 참고 p.321-328

능력(能力)

능력이란 어떤 일을 감당해 내는 힘을 말한다. 적성에 맞더라도 맡은 일을 해낼 수 없다면 직업으로 선택할 수 없다. 단순 노동이나 단순 숙련 직종의 일은 누구나 할 수 있어 경쟁자가 많고 임금도 적다. 반대로 높은 수준의 전문적인 업무는 경쟁자가 적으며 보수가 높다. 특히 고도의 기술이 필요하거나 특수한 분야의 전문직은 그 직무를 수행할 수 있는 능력의 소유자가 드물어서 임금이 높을 수밖에 없다.

어쨌든 진로 탐색기(청소년기)에는 학교 공부를 충실히 해야 한다. 능력과 적성은 어렸을 때부터 싹이 트고 자라지만, 대개 청소년 시절에 성장한다. 그래서 모든 학과목이나 관심 분야를 열심히 공부하는 것이 필요하다. 특히 수학이나 물리 등 싫어하는 과목도 어떻게든 노력하여 배울 것을 이미 강조한 바 있다. 이것을 못하면 내 꿈은 사라지고 내 인생은 없다고 생각해 보자. 강한 집념을 갖고 총력을 기울이면 못할 일이 없는 것이 인간이다.

오늘날은 융합의 시대라고 하여 자연계열과 인문사회계열의 벽이 없다. 진로 탐색기의 학교 공부가 직업을 좌우하기 때문에 능력을 키우려면 학교 공부를 열심히 하여 지적 수준을 한껏 높이는 것이 중요하다.

청소년, 세상에 서다

흥미·관심

흥미나 관심은 어떤 일이나 사물에 대한 긍정적인 감정이나 대상에 이끌리는 마음을 말한다. 적성이나 능력, 흥미, 관심은 서로 상관관계를 갖고 있다. 직업을 선택할 때 그 직장에서 하는 일에 흥미나 관심이 있다면 능동적·자발적으로 잘할 수 있다. 즉, 이러한 긍정적인 마음가짐으로 직무의 성취도가 달라진다.

존 듀이(John Dewey)에 따르면 흥미나 관심은 능동성·추진성과 관련되어 있어 지적 발전에도 지대한 영향을 미친다고 하였다. 흥미나 관심은 어떤 일을 집중적으로 할 수 있는 요소이고 더 나아가 열정적 노력을 결합하는 매개체가 된다.

직업은 매일 반복되는 일상생활이므로 흥미·관심은 자연히 상쇄되기 때문에 참고 견디는 마음공부도 항상 필요하다.

가치관(價値觀)

가치의 문제는 윤리 도덕의 문제와 세계관이나 인생관과도 상관관계가 크다. 인간은 가치 있는 것을 지니고, 가치 있는 것을 창조하며, 가치 있는 삶을 누릴 것을 염원하는 가치 지향적 존재이기 때문에 직업에서도 크고 작은 가치의 문제가 수없이 오고 간다.

직업을 선택할 때 많은 가치 중에서도 염두에 두어야 할 것은 당위성(當爲性)이다. 당위성이란 내가 직업상 마땅히 해야만 하는 일을 의미한다. 직업상 해야 할 당위라면 사명의식을 가지고 끝까지 잘 수행하여야 한다. 특히 우리는 자본주의 사회에 살기 때문에 경제적인 요소에 민감하게 집착하게 되면 황금만능주의에 빠질 우려가 있다. 오늘날 많은 사람이 금전 때문에 자기 가치관이 흔들리고 혼란하여 마음이 멍들고 있다.

역사적으로 빛나는 위인들의 성과를 보면 개인적인 이유로 직업을 택한 분도 있지만, 사회와 인류를 위해 헌신적으로 소명의식을 갖고 일을 하는 훌륭한 사람도 많다. 직업은 나의 생명줄과 같아서 보람이나 자긍심을 가지고 일할 때 그 가치는 더욱 빛난다.

부모의 의견과 가정환경

가정환경이란 청소년 개인에게 영향을 미치는 가정의 물리적이고 심리적인 환경을 모두 포괄하는 개념이다. 진로를 선택하는 결정은 본인보다는 부모의 의견이 우선일 때도 있다. 그러나 자녀의 의견을 존중하며 따르는 것이 요즘 추세이다. 부모는 자녀를 직접 낳아 길렀기 때문에 실생활에서 얻은 경험과 지혜가 자녀의 진로 선택에 도움이 되는 것이 사실이다. 직업에 관련된 지식을 갖추고 자녀의 모든 조건과 미래지향적인 판단 등을 고려해야 한다. 아울러 몇 가지 진로 선택 안을 마련하여 자녀에게 애정을 가지고 충분한 설명을 제시하는 것이 좋다.

가정형편이 어려운 학생들은 우선순위를 따져 실업계로 방향을 돌릴 수도 있다. 가정의 한 성원으로서 우선 가족을 생각하고 진학은 나중에 얼마든지 할 수 있다. 지금까지 진로의식에 영향을 주는 5가지 요소를 간략하게 알아보았다.

• 인생을 어영부영 대책 없이 살다 보면… •

옛날 어느 고을에 게으른 한량이 아무 준비도 없이 오로지 매품으로 살았다. 어느 무더운 여름날, 백 대 매품을 하루에 두 차례나 팔고 파김치가 되어 흐느적흐느적 집으로 돌아왔다. 그야말로 다 죽어 가는 시체 꼴이다. 남편이 내민 열네 꿰미의 돈을 받아 챙긴 아내는 요사를 떨며 방정맞게 입을 놀렸다.

"여보 고생하셨소. 그런데 조금 전에 누가 찾아와서 100대의 품삯을 먼저 주고 가지 않았겠소!"

죽을 지경인 사내는 인상을 찌푸렸다.

"이것아! 해도 해도 너무하네! 내가 오늘 이미 죽을 똥을 두 번 쌌어. 죽어도 세 번은 못해."

그러나 여편네는 아양까지 떨며 사내에게 막걸리를 권한다.

"여보, 잠깐 고통을 참으면 여러 날 배부르고 편안하게 지낼 수 있지 않소?"

아내가 떠미는 말에 사내는 관아로 또 발길을 돌린다. 집장사령(執杖使令)은 매를 맞으러 다시 관아로 들어온 사내를 보자, 기가 찼다. '하루에 두 번씩이나 백 대를 맞고서도 또 백 대를 맞겠다니? 내 매질이 영 시원찮았던가?' 하는 생각이 들었다. 힘을 실어서 곤장을 내리쳤다. 결국, 사내는 오십 대도 못 맞고 목숨으로 매품을 물었다.

노동은 힘들지만, 그 가치는 위대하다

인간은 목표지향적인 의식을 가지고 일(노동)을 하여 삶의 가치를 실현한다. 이 같은 인간의 노동(勞動, labor)은 자신뿐만 아니라 가족이나 사회공동체와 국가가 유지되고 발전하는 원동력이 된다.

인간은 본능적으로 편하고 안락하게 살고 싶은 마음 때문에 힘든 노동을 싫어하는 것이 인지상정(人之常情)이다. 과거 동서양의 상류 계급들(양반·사대부·귀족)은 손에 물 한 방울 묻히지 않고 일하지 않으면서 편하게 잘 먹고 살고자 하였다. 이러한 계급사회가 2천 년 이상이나 계속되었다. 이러한 세월을 거쳐 지금의 새로운 산업사회에서는 다양한 직업과 노동이 필요하다.

직업과 노동에 대해 초기 기독교학자들은 '노동은 신을 받드는 좋은 방법이며, 직업은 신으로부터 부름을 받는 것이다.'라고 말했다. 그만큼 노동 없이는 먹을 자격도 없을 정도로 노동행위를 높이 샀으며 귀중하게 생각하였다. 이같이 노동의 의미가 철학적으로 변화되고 심오한 뜻까지 갖게 되어 시장경제와 자유민주주의가 눈부신 발전을 가져왔다.

노동을 흔히 육체적·정신적으로 나누며, 직업에 귀천이 없다고들 하지만 어느 정도는 존재한다. 오늘날 많은 사람이 노동에 대한 보상이 많으면 좋은 직업이고, 그렇지 못하면 별로라고 생각한다. 그러나 노동행위에 윤리적·정신적 가치를 부여하지 않고 돈을 버는 수단에 불과하다고 생각한다면 노동은 고통과 속박으로 전락할 수밖에 없다. 허구한 날 반복적으로 같은 노동을 한다는 것은 힘들고 괴롭고 고통스러운 것이다. 그래서 '젊어서 고생은 사서도 한다.'는 얘기가 있다.

축구 선수 베컴은 자산이 5억 파운드(약 6,800억)의 부자임에도 18세된 아들을 시급 4,600원 받는 커피숍에서 알바를 시켰고, 가수 마돈나는 17세 아들에게 자전거로 음식 배달하는 알바를 시켰다는 보도가 있었다. 땀을 흘려 돈의 가치를 깨닫고 노동의 가치를 알게 하기 위함이다. 노동만이 '도깨비방망이'나 '화수분'처럼 돈을 가져다주고 풍요를

청소년, 세상에 서다

주는 것이다.

·도깨비방망이와 화수분·

• 도깨비 우두머리가 "돈 나와라, 뚝딱!" 하며 긴 오동나무 방망이로 땅을 세 번 치자 돈이 쏟아진다. 꼭 닷 냥씩이었다. 막걸리가 몇 말 실려 오고, 밤새도록 신나게 놀다 취해서 깊은 잠에 빠졌다. 한 농부가 그 도깨비방망이를 몰래 훔쳐서 집으로 가지고 왔다. 방망이를 두드릴 때마다 돈이 쏟아지나 하루에 세 번만 돈이 나온다. 두들기는 강도에 따라 많게는 닷 냥, 적게는 한 냥이 나온다. 이 농부는 별안간에 부자가 되니 주색에 빠지고 노름판에서 흥청망청 돈을 써댔다. 늦게 배운 낭비벽에 씀씀이는 늘어만 갔다. '이 망할 놈의 방망이, 누구 망하는 꼴을 보고 싶은 건가?'미친 듯이 방망이를 두드렸으나 방망이에 금이 가더니 결국 박살이 났다.

• 아버지는 마을에서 부자이다. 자식들도 부자로 살기를 바라면서 이름조차 맏이는 '백만장자'를 줄여서 '장자'라고 짓고, 둘째는 '거부(巨富)'라 불렀고, 셋째는 '화수분'이라 했다. '화수분'은 뭘까? 장자도 거부도 '화수분'앞에서는 쪽을 못 쓴다. 화수분이란 재물이 계속 나오는 상상의 보물단지를 뜻한다. 가령, 화수분에 돈다발을 가득 담아 두면 아무리 가져다 써도 쓴 만큼 돈이 다시 생겨나서 쌓인다는 뜻이다. 말하자면 도깨비방망이보다 한 수 위가 화수분이다. 그러나 이름과는 달리 자식들이 불행하게도 망해 죽고, 화수분 내외는 무일푼으로 객사한다(『화수분』은 1925년에 발표된 전영택의 단편소설로 돈 때문에 인간의 운명이 아이러니하게 구성된 서글픈 작품이다).

오늘날 세계에서 복권이나 로또로 벼락부자 된 사람의 90% 이상이 이혼하고 주정뱅이가 되어 전보다도 더 못한 삶을 산다는 통계가 있다. 피와 땀과 노력이 없이 얻어진 부(富)는 영광이 아니라 독(毒)이다! 따라서 '인생에서 노동 없는 불로소득은 망하는 지름길이다!'

내 꿈이 뭔지 모르겠어요

고민생 1: 이제 곧 고3인데요. 아무리 생각해도 전 잘하는 것이 하나도 없고요…, 미치겠어요. 공부도 못하는데 대학을 가면 뭐해요, 등록금만 아깝잖아요.

고민생 2: 아직 전 진로도 정한 것이 없고 목표도 없는데, 이런 공부만 하려니까 괜히 짜증도 나고 귀찮기도 하고 성적도 오르지도 않아요. 어떤 책에서는 딱히 큰 꿈을 정하는 것보다 살아 보면서 찾아가래요. 근데 너무 불안합니다. 진짜 제가 원하는 삶은 뭘까요?

한국직업능력개발원의 진로 상담 코너에 들어가면 이런 글이 3만 4,000여 건 떠 있다고 한다. 처음 이 코너를 개설할 때에는 대학의 학과 선택이나 취업 정보 같은 조언을 구하는 학생이 많을 줄 알았는데 그게 아니었다. 태반이 내가 잘할 수 있는 게 뭔지, 자신이 원하는 게 뭔지 몰라 괴롭다는 호소다. 학생들은 '내 꿈을 이룰 수 있게 도와주세요.'가 아니라, '내가 찾는 꿈이 무엇인지조차 나도 모르겠어요.'라는 비명을 지르고 있다고 신문에 보도되었다.

오직 학력 위주의 대학 입학시험에 매달리는 사회가 되다 보니, 이

같은 문제에 봉착한 것 같다. 위의 '고민생'과 같이 입시를 앞둔 고등학생이 공부는 안 되고 뭐 딱히 잡히는 인생 목표도 없다면 답답하고 잡념만 생길 것이다. 먼저 속 시원한 해답을 주지 못해 안타까울 따름이다. 우선 자신의 인생이니 문제가 있으면 스스로 적극적으로 답을 찾아 나서야 한다. '문제를 스스로 풀려고 했을 때 문제는 풀 수 있다.'

직업과 관련하여 부모, 상담 선생님을 비롯한 담임선생님, 선배, 멘토(mentor) 등이 모두가 훌륭한 상담자라 할 수 있다. 적극적인 자세를 가지고 자신의 고민을 털어놓아야 한다.

사실 세상은 넓고 할 일은 많다고 했다. 대학은 앞으로 누구나 다 들어갈 수 있고 공부는 평생교육이 일반화될 것이다. 자기에게 필요한 학문이냐, 자기가 하고 싶은 일과 연관이 있느냐가 중요하고, 대학교를 버젓이 나와서 무엇을 하면서 먹고살 것인가가 더 큰 문제이다. 4차 산업혁명으로 2025년이 되면 직업을 갖기도 어렵다고 한다. 어쨌든 직업을 최우선으로 앞날을 계획해야 한다. 이왕이면 하고 싶은 직업을 찾아 기술을 배우거나 공부를 해야 한다. 이와 관련하여 다음과 같이 몇 가지의 소견을 제시해 본다.

첫째, 중요한 것은 고등학교를 졸업한 뒤에 무엇을 할 것인가이다.

사람에게 중요한 것은 생존이다. 먹고살기 위해 일을 해야 한다. 큰 꿈이 아니더라도 의식주 문제는 죽을 때까지 피할 수 없으므로 반드시 대비해야 한다. 그것이 공부라면 일단 공부를 열심히 해야 하고, 기술이라면 기술을 배워 직업을 가져야 한다. 그래서 장래를 위한 작은 꿈이라도 갖고 실천적인 행동에 옮겨야 한다.

둘째, 꿈도 없고, 좋아하는 것도 없고, 공부도 못한다면 변화를 꾀해야 한다.

① 현재 자신에게 인생 목표, 꿈, 희망, 하고 싶은 것조차 없다면 어떻게든 찾아야 한다. 세상에서 하고 싶은 것이 노는 것인가? 놀아도 최소한 밥값을 해야 한다.

② 운동만이라도 열심히 해야 한다. 지금 정신(력)이 남보다 처진다면 육체라도 건강하게 길러야 한다. 육신의 단련은 정신에도 변화를 가져오기 때문이다.

③ 국토순례를 해 보는 것도 좋다. 주말에 여행을 떠나라. 국내 구석구석을 가 보는 것도 좋고 오지를 여행하는 것도 좋다. 비용이 저렴한 외국 여행도 좋다. 부모님과 상의하여 가족과 떨어져 홀로 여행해 보는 것도 좋다. 인간의 성장과 발전적인 변화는 가만히 앉아서 이루어지는 것이 아니다.

셋째, 실업학교를 택하는 것이 좋다. 공부도 신통치 않고 집안도 여유가 없을 때는 대학 진학보다 실업학교를 택한다. 상업, 공업, 정보통신기술, 농업 등의 실업(전문)학교를 택하면 된다.

넷째, '일·학습병행제'로 돈도 벌고 공부도 한다.

우리나라 대학 진학률이 2012년 말 기준 71%이다. 경세협력개발기구
(OECD) 회원국의 평균 55%보다 훨씬 높다. 그러나 대학의 전문 교육
과 산업체 현장의 필요 사이에는 괴리(乖離: 서로 등져 떨어짐)가 많다고
하여 정부가 최근 '일·학습병행제'란 제도를 도입했다고 한다. 고교 졸
업 후 바로 대학에 가지 않고 산업현장에서 월급을 받으며 교육도 받
을 수 있게 한 제도다. 일·학습병행제가 정착된 선진국에선 주 3~4일
은 기업에서 일하며 훈련받고, 1~2일은 학교에서 이론 교육을 받는다.
독일은 150만 명, 스위스는 23만 명이 이와 비슷한 프로그램에 참여하
고 있다. 유럽이나 미주에서는 대학 졸업장 없이도 성공한 사람이 많
다. 한국산업인력공단 산하 24개 일·학습지원 센터에 신청 기업들 가
운데 적합한 곳을 정해 지원하면 된다.

참고 한국산업인력공단 서울지역본부장 변무장

다섯째, 군대를 일찍 지원하여 새로운 세계를 접해 보는 것도 한 방
법이다. 지금 자신이 '고민생'에 해당한다면 뼛속 깊이 변해야 산다.

4차 산업혁명으로 교육도 요동쳐야 살아남는다고 한다. 최근 보도
에 따르면 중국 최대의 전자상거래 업체인 알리바바 회장 마윈이 "교육
제도 안 바꾸면 30년 후 모두 실업자가 된다."고 강조했다고 한다. 교
육 정책 입안 책임자도 직업 교육의 다변화를 꾀해야 한다.

• 두드려라, 열릴 것이다 •

노벨상 수상자에게 "탁월하고 창조적인 성과를 내는 당신의 비결이 무
엇입니까?"라고 물어보았다. 대다수의 수상자들이 'Do what you love!

네가 사랑하고 좋아하는 일을 해라.'라고 답했다.

김흥국 하림그룹 회장은 열한 살 때 할머니가 사다 준 병아리 10마리를 키워 내다 판 돈으로 양계사업을 시작해 연 매출 6조 9,000억 원대 회사를 일궈 냈다. 자신의 좌우명은 '긍정적인 정신'이라고 한다. 그는 특히 나폴레옹의 '불가능한 것은 없다'라는 긍정적인 사고를 높이 사고 있다.

그는 '누구에게나 기회는 똑같이 주어지지만, 생각의 차이 때문에 기회를 못 잡는 것'이라며 미래를 내다보고 공부하라고 하였다. 미래를 내다보는 눈은 긍정적인 생각에서 키워지며, 경험과 독서는 둘 다 필요하다고 말했다. 옛날에는 기회가 지금보다 더 많았다고 생각하는 사람이 꽤 많은데, 사업 업종이 다양한 지금이 오히려 훨씬 더 기회가 많다고 역설한다. 그는 인생의 길을 한 번에 오를 생각을 말고 매일 15도의 경사 길을 조금씩 오른다는 생각으로 정진할 것을 강조하고 있다.

2

청소년기 노력의 결정체, 직업

직업이란?

직업(職業)은 지금까지 배운 교육의 결정체요 성과물이다. 마치 용을 그릴 때 마지막으로 용의 눈에 눈동자를 찍는 화룡점정(畫龍點睛: 용을 그릴 때 마지막에 눈을 그려 완성한다는 뜻으로, 가장 중요한 부분을 완성함)과 같은 것이 직업이라 할 수 있다. 직업의 정의를 '생계를 위하여 일상적으로 하는 일'이라고 간략하게 말할 수도 있다.

오늘날 선진국일수록 다양한 삶의 형태를 추구하기 때문에 직업의 종류도 2~4만 가지에 이른다고 한다. 물론 4차 산업혁명으로 AI(인공지능)에 의한 노동의 시대가 오면 직업 선택의 길은 크게 요동치겠지만 직업은 삶에 필수적이다.

학창 시절이 끝나고 어엿한 성년이 되었는데 직장이 없다면, 자신에 대한 자괴감이 오면서 무력감에 빠지고 상실감이 커지면서 스스로 괴롭기까지 하며, 때로는 비참한 상태에 이른다. 일정한 시간에만 일하는 파트타임, 가장 바쁠 때만 일하는 피크 타임이란 일 형태도 있고 또 알바 일을 2잡, 3잡으로 생계를 유지하는 프리터(free+arbiter)족도 있다. 전에는 직업 축에도 끼지 못했으나 오늘날은 다양한 직업군에 들어간다.

뜻있는 기업가들이나 자본가들이 일자리를 만들어 준다는 것은 고맙고 존경받을 일이다. 그들은 모두 애국자들이다. 사업체를 만들어 일자리를 창출할 수 있도록 국가가 적극적으로 도와주어야 한다.

2006년도에 청년실업으로 '이태백', '삼팔선', '사오정', '오륙도' 등의 신조어를 탄생시켰다. 청년들의 문제만이 아니라 일찍 퇴직한 사람이나 고령자의 직업 문제 또한 심각한 사회 쟁점으로 떠올랐다.

『맹자(孟子)』에 '무항산(無恒産)이면 무항심(無恒心)'이라는 말이 나온다. 즉 사람이 일정한 생업(=직업)이 없으면 항심(恒心: 변하지 않는 본심이나 양심)도 없어져, 방벽사치(放辟邪侈: 방탕하고 편벽되고 사악하고 난잡하다)에 빠진다고 했다. 군주 혼자 호의호식하지 말고 백성들이 먹고살 수 있도록 일자리 창출을 강력하게 요구한 맹자의 말이다.

학생들이 가져야 할 직업은 매우 중요하기 때문에 직업의 필요성이나 직업인의 마음가짐(직업관)에 대해 좀 더 알아본다.

• 최영 장군의 가훈 '견금여석(見金如石)' •

고려 말기의 최영 장군(崔瑩, 1316-1388)은 충신이며 명장으로 청백리였다. 국운이 기울어질 때 위국충절(爲國忠節)의 일편단심으로 나라를 지켰고 왕의 다음 자리에 있으면서도 청렴하기가 쌀독이 빌 정도였다. 낡은 옷을 입고 기어들어 갈 정도로 낮은 초가집에서 살았다고 한다. 권세를 이용해 뇌물과 청탁을 받지 않은 청렴함 때문이다. 장군의 아버지가

'황금 보기를 돌같이 하라. 황금에 욕심이 많으면 옳고 그름의 판단이 흐려지고 백성을 괴롭히게 된다.'라는 유언을 남겼다. 그래서 최영 장군은 큰 띠에 견금여석(見金如石) 4자를 써서 항상 몸에 지니고 다녔다고 한다.
"황금 보기를 돌같이 하라(Look at gold as if it is a valueless stone)!"

직업의 필요성

인간은 동물처럼 본능적으로 먹고살기 위한 행위만 하는 것이 아니다. 인간은 목적의식에 따라 직업을 갖고 일하면서 자신의 다양한 세계를 끊임없이 그리며 궁리한다. 인간의 직업 세계에는 크게 세 가지의 목적이 있다.

첫째, 직업을 가지는 목적은 생계유지에 필요한 재화(돈)를 얻기 위함이다. 우리가 먹고 입고 즐겁게 살기 위해서는 우선 재화가 필요하다. 자본주의 경제에서 재화의 획득은 필수적이며 절실한 문제이다. 직업을 갖지 못해 생활이 궁핍하고 어려움을 겪다 생활고로 자살하는 사람도 있다. 이같이 직업은 우리의 생계를 책임지는 생명줄이라 할 수 있다.

둘째, 직업을 통해 사회공동체의 한 구성원으로 직접 사회에 참여하게 된다. 자기가 성장하기까지 도움을 받았던 것을 직업을 통하여 사회에 참여하여 환원하는 것이다. 이같이 직업을 통해 사회구성원으로서 역할을 충실하게 이행함으로써 받았던 것을 되돌려 주는 것은 이치에도 맞다.

셋째, 직업을 통해서 자아를 실현할 수 있다. 인간이 현실 속에서 모든 것을 긍정적으로 받아들이고 꿋꿋하게 자기의 일을 열심히 하는 것도 생활인으로서 도리를 깨닫고 실현하는 것이라고 볼 수 있다. 직무에서 오는 고충과 애환(哀歡)을 긍정적으로 감수하며 열심히 사는 것도 인생의 한 과정이려니 생각한다면 생활인으로서 상당한 내공의 소유자이다. 이것이 자아실현이라 할 수 있다.

한편 2002년의 「직업별 수명 차이에 관한 연구」에 의하면 '일을 한 사람이 일을 하지 않은 사람보다 14년이나 더 오래 산다.'라는 연구 발표가 있었다. 즉 직업을 가진 경제활동 남성의 평균수명(75.1세)은 뚜렷한 직업이 없는 비경제활동 남성의 평균수명(60.7세)보다 14.4년이나 길었고, 여성은 별 차이가 없었다. 참고: 최훈·조극훈, 「일과 윤리」 리북, 2007, p.15

이같이 직업을 갖고 열심히 사는 것이 개인이나 사회적으로 볼 때 바람직하다는 것이 논문의 결과이다.

IMF 이후에 우리 사회에 길거리 노숙자가 생겨나기 시작했다. 2000년대에 들어와서는 젊은이들이 직업전선에 참여하지 않고 캥거루처럼 부모에게 기대어 살려는 니트족이 생기기 시작했다는 보고이다. 니트 (NEET: Not in Education, Employment or Training)족이란 진학이나 취직을 하지 않고 직업훈련도 받지 않는 젊은이를 가리키는 용어이다. 부모의 경제적 지원에 전적으로 기대어 사는 젊은이를 말한다(장홍근 외, 「한국인의 직업의식과 직업윤리」, 한국직업능력개발원, 2006).

2017년의 보도에 따르면 유럽연합(EU) 28개국의 20-24세 청년 6명 중 1명(500만 명)이 니트족 상태라고 하며 '이 청년들은 앞으로 가난과 사회적 박탈을 경험할 개연성이 높고, 국가 차원에서도 인적자원 낭비와 복지 비용지출 증가를 의미한다.'고 했다. 국가적인 차원에서 진로교육과 일자리 창출이 절실한 때이다.

직장인의 마음가짐

직장은 집단의 공동목표를 이루고 식무를 수행하기 위해 모인 사람들의 조직체이다. 직장은 때로 가정보다도 더 많은 시간과 정력을 쏟아야 하는 터전이다. 직장 생활에 자신의 희로애락은 물론 인생의 성공 여부도 달려 있다고 본다.

4차 산업혁명에서는 현존하는 직업군이 아닌 1인 창업자나 새로운 근무 형태로 전혀 다른 근로문화가 자리 잡겠지만 사람과 사람의 관계를 이어 주는 인성이 가장 중요한 요소가 될 것으로 예상한다. 그러므로 인간관계는 좋은 평가를 받는 바탕이 된다. 직장 생활에서 20년 이상 계속될 아름다운 모습을 갖기 위해서는 다음과 같은 직장인의 자세가 필요하다.

첫째, 직무에 성실해야 한다.

둘째, 직장에서 책임의식을 가지고 일을 완수해야 한다.

셋째, 직장 상사와 선배 동료들 간의 연대의식이나 동료애가 있어야 한다. 직장에서는 일도 일이지만 사람 관계가 더 어렵고 힘들다고 한다. 직장은 회장에서부터 말단 동료까지 다양한 개성들이 모여 집단의 공동목표를 향해 일사불란하게 움직이는 조직체이다. 단결과 협조가 잘될 때 그 집단의 이익이 상승할 것이다. '인사(人事)가 만사(萬事)'라는 말이 있다. 구성원 간의 끈끈한 연대의식이나 동료애를 바탕으로 애사심과 공동체 의식을 높이고 어우러지는 분위기가 필요하다. 요즘 노사 간의 이분법적인 이해관계로만 본다면 분쟁의 씨앗이 있으니, 좀 더 연대의식을 가지고 상생과 공존의 길을 택하는 인식이 필요하다.

넷째, 직장에 다니면서도 계속 자기 발전을 위한 공부와 기술 연마를 통해 창의성을 길러야 한다. 자기가 종사하는 직업이나 직능에 따르는 끊임없는 지식의 축적과 기술의 연마를 위해 공부가 필요하다. 특히 전문적인 직업인은 말할 것도 없지만 아무리 단순한 직종이라도 노력하는 사람에게는 좋은 성과와 밝은 미래가 보장될 것이다.

〈생활의 달인(達人)〉이나 〈극한 직업 세계〉 같은 TV 프로그램이 인기이다. 단순한 노동으로 별것 아닌 것 같이 보이지만 생존을 위해서 끊임없이 피와 땀과 노력으로 고생을 하여 축적한 노하우(기술)가 '달인'의 경지에까지 올랐다. 또한 〈극한 직업 세계〉를 보면 먹고살기 위하여 목숨을 걸고 작업하는 모습이 등장한다. 생존이 그처럼 중요하고 숭고하다는 생각마저 든다.

끝으로 자본주의 사회에서 경제가 최우선이라 하여 돈만 생각하며 직분의 본분까지 망각해서는 안 된다. 따라서 청소년은 바른 직업관을 세워 자신과 사회공동체와 국가에 이바지한다는 자세로 직무에 최선을 다하자.

• 직업에 최선을 다했던 앤드류 존슨 대통령 •

앤드류 존슨(Andrew Johson, 1808-75)은 세 살 때 아버지를 여의고 어려운 가정형편으로 14세 때 양복점 점원으로 들어가 재봉 기술을 익혔다. 하찮은 일이라도 최선을 다하고 성실하게 살아가던 중 18세에 구두 수선공의 딸과 결혼하여 아내를 통해 글을 깨우쳤다. 이후 성실과 정직함으로 이웃 사람에게 믿음을 주는 정치가로 성장하였다.

어느 해에 시 의회 의원으로서 워싱턴에서 연설하던 중 청중 속에서 누군가 말했다. "양복장이 출신 주제에!" 그 순간 연설장 안은 비웃음과 빈

정거림으로 가득 찼다. 그때 존슨이 부드럽고 당당한 어조로 연설을 이어갔다.

"어떤 신사께서 제가 재단사였다고 하셨는데 재단사 맞습니다. 하지만 저는 재단사로 일할 때도 일등이었기 때문에 언제나 부끄럽지 않습니다. 저는 손님과의 약속은 꼭 지켰고 제 옷은 언제나 최고였습니다."

남들은 하찮게 생각하는 일이라도 최선을 다한 앤드류 존슨은 결국 17대 대통령이 되었다. 대통령 재임 시절에 주위의 비난에도 불구하고 소신껏 러시아로부터 알래스카를 720만 달러에 사들였다.

기존의 출세와 성공의 조건

대한민국이 개인소득 3만 달러에 접근하면서 성공한 사람이나 부자는 많아졌다. 그러나 교훈적인 성공 모델이나 통계 자료를 찾지 못했다. 오래된 자료로 세계 청년들이 생각한 '출세와 성공의 조건'을 알아보고자 한다.

1985년 일본에서 조사한 '출세의 조건, 사회적 성공의 조건'이 보도된 바 있다. 10개국(미국, 캐나다, 영국, 프랑스, 서독, 이탈리아, 오스트레일리아, 브라질, 일본, 한국)에서 각국 1천 명씩 총 1만 명에게 앙케트 조사를 하였다. 그 결과 세계 10개국의 사람들이 일치하는 답변을 했는데, '전문지식과 기능'이 출세의 첫 번째 조건이며, 근로의욕, 체력과 건강, 학력, 인맥의 순서로 나타났다.

전문지식과 기능 ← 근로의욕 ← 체력과 건강 ← 학력 ← 인맥

그로부터 25년 뒤인 2010년에는 살아가는 출세의 조건이 조금 달라진다.

전문지식과 기능 ← 학력 ← 근로의욕 ← 체력과 건강 ← 창조력

2010년에 역시 '전문지식과 기능'을 우선으로 손꼽지만, 학력의 순위가 오른 것이 다르다. '사회적 성공의 조건'은 나라마다 미묘한 차이가 있다.

- **영국 성공의 조건**
  · 1985년: 근로의욕과 향상심 ← 전문지식과 기능 ← 학력
  · 2010년: 전문지식과 기능 ← 학력 ← 근로의욕과 향상심
- **미국 성공의 조건**
  · 1985년: 근로의욕과 향상심 ← 전문지식과 기능 ← 인맥
  · 2010년: 전문지식과 기능 ← 학력 ← 근로의욕과 향상심
- **일본의 경우**는 '일벌레'라는 말이 어울릴 정도이다
  · 1985년: 체력과 건강 ← 전문지식과 기능 ← 근로의욕과 향상심
  · 2010년: 전문지식과 기능 ← 체력과 건강 ← 근로의욕과 향상심

(한국은 별도의 분석은 없었지만, '창조력'이 성공의 조건에 들어간 사실을 보면 선진국의 생각과 같다. 1985년도 모 일간지 「분수대」에 발표된 자료이다.)

비록 지나간 자료이지만 그 특징을 살펴보면 '전문지식과 기능', '근로의욕과 향상심', '체력과 건강', '창조력' 등인데, 앞으로도 이러한 사회적 성공의 조건에 큰 변함이 없을 것이다. 따라서 각 항목의 특징을 간략하게 설명해 보고자 한다.

먼저, '전문지식과 기능'은 그 시대에 맞는 전문지식이나 기능을 말한

다. 성공할 수 있는 조건 중 가장 기본 조건이라 할 수 있다. 이제 4차 산업혁명이 불러온 새로운 시대 변화 속에서 '새로운 지식이나 기술을 빨리 적응하고 응용하는 사람'이 성공할 것임은 당연하다. 즉 지능과 정보가 결합하여 기계에 인간과 같은 지적능력을 부여하는 지능정보기술의 발전에 누가 더 창의적인 사고로 적응하고 그 기술을 익혀 실생활에 응용하느냐에 성패가 달려 있다.

둘째, '근로의욕과 향상심'이다. 시대가 아무리 바뀌고 변해도 성실하게 열심히 적극적으로 노력하는 사람에게는 당해 낼 수가 없다.

셋째, '체력과 건강'은 아무리 강조해도 지나친 법이 없는 말이다. 다만 실천이 강조된다.

넷째, '창조력'은 인간의 창의적인 능력을 말한다. 창조력은 새로운 것을 만들거나 편하고 재미있게 덧붙이고 조직화하는 종합적인 능력이다. 인간의 창조력은 정점(頂點)이 없으며, 이상세계로 가는 데 필요한 인간만의 특징이다.

우리 청소년은 위의 네 가지 성공조건을 바탕으로 밝은 세상과 일자리에서 우위를 점할 수 있도록 자신의 자리를 넓혀 가야 한다.

세계적인 베스트셀러 『성공하는 사람들의 7가지 습관』에서 스티븐 코비(1932-2012)는 성공한 사람들의 일곱 가지 공통점을 다음과 같이 말하고 있다.

첫째, 자신의 삶을 주도하라.

둘째, 끝을 생각하며 시작하라(목표를 확립하고 행동한다).

셋째, 소중한 것부터 먼저 하라.

넷째, 상호 이익을 추구한다.

다섯째, 먼저 이해하고 다음에 이해시켜라.

여섯째, 시너지를 내라(시간을 잘 활용하라).

일곱째, 끊임없이 쇄신하라.

참고: 김경섭 옮김, 『성공하는 사람들의 7가지 습관』, 김영사, 2006.

이런 7가지 습관 외에 중요한 덕목을 가감(加減)하여 노력하고 실천한다면 성공을 확신할 수 있다. 최근에 나온 한국 기성세대의 직장인을 대상으로 한 성공의 조건을 살펴봤다. 직장인 10명 중 7명은 '일과 가정을 모두 잡아야 성공'이라고 하였다.

특히 '안정된 직장 ← 경제적 안정 ← 적은 스트레스 ← 사회적 기여'의 순서로 나타났다.

이제까지 지나간 자료를 통해서 출세의 조건이나 성공의 자세를 제시해 보았다. 청소년이 각기 가지고 있는 직업과 인생 목표를 갖고 줄기찬 노력으로 성공하기를 기원한다.

청소년, 세상에 서다

• 스티브 잡스와 빌 게이츠 •

스티브 잡스(Steve Jobs, 1955. 2.)와 빌 게이츠(William Henry Gates, 1955. 10.)는 1955년 같은 해에 미국 서부 샌프란시스코와 시애틀에서 태어났다. 어렸을 적에 두 주인공은 여느 사내아이처럼 산만하고 공부에 흥미를 갖지 못한 개구쟁이들이었다. 그들은 하나같이 수학을 잘하였고, 컴퓨터에 관심을 가졌고, 대학을 모두 중퇴하였다. 이 두 사람은 태어난 운명은 극명하게 다르나, 제3차 산업혁명에서 컴퓨터로 부와 명예와 성공을 잡은 사람이다.

1975년 1월 세계 최초의 개인용 컴퓨터가 나올 때, 잡스는 1977년 애플Ⅱ의 세련되고 혁신적인 제품 때문에 대박을 쳤다. 1천 명 이상의 직원을 둔 그는 25살 젊은 나이에 백만장자가 되었다.

그러나 세상사는 올라가면 내리막길도 있듯이 연이어 출시했던 신제품 애플Ⅲ, 매킨토시 등이 실패하여, 결국 자기가 만든 회사에서 쫓겨났으나 10여 년 만(1997)에 애플사로 되돌아가 재기에 성공한다. 세계에서 제일 많이 팔린 스마트폰 '아이폰', 태블릿 컴퓨터 '아이패드' 등 2~3년마다 폭발적인 성공작을 터뜨려 인기를 끌었다.

"자신의 목표를 세웠다면 그 일에 최선을 다하고 절대 포기하지 마세요! 불가능하다고 생각하고 미리 포기하면 결국 그 일은 이루어질 수가 없어요."

지칠 줄 몰랐던 스티브의 열정은 애플을 끊임없이 도전하는 시대의 아이콘(Icon)으로 만들었고, 애플은 그에 보답하듯 스티브를 전 세계적인 리더로 만들어 주었다. 그러나 그는 췌장암(2011.10.5)으로 56세에 사망한다.

참고: 토리에듀, 『어린이를 위한 스티브 잡스 이야기』, 미르에듀, 2011.
아이작슨, 안진환 역, 『스티브 잡스Steve Jobs』 민음사, 2012.

중학교 2학년 때 학교에서 대형 컴퓨터와 운명적인 만남을 시작으로 끈질긴 컴퓨터광이 된 빌 게이츠는 20세에 마이크로소프트사를 창립한다. 25세 때 빌은 MS-DOS(Microsoft Disk Operating System)를 출시했고, 전 세계에 컴퓨터의 운영체제인 소프트웨어 90% 이상이 마이크로소프트사 이름을 달고 있었다. 빌 게이츠는 세계 최고의 부와 명예를 잡은 전설 같은 신화를 만들었다.

① 청소년 시절부터 컴퓨터 프로그램에 대한 열정이 최고이다. 세상이 프로그램에 전혀 모르고 있을 때, 그는 미래를 예정하고 준비하였다.

② 독서만이 자신을 변화시키고 성장시킨다. 그는 학교 공부에 흥미를 잃어버렸는지는 몰라도 독서는 생활화하였다.

③ 도전 목표를 명확히 세웠다. 사람은 인생 목표를 가진 사람과 없는 사람은 나중에 천양지차가 벌어진다.

④ 자신감이 최고의 무기다. 이 세상에서 중요한 것 중에 자신감이 절대적이다.　　　　　　　　참고: 김이진, 『미래를 지배한 빌 게이츠』, (주)자음과모음, 2004.

3

4차 산업혁명과
직업의 변혁

기존의 직업이 확 변한다

2016년 1월 스위스 다보스에서 개최한 세계 경제포럼(World Economic Forum, WEF)의 핵심 화두는 '4차 산업혁명'이었다. 4차 산업혁명으로 인해 2020년까지 전 세계에서 710만 개의 일자리가 사라지고 새로운 일자리가 200만 개 정도가 새로 생긴다고 하나, 결국 510만 개의 일자리가 없어진다는 것이다. 더 나아가 2025년에 현존하는 직업의 절반이 사라질 것이며, 국가와 기업, 개인은 이러한 변화에 적극적으로 대비해야 할 것이라고 하였다.

'4차 산업혁명'이란 용어의 창시자 클라우스 슈밥(Klaus Schwab) 회장이 2016년 10월에 대한민국에 초청되었을 때도 이와 똑같은 말을 하였다. '1차 산업혁명' 이후에 점진적이고 연속적인 인간의 기술 혁신이 2차, 3차 산업혁명으로 이어져 인류에게 점점 편리하고 풍요로운 세상이 도래하고 있다. 4차 산업혁명은 급변으로 기존의 직업이 없어진다는 점이 특징이다. 즉 국가나 기업 그리고 개인에게 생존과 발전에 영향과 변혁을 가져올 전망이라고 한다. 특히 청소년들은 4차 산업혁명이 진행되는 과정에서 미래의 인생 목표와 직업에 직접적인 영향을 받기 때문에 반드시 지속적인 관심과 충분한 대비가 필요하다.

구글(Google)이 선정한 세계 최고의 미래학자인 토머스 프레이는 4차 산업혁명에 대한 격변의 파고(波高)를 다음과 같이 말했다.

지금까지의 모든 인류 역사에서 겪은 것보다 앞으로 다가오는 20년간 더 많은 변화가 있을 것이다(Humanity will change more in the next 20 years than in all of human history).

배우는 청소년들은 지금부터라도 진로 선택뿐만 아니라 대비책을 세워서 노력해야 할 것이다.

문: '4차 산업혁명'이란 무엇인가요?

답: '산업혁명(Industrial Revolutin)'이란 산업이 획기적인 기술발전과 변혁으로 인간의 삶의 방식이 변화될 때 쓰는 개념입니다. 제1차 산업혁명은 18세기 영국에서 시작된 증기기관과 기계화로 시작하여 획기적인 산업발전으로 이행되었습니다. 제2차 산업혁명은 19세기 말~20세기 전기와 석유에 의한 중화학 대량 생산 체제이며, 제3차 산업혁명은 컴퓨터와 인터넷을 활용한 정보기술로 우리의 생활에 혁신적인 발전을 가져왔습니다. 제4차 산업혁명은 혁신적인 기술로 지능과 정보가 결합하여 기계에 인간과 같은 지적 능력을 부여하는 지능정보기술의 발전

청소년, 세상에 서다

입니다. 미래창조부에 의하면, 최근 축적된 데이터가 폭발적으로 증가하고 기계가 데이터를 스스로 학습하는 기술(Machine Learning)이 등장하였습니다. 사람뿐만 아니라 사물도 언제 어디서나 초고속 통신이 가능해지면서 지능정보기술이 급격히 발전하게 되었는데, 이것이 4번째 혁명적 변화를 이끌고 있다고 합니다. 이같이 급격한 4차 산업혁명의 핵심부는 자동화로 이미 기존의 일자리가 없어졌거나 변하기 때문에 우리 청소년들은 그런 변혁에 미리 대처하고 준비하지 않으면 안 됩니다.

• 어느 나라가 4차 산업혁명에 앞서가나? •

선진국들이 4차 산업혁명에 열을 올리는 점입가경(漸入佳境) 중인데 우리나라는 어디까지 진전되었는지 살펴보자.

현대경제연구소가 발간한 『4차 산업혁명 기반산업의 R&D(연구개발) 국제비교 보고서』(2017. 9. 19.)에 의하면 관련 5개 업종분야(IT서비스, 통신서비스, 전자, 기계장비, 바이오 의료 등)를 한국과학기술기획평가원 자료(2014년)를 이용해 산출한 기술 수준이 발표되었다.

1위 미국(99.8점), 2위 유럽연합(99.3점), 3위 일본(90.9점) … 한국(77.4점), 중국(68.1점)으로 나와 있다. 특허 수는 일본과 미국이 5천 건 이상이며, 우리나라는 750건으로 미국의 7분의 1 수준이라고 한다. IT서비스 업종의 경우는 134건으로 중국의 153건에도 추월당한 것으로 나타났다.

앞으로 소멸되는 직업

2030년까지 파괴적 기술로 소멸되는 대표적인 직업 100개

현재 직업을 소멸시키는 파괴적 기술	소멸되는 직업
자율주행차	택시기사, 버스기사, 트럭기사, 우편배달부, 교통경찰, 판사, 변호사, 대리운전, 주차장 직원, 세차장직원
드론(무인비행기)	택배기사, 음식 및 피자 배달, 우편배달, 해충구제서비스, 토지 현장 측량사, 지질학자, 긴급구조요원, 비상구조대원, 소방관, 경비원
3D프린터	보석, 신발 등 산업디자이너, 건축, 건설, 자동차, 우주항공, 노동자, 치과 및 의료산업노동자, 토목공학자, 기계기술자, 물류창고직원
3D빌딩 프린터	목수 등 건설노동자, 홈−리모델링 노동자, 도시계획가, 주택보험사, 부동산전문가, 부동산중개사
빅데이터	기자, 저자 및 소설가, 군사기획관, 암호 전문가, 영양사, 다이어트전문가, 방사선과의사, 회계사, 경리, 변호사, 법률사무소 직원
인공지능	이벤트기획사, 피트니스 트레이너, 통번역 전문가, 고객서비스 전문가, 교사
로봇기술	소매점직원, 계산대점원, 외과의사, 약사, 수의사, 경비원, 미화원, 해충구제 및 산림관리자

참고: 미래전략정책연구원, 『10년 후 4차 산업혁명의 미래』, 일상이상, 2017. p.301.

토머스 프레이는 '미래 혁신적인 기술의 발전으로 파괴적 기술이 등장해 현재 대표적인 직업을 소멸시킬 것'이라고 말했다. 4차 산업혁명으로 발생하는 실업은 전처럼 경기가 살아나도 회복될 수 없는 구조적·항구적인 실업이라고 미래전략연구원들은 말한다.

청소년, 세상에 서다

고용자 수가 줄어드는 직업 순위

순위	산업분야	고용인원(명)		감소율(%)
		2012년	2022년	
1	의류 제조	148,100	62,300	−58
2	보석 및 은 제품 제조	29,000	16,900	−42
3	가죽 관련 제품 제조	29,400	18,500	−37
4	신문 발행	225,000	154,300	−31
5	종이 제품 도매상	120,800	86,000	−29
6	통신장비 제조	109,500	78,600	−28
7	우편 서비스	611,200	442,100	−28
8	원유 수송관로	9,400	7,000	−25
9	컴퓨터 및 주변장치 제조	158,600	118,700	−25
10	스프링 및 전선 제품 제조	41,600	31,300	−25
11	기타 수송관로 운송업	6,800	5,300	−22
12	직물 제조	118,000	91,500	−22
13	하드웨어 제조	25,000	19,400	−22
14	꽃가게	65,600	51,100	−22
15	직물 제품 제조	116,600	91,500	−22
16	유리 및 유리제품 제조	80,000	64,000	−20
17	설탕 및 당과자류 제조	66,800	53,500	−20
18	석회 및 석고제품 제조	14,000	11,300	−20
19	펄프, 종이, 판지 제조	108,200	86,800	−20
20	여행업	82,200	66,400	−19
21	살충제, 비료 및 농업화학 제품 제조	36,800	29,800	−19
22	정신병원(공립)	126,100	103,000	−18
23	자기 및 광학매체 제조 및 재생	21,000	17,200	−18
24	자동판매기 운용	36,900	30,300	−18
25	서적 및 정기간행물 출판, 서점	93,100	76,600	−18

출처: 미국 노동부 커리어원스톱(www.careeronestop.org)

4차 산업혁명으로 성장하는 직업과 사라지는 직업은 사회와 국가의 긴요한 문제이기 때문에 미국 노동부는 일자리와 관련된 사이트를 개설 및 운영하고 있다. '커리어원스톱'이라는 사이트는 10년 후에 뜨는 직업과 없어지는 직업을 알려 주어 인력 불균형을 해결하는 한편 구직자에게 자신이 원하는 직업을 찾을 수 있도록 도와준다.

참고: 위의 책, pp.307–308.

과거 미국에서도 제너럴 일렉트릭(GE), US스틸 등의 제조업이 우위를 점했으나 오늘날은 다르다. IT(Information Technology) 대기업들이 글로벌을 무대로 뛰고 있다. 즉 구글(Google), 아마존(Amazon), 애플(Apple), 페이스북(Facebook), 마이크로소프트 등이 세계를 누비고 있다. 세상은 자꾸 변한다. 기업도 안주했다가는 새로운 강자에게 먹히는 세상이다. 끊임없이 변신하고 연구해야 살아남는다.

• 말뫼의 눈물이 13년 후 마산의 눈물로 변하다 •

2003년에 유럽의 조선 강국이었던 스웨덴 말뫼시 조선소의 높이 128m, 중량 7,560톤의 거대한 골리앗 크레인이 한국의 현대중공업에 단돈 1달러에 팔려 울산으로 오게 되었다.

1980년대에 세계 조선 산업의 강국이던 스웨덴은 조선업이 쇠퇴하면서 그 골리앗 크레인이 한국으로 팔려가기 전날, 수많은 말뫼 시민들이 조선소로 몰려와 그 장면을 눈물로 지켜보았다고 한다. 13년이 흐른 뒤 최근 현대중공업은 해양플랜트 산업과 조선 주문이 뚝 끊기면서 그 골리앗 크레인의 가동을 중단하고 20만㎡에 달하는 곳을 적치장으로 쓰기로 했다고 한다. 인근의 마산시에서는 배를 만드는 ○○산업의 대형크레인(중량 3,200톤, 높이 105m)이 루마니아 조선소에 헐값으로 팔리면서 '말뫼의 눈물이 마산의 눈물'로 변했다는 보도가 있었다.

참고: 위의 책.

청소년, 세상에 서다

앞으로 성장할 중요 직업과 산업

가장 빠르게 성장하는 직업 순위

순위	산업 분야	고용인원(명)		증가율(%)
		2012년	2022년	
1	노인 및 장애인 도우미	769,800	1,294,700	68
2	홈 헬스케어 서비스	1,198,600	1,914,300	60
3	건강 관련 전문 사무소	114,200	181,800	59
4	사립 전문병원	251,600	392,400	56
5	언어, 청각 치료사	305,400	467,400	53
6	석공 하청업자	130,800	196,100	50
7	주택건축업자	573,500	849,800	48
8	운송업	91,300	131,500	44
9	음료 및 주류 도매업자	172,700	245,700	42
10	경영 및 과학기술 컨설팅 서비스	1,121,100	1,577,100	41
11	폐기물 수집업자	150,300	209,400	39
12	컴퓨터시스템 설계 및 서비스	1,620,300	2,229,000	38
13	구급 서비스	162,000	220,300	36
14	보행 건강 돌보미	103,800	140,900	36
15	의료용 진단연구소	234,000	317,700	36
16	정신건강 외래진료센터	190,300	258,400	36
17	콘크리트 제품 제조	161,600	218,900	35
18	재무투자	356,300	480,500	35
19	사설 교육 지원 서비스	120,300	161,900	35
20	행정 지원 서비스	426,400	571,300	34
21	노인요양시설	789,700	1,057,000	34
22	도로운송 지원 활동	86,700	115,400	33
23	전문거래 취급업체	535,300	709,600	33
24	레미콘 및 건축시설	151,300	199,700	32
25	전력 및 통신선로 설치	154,900	203,400	31

출처: 미국 노동부 커리어원스톱(www.careeronestop.org)

참고: 미래전략정책연구원, 『10년 후 4차 산업혁명의 미래』, 일상이상, 2017, p.308-9.

혁신기술로 탄생하는 미래 직업

여러 미래 학자들이 공통적으로 '미래에는 고용 없는 성장이 계속될 것'이라고 예측하며, 4차 산업혁명 관련 사업에 투자하는 국가와 기업의 성장률이 높을 것이라고 한다. 이처럼 달라지는 세상에서 청소년은 발전하는 신기술을 습득해 일자리를 준비해야 한다.

미래혁신기술	미래 직업	미래혁신기술	미래 직업
소프트웨어 및 데이터	데이터 폐기물 관리자	드론	드론 조정인증 전문가
	데이터 인터페이스 전문가		드론 분류 전문가
	컴퓨터 개성 디자이너		드론 표준 전문가
	데이터 인질 전문가		드론 설계 및 엔지니어
	개인정보보호 관리자		환경오염 최소화 전문가
	데이터 모델러		악영향 최소화 전문가
3D프린터	3D프린터 소재 전문가	무인자동차	자동화 엔지니어
	3D프린터 잉크 개발자		무인시승 체험 디자이너
	3D프린터 패션디자이너		무인운영 시스템 엔지니어
	3D 음식프린터 요리사		교통수요 전문가
	3D 비주얼 상상가		무인자동차 사고 전문 변호사
	3D프린터 비용산정가		응급상황 처리요원
	3D프린터 신체장기 에이전트		자동교통 건축가 및 엔지니어
			충격 최소화 전문가

참고 앞의 책, p.310–311

유엔 미래 보고서가 선정한 미래 직업 54가지

전 세계 4,500명의 미래학 전문가들의 모임인 밀레니엄 프로젝트는 유엔 미래 보고서를 통해 유망한 미래 직업 54가지를 소개했다.

청소년, 세상에 서다

분야	미래직업	활용 및 용도	진출분야
IT 및 로봇 분야	증강현실 전문가	현실세계에 정보나 가상물체를 합성해 새로운 편의 제공	기업, 연구소
	인공지능 전문가	스스로 생각하고 이해하며 행동하는 능력을 컴퓨터 프로그램으로 실현	기업, 연구소
	홀로그래피 전문가	인간의 신체나 기계의 정밀진단, 의료, 건축, 오락, 영상장치 설계	의료기업
	양자컴퓨터 전문가	원자 이하의 입자 움직임에 기반을 두고 계산 수행	기업, 연구소
	무인자동차 엔지니어	정확한 위치파악과 차량제어 기술	기업, 연구소
	로봇 기술자	인공지능, 산업, 의료, 실생활에 필요한 로봇 개발 및 수리, 콘텐츠 전문가	기업, 연구소
	정보보호 전문가	신, 변종 해킹 탐지 기술 개발과 해킹 보호 기술 개발	정부, 군, 경찰, 기업
	군사로봇 전문가	군사용 목적에 맞는 로봇을 기획, 설계	군수기업, 연구소, 군
금융 및 기업 분야	브레인 퀀트	금융, 주식분석 및 관련 상품 설계	증권사, 투자사
	대안 화폐 전문가	현재 화폐 대신 개인, 기업, 지방정부가 만들어 사용하는 화폐	금융기관
	매너 컨설턴트	비즈니스 매너를 분석 및 개선하고 교육하는 프로그램 운영	기업, 프리랜서
	금융기술 전문가	금융상품 및 산업동향을 수집 및 분석해 재무분석과 기업분석	기업
	오피스 프로듀서	사무실 임대 예약 및 사무공간과 설비 제공	기업
	인재관리자	프로젝트마다 필요한 인재를 적재적소에 공급	기업
	개인 브랜드 매니저	개인 브랜드를 노출시켜 개인의 홍보를 대행하는 전문가	기업, 프리랜서
	글로벌 자원관리자	각종 자원과 인력, 에너지, 국제고객 수요 등 세계전략을 구상	정부, 기업
	최고경험 관리자 (CXO)	품질에 대한 고객 경험에 책임과 의무를 다하는 고위 경영자	정부, 기업
	창업투자 전문가	창업 시장에 창업초기자본을 연결 및 공급하는 중간 역할	기업, 투자사
	인도 전문가	2025년에 세계 4대 강국이 될 인도 시장 전문가	정부, 기업

의료 복지 분야	복제 전문가	멸종 동물 복원, 동물형질 전환기술 연구	기업, 연구소
	생체로봇 외과의사	혈관 내에서 치료 가능한 나노봇을 이용해 수술	병원, 대학
	기억수술 외과의사	인간의 뇌에서 나쁜 기억이나 파괴적 행동을 제거	병원, 대학
	장기취급 전문가	기증자와 이식자를 연결하고, 인공장기 정보를 제공	병원 등
	유전자 상담사	유전자 정보와 지식을 갖고 심리상담 및 관리	병원 등
	치매치료사	치매환자 및 가족에게 치매 상황과 문제 해결 자료 제공	병원 등
	임종 설계사	인간의 죽음을 맞이하고 준비하게 해 주는 도우미	병원 등
	두뇌 시뮬레이션 전 문가	인간 두뇌의 생리 과정과 기능을 시뮬레이션 구축	연구소 등
환경 및 에너지 분야	날씨 조절 관리자	인공강우 기술을 실용화, 환경문제 부작용 최소화 방안 제시	기상청 등
	우주 관리인	우주공간의 우주 쓰레기를 지구 대기권으로 보내는 전문가	연구소
	에너지 수확 전문가	운동, 빛, 에너지를 모아서 전기에너지로 바꾸는 기술 전문가	연구소 등
	4세대 핵발전 전문가	2030년 이후 안정성, 신뢰성, 경제성, 비확산성을 가진 혁신적인 원자력시스템	연구소 등
	종복원 전문가	멸종위기에 처한 야생 동식물 서식지를 보호하고 관리	정부연구소
	극초음속비행기 기술자	차세대 극초음속 스크램제트 엔진 기술 개발	연구소 등
	환경병 컨설턴트	환경병에 대한 연구 및 오염원을 사전에 예방하는 방안 마련	기업, 연구소
	탄소배출권 거래중개인	탄소배출권 거래중개 시장에 거래를 중개	연구소, 국제 기구
	탄소배출 점검 전문가	온실가스 배출량을 표준 지침에 따라 국가별, 산업별로 산출	기업, 연구소
	미세조류 전문가	대체에너지인 바이오연료의 원료로 미세조류를 활용하는 기술	기업, 연구소
	수소연료전지 전문가	대기오염이 거의 없는 차세대 에너지인 연료전지 개발	대학, 연구소

문화 예술 분야	나노섬유 의류 전문가	나노기술을 나노섬유에 이용해 의류 등 제조	기업, 연구소
	미래 예술가	초연결사회에서 연결망을 이용해 집단예술과 3D, 4D 신기술 이용	기업, 프리랜서
	디지털 고고학자	우주과학을 활용해 발굴 작업 없이 고고학 연구	대학, 연구소
	캐릭터 MD	상징적으로 표현하는 캐릭터를 조사 및 제작, 판매	기업
	내로 캐스터	한정된 지역이나 시청자들을 위한 전문화 방송을 기획 및 제작	방송사, 광고기업
	특수효과 전문가	영화 등에 사용되는 특수효과를 위해 모형, 애니메이션 등을 제작	영화사, 디자인기업
생활 및 여가 분야	미래 가이드	미래기술을 예측해 미래사회 변화, 미래직업 등을 안내	정부, 기업, 단체
	건강관리 전문가	새로운 의학정보를 알려 주고 환자 개개인 에게 맞는 적절한 치료 프로그램을 제공	정부, 사회복지단체
	배양육 전문가	지구온난화의 주범인 현재의 축산업을 대체해 실험실에서 육류를 생산	연구소, 식품기업
	결혼 및 동거강화 전 문가	결혼을 원하는 사람들을 소개시켜 주고 갈등, 고민을 상담	프리랜서
	아바타 관계 관리자	초연결사회인 사이버세계에서 자신을 나타내는 아바타를 관리	자영업
	식료품 구매대행	개인의 특성에 맞는 메뉴와 다이어트 계획 까지 세워 식료품을 대신 구매하거나 배달	프리랜서, 기업
	단순화 컨설턴트	회사의 시스템, 절차 등을 단순화해 운영 및 기획	기업, 연구소
	우주여행 가이드	우주관광을 상담하고 훈련, 우주선 조종, 우주 탐사	기업, 연구소
	익스트림스포츠 가이드	각종 극한 스포츠를 일반인들에게 교육 및 안내하는 역할	레저기업
	세계윤리 관리자	미래사회에 일어날 여러 충돌을 미리 조정하고 지구인들에게 건강한 미래를 만들도록 조언	대학, 국제기구

참고: 앞의 책, pp.321–324.

미래 부상 기술과 세계시장 규모

미래 기술 예측 기관으로 유명한 테크캐스트 글로벌(TechCast Global, 한국 대표 박영숙)은 세계 최고 전문가들의 의견을 모아 사회 현상을 분석하고 예측한다. 각 산업 분야나 정부의 예산을 더하고, 국가나 기업의 정책을 분석하여 부상·붕괴하는 산업을 예측하여 그 부상 기술이 몇 년도에 보편화되는지, 그때의 세계시장 규모는 어떠한지를 거시적으로 전망한다. 미래에 무엇을 전공하면 좋을지, 어떤 일자리가 유망 직종인지 궁금하다면 테크개스트에서 전망하는 부상 기술만 알아도 크게 도움이 될 것이라고 말했다.

· 미래 부상 기술과 세계시장 규모 ·

(단위: 10억 달러)

분야	기술	실현 연도	시장 규모
디지털 경제	가상 교육	2021년	333
	원격 근무	2023년	663
	전자 정부	2020년	221
에너지 환경	스마트그리드	2025년	742
	정밀 농업	2023년	583
	유기 농업	2027년	117
	기후 조절	2021년	587
	그린 이코노미	2022년	2,321
	유전자변형 동식물	2024년	682
	수경 농업	2025년	229
	대체식품	2024년	987
	대체에너지	2026년	2,084

정보통신	가상현실	2022년	312
	사물인터넷	2021년	1,329
	인텔리전스 인터페이스	2020년	452
	클라우드/그리드	2018년	588
	생체인식	2020년	128
	인공지능	2026년	709
제조 및 로봇 공학	스마트 로봇	2026년	520
	나노 테크놀로지	2024년	750
	하이테크 홈	2026년	1,998
	모듈러 건축	2026년	2,100
	에너지 저장	2023년	734
바이오 및 의료	합성생물학	2021년	714
	개인맞춤 의료	2026년	858
	생명 연장	2039년	1,635
	게놈 치료	2030년	666
	원격 진료	2021년	676
	암 치료	2029년	861
	뉴로 테크놀로지	2034년	455
우주	우주 관광	2019년	92
	달 개척	2034년	373
	인류의 화성 정착	2034년	509
	태양광 인공위성	2031년	433
운송	연료 전지 자동차	2019년	581
	지능형 자동차	2023년	1,131
	하이브리드 자동차	2021년	893
	전기자동차	2027년	1,190
	극초음속 비행기	2032년	113

참고: 박영숙·제롬 글렌, 『일자리혁명 2030』, 비즈니스북스, 2017. p.16–18.

미래에 새롭게 부상하는 24가지 산업과 일자리

세계 미래회의(World Future Society, 한국 대표 박영숙)에서 발간하는 월간지 『퓨처리스트(The Futurist)』에 실린, 20~30년 후 크게 부상하는 직업과 향후 급성장해서 수백만 명을 고용할 24가지 산업을 소개한다.

- 인공지능 교육산업
- 드론 산업
- 센서 산업
- 사물인터넷 산업
- 초고속 교통운송산업
- 공유경제 산업
- 마이크로 칼리지
- 택배 산업
- 인공지능을 이용한 암 진단 및 면역치료 산업

- 태양광발전 산업
- 3D/4D 프린팅 산업
- LED 산업
- 풍력발전 산업
- 스포츠 산업
- 코인 산업
- 스마트 주택 산업
- 24시간 도시를 위한 산업

- 대기 속 수분 수확 산업
- 모바일 앱 개발 산업
- 빅데이터 산업
- 마이크로그리드 산업
- 대용량 에너지저장기술 산업
- 바이오 산업
- 고령 친화 산업

참고: 앞의 책. pp. 9-34.

24가지 산업기술은 실험과정에 있는 것도 있지만 상당수가 이미 실행되고 있다. 4차 산업혁명에 의한 직업군은 여러 가지 형태로 참고하였으나 중복되어 인용된 것도 많다. 인용된 직업에 대하여 하나하나 별도로 설명하지는 않았다. 학생들이 관심 분야를 직접 알아보는 것도 공부의 첫걸음이다.

• 지배할 것인가 지배당할 것인가는 4차 산업혁명에 •

김태유 박사는 18세기 이후 세계 모든 나라는 산업혁명의 성패에 따라 지배국(ruler)과 식민지(colony) 두 가지 유형뿐이라고 했다. 뒤늦게나마 산업혁명에 편승한 일본은 지배국으로 선 반면에 조선은 식민지로 전락했다. 네덜란드는 한반도의 5분의 1 크기의 작은 나라이다. 이 작은 나라가 한때 세계에서 가장 부유한 패권국이 됐던 것은 순전히 기업가 마인드를 갖춰 상선을 가볍고 빠르게 개조했고, 상업 루트를 장악하여 상업혁명의 기반을 만들었기 때문이었다.

네덜란드의 상업혁명이 '처음 하늘을 날았던 글라이더'라면, 18세기 후반에 영국에서 처음 시작된 산업혁명은 '엔진을 장착한 비행기'에 비유할 수 있다. 대서양 무역을 하던 영국은 석탄 동력으로 면직물을 생산하는 1차 산업혁명을 성공시켰다. 19세기 후반에 이르면 전기·화학·강철 분야에서 2차 산업혁명이 일어났고, 그 결과 영국의 언어와 문화가 세계 표준으로 자리 잡았다.

인류 역사의 첫 번째 대분기(大分岐)가 산업혁명이었다면, 이제 두 번째 대분기가 다가오고 있다. 바로 지식의 산업혁명이라 할 수 있는 '4차 산업혁명'이다. 여기서 우리가 도태된다면 또다시 식민지가 되는 운명을 걷게 된다. 김 박사는 우리가 4차 산업혁명에 성공하기 위한 세 가지 방안을 제시했다.

"관료의 전문화를 통해 공직사회의 유전자를 바꾸고, 젊은 우수 인력이 행정직이 아니라 첨단 산업 분야를 지원하도록 해야 한다. 또 한 가지, 네덜란드와 영국이 주요 항로를 장악했던 것처럼 북극항로의 선점에 나서야 한다."

참고: 『조선일보』 2017. 10. 24

직업 변혁에 따른 마음가짐

기존의 직업에 변화가 이미 빠르게 유입되어 2019년-2030년까지는 과도기 상태로 진전될 수밖에 없다. 현재 청소년들은 이 기간에 직업전선에 나서게 되므로 각자 충분한 준비가 돼 있어야 한다. 관심 분야나 목표의식, 직업관 등을 사전에 충분히 준비하고 갖춰야 한다.

첫째, 인생 목표를 일찍 갖고 줄기차게 노력한 학생이라면 겁낼 것이 없다. 지구가 멸망하더라도 '한 그루의 사과나무를 심는다'라는 목표 의식을 갖고서 노력하는 학생은 직업 세계에서 낙오자가 될 수 없다. 위기가 기회임을 명심하자!

둘째, 긍정적이고 적극적인 사고방식을 가지고 '하면 된다!'는 사람에게는 두려울 것이 없다. '하늘이 무너져도 솟아날 구멍이 있다', '산 사람 입에 거미줄 치랴'라는 속담이 있듯이 긍정적이고 적극적인 자세가 필요하다.

급변하는 세상은 언제나 있었다. 4차 산업혁명으로 변혁이 온다지만 오늘날의 청소년은 생사(生死)를 넘나드는 전쟁은 겪어 보지 못했다. 1950년-1970년대 전쟁 속에서 살아남은 할아버지 세대는 굶주림을 견디며 산업 불모지에서 대한민국을 일으켰다. 아버지 세대들도 석유파동, IMF 그리고 미국의 금융위기 등 수많은 난관을 겪기도 하였다. 한국의 산업구조는 수출주도형이기 때문에 물건을 많이 사 주는 미국에서 재채기만 해도 심한 감기몸살을 앓는 가운데 오늘의 번영을 가꿔 당당히 G20에 들어가게 되었다.

셋째, 전공 외에 다른 분야와의 융합과 IT의 새로운 최신 기술지식이 필수이다. 21세기 경쟁력은 외곬 전문성도 필요하겠지만 전문분야 간의 유기적인 융합에서 나오는 힘이 크다. 그래서 새로운 문명의 원동력은 융합(融合=통섭統攝=통합統合)에서 나오는 다양성과 창의성이 크기 때문에 융합 시대라고 한다.

이제 모든 분야가 IT에 의한 기술지식(ICT, 코딩cording 등)과 인공지능(AI)을 통하지 않고는 안 되는 세상이 되었다.

예컨대 미국의 하버드대 의대(醫大)는 2004년 시스템생물학과를 창설하고 수학·물리학·화학·컴퓨터공학을 아우르는 융합 연구를 통해 의사가 되게 한다고 들었다. 기업은 오래전부터 컨버전스(융합 Convergence)와 M&A(기업의 매수합병)를 통해 사업을 확장하였다. 문화 영역도 온갖 종류의 하이브리드(Hybrid, 혼합, 잡종)를 만들어 내고 있다.

젊은이들 사이에서는 퓨전식당이 큰 인기이다. 즉 한 식당에서 짬뽕과 짜장면을 먹고, 떡볶이와 순대도 먹고 싶은 유혹을 모두 충족시켜 주는 세상이 되었다. 이 같은 환경에서 컴퓨터로 빅데이터(big data)의 다양한 정보를 취합하여 올바른 의견을 끌어내기 위해서는 인문학적 소양(인간과 역사, 문화, 사회, 철학 등)을 갖추고 이해하는 것이 필수라고 전문가들은 강조한다.

특히 임일은 「4차 산업혁명의 시대, 무엇을 준비해야 하나?」에서 'ICT는 우리 삶의 일부이며 중요한 역할을 하게 될 것으로 예상한다' 라고 하여 반드시 알아둘 것을 강조하였다.

참고: 임일, 「4차산업혁명 인사이트」, 더메이커

한 대학에서는 2018년부터 경영학과 입학생들에게 코딩(컴퓨터 언어로 프로그램을 만듦) 수업을 하여 4차 산업혁명 시대에 맞춘 융합형 인재를 키운다는 목표 아래 소프트웨어 교육을 의무화한다고 했다. 앞으로는 전공을 공부하면서 전공 외의 다양한 지식을 겸비한 통합형 인재가 필요하다.

넷째, 컴퓨터의 인공지능이 발달해도 인간만이 할 수 있는 다양한 문화 분야가 많으므로 미리 겁먹을 것은 없다. 인공지능을 탑재한 로봇이 단순한 예술작품을 흉내 낼 수 있을는지는 몰라도 뛰어난 예술

작품을 만들 수는 없다는 것이 중론이다. 또 아픈 환자를 옮기는 것을
AI 로봇이 할지언정 따뜻한 사랑의 메시지나 위로의 말은 감성을 가진
인간이 할 수밖에 없다.

한국경영자총협회의 회장 박병원은 앞으로의 일자리 증가는 관광·
게임·드라마·음악 등의 콘텐츠, 엔터테인먼트, 스포츠·레저, 문화예
술 및 관련 산업 등의 분야라고 강조하였다. 따라서 문예 분야는 여전
히 사람의 창의성과 감성을 통해서 창작해야 하는 인간의 주체적인 역
할이 계속 이어진다는 것이다.

다섯째, 전공만 고집하지 말고 폭넓고 유연한 사고로 직업을 구하
자. 직업을 선택할 때 많은 보수를 원하는 사람, 안정 지향적인 직업을
최우선으로 하는 사람, 직업을 통해서 보람과 성취감을 얻고자 하는
자아실현의 욕구를 충족시키고자 하는 사람들로 다양하다. 이런 부류
의 사람 외에도 그저 취직하여 출근할 곳만 있어도 좋다는 사람도 허
다하다. 그만큼 취직하기가 어렵고 힘들다는 뜻이다.

미국에서 1992년부터 2008년까지 대학 졸업생의 경우 약 40%는 전공과 상관없는 직종에서 일한다고 한다. 한국도 직업능력개발원에 따르면 2011년 기준 인문계열 대졸자가 전공과 상관없는 일자리에 취직한 비율은 무려 44.9%로 사회 계열(30.5%), 공학 계열(23.4%)보다 월등히 높았다고 한다.

또 2016년 미국에서 직장인 1,205명을 대상으로 설문조사를 참여한 직장인 중 '현재하고 있는 일을 평생직업으로 생각한다'라는 응답자는 19.0%에 불과했다. '현재 근무 중인 회사가 평생직장이다'라는 응답자는 8.7%에 그쳤다. 이같이 선진국인 미국에서조차 '평생직업, 평생직장'은 많지 않다는 것을 볼 수 있다.

참고: 미래전략정책연구원, 『4차 산업혁명의 미래』, 2017, p.281

미래의 불확실함 때문인지 우리나라에서도 2016년 4월에 시행된 9급 공무원 시험에 16만 명이나 응시하여 경쟁률이 39.7대 1이나 되었다고 한다.

지금 시점에서 미래에는 어떤 직업이 낫다고 말할 수도 없으나 창의적이며 자아를 실현하는 직업을 구한다면 더없이 좋을 것이다.

여섯째, 수학 때문에 자연계열을 포기하지 말고 가고 싶은 학과를 찾아가자. 자연계열에 가고 싶은 학과가 있다면 대학을 하향지원해서라도 가야 한다. 사람은 의외의 변수가 많아서, 지방대학 자연계열 학과를 나와서, 대학원을 상향 지원하여 유학까지 갔다 오는 학생도 있다. 수학·물리 과목을 포기하는 순간, 선택할 수 있는 직업의 수는 3분의 2 이상 줄어들고 경쟁자는 그만치 많이 늘어나니 그 얼마나 불행한 일인가? 노력하고 뜻이 있다면 언제나 세상은 여러분의 것이다.

일곱째, 자기에게 주어진 천성(天性)을 간직하며 윤리 도덕을 실천하자. 많은 학자가 머리 좋고 공부 잘하는 사람보다 인성과 인품, 배려의 마음을 가진 사람이 성공할 확률이 높다고 한다.

결론적으로 4차 산업혁명으로 인간의 일자리가 비록 줄어들더라도 고급인재에 대한 수요는 갈수록 증가할 것으로 전문가들은 말한다. 스포츠에서 일류 선수들은 미국의 메이저리그에서 스카우트하듯 실력을 갖춘 인재는 언제나 다국적 기업의 영입에 우선순위가 될 것이다.

• 4차 산업혁명과 AI •

2016년 3월 구글의 알파고(AlphaGo)가 한국 바둑의 기린아 이세돌을 4:1로 이겼고, 1년 뒤에 중국 1인자 커제(柯潔) 선수까지 3:0으로 이겼다. 로봇이 인간의 사고를 뛰어넘었다는 사실에 충격을 받았다.

인공지능(AI: Artificial Intelligence)이란 컴퓨터가 지능을 가지고 인간처럼 스스로 생각하고 판단하는 것을 말한다. 전에는 단순히 힘쓰는 노동에만 사용된 로봇이 이제는 AI를 장착하고 인간의 고유 영역인 지적 노동까지 할 수 있게 되었다. 영화〈터미네이터〉같은 일이 현실로 다가온다는 사실이다.

앞으로 운전기사가 없는 자율주행차가 달리는가 하면, 3D프린터로 만든 케이크를 먹게 되며, 드론을 이용하여 물건을 배송할 것이다. 미국에서는 최초의 로봇 약사가 등장하고, 미국 내 10여 개 병원에서 이미 로봇이 암 수술을 지원하고 있다.

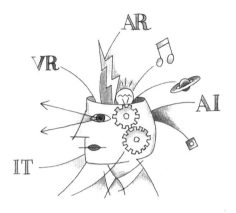

유럽에서는 알고리즘을 이용하여 재판한다는 소리가 들린다.

화가나 음악가, 작가, 기자 등 인간 고유 영역이었던 감성과 직관의 직종까지 AI가 전 영역의 직업을 위협하며 다가오고 있다. 더 나아가 학자들은 인공지능 기술이 계속 발전한다면 기계 자체가 스스로 학습을 하여 인간의 지능을 뛰어넘게 될 수도 있다고 한다. 컴퓨터가 사람과 같은 지능을 갖추게 되어 이제는 스스로 진화할 수 있게 된다는 '기술적 특이점(Technology singularity)'을 2045년쯤으로 예측하더니, 요즘은 2035년으로 앞당겨졌다.

참고: 김대식, 『인간 VS 기계』 동아시아, 2016, p.5

4

경제생활과
돈

경제생활은 물질생활이다

인간의 가장 큰 목표는 행복이다. 그러나 자본주의 사회에서 행복을
추구하기 위해서는 불가피하게 재화(=재물=돈)가 필요하다. 인간이 먹
고 입고 살아가기 위한 일에 경제활동이 아닌 것이 없고, 죽을 때까지
생계를 위한 경제생활에서 벗어날 수 없다. 경제란 인간 생활에 필요한
재화(財貨)와 용역(用役)을 생산·분배·소비하는 활동과 관련된 행위의
일체를 뜻한다.

대한민국도 빠른 경제 성장으로 물질적인 의식주는 기본적으로 해결
되어 잘 산다고 말할 수 있다. 그러나 '빵만으로 살 수 없다'라는 것이
오늘날의 생각이다. 사실 인간의 욕망은 물질적 한계에 갇히지 않는
다. 인간은 단순히 먹고 입고 사는 동물이 아니라 자주적 창조적 문화
활동을 즐기면서 사는 이성적 존재이다. 즉 더 많은 창조적 문화 활동
을 획득하고자 끊임없이 경제활동을 하는 발전적인 존재이다.

경제라는 용어는 원래 '경세제민(經世濟民: 세상을 경영하여 백성을 구한다)'에서 왔다. 이것은 사회의 지도층인 정치인·기업인·지식인·사회지도자·가진 자 등이 '세상을 경영하여 백성을 구한다'라는 뜻이다. 그런데 지도층이 솔선수범은커녕 더 많은 부(富)를 움켜잡으려고 난리를 치니 항상 사회가 혼란하다. 그래서 '윤리·도덕 없는 경제는 악'이란 소리까지 나온다.

사실 돈을 버는 목적은 부유한 물질생활을 누리는 데 있다고 보는 견해가 지배적이다. 하지만 돈을 많이 번 사람이 물질생활만 탐한다면 인간의 낮은 수준의 욕망만을 실현하는 데 그칠 뿐이다. 자신의 부(富)를 보다 큰 목적, 즉 사회적 협조를 위해 사용한다면 자신뿐만 아니라 많은 사람을 행복의 길로 인도하게 될 것이다.

맹자는 자본주의가 탄생하기 전에도 "윗사람이 이익을 탐하다 보면 상하가 서로 죽이면서까지 빼앗지 않고는 못 배기는 세상이 될 것"이라고 경고했다.

옛날에 도둑 셋이 무덤을 도굴해 황금을 훔쳤다. 축배를 들기로 하고 한 놈이 술을 사러 갔다. 그는 오다가 술에 독을 탔다. 혼자 다 차지할 속셈이었다. 그가 도착하자 두 놈이 다짜고짜 벌떡 일어나 그를 죽였다. 그 사이 둘이 나눠 갖기로 합의를 본 것이다. 둘은 기뻐서 독이 든 술을 나눠 마시고 모두 죽었다. 황금은 길 가던 사람의 차지가 되었다.

아무리 먹고살 만하여도 살인·절도·폭력 등의 범죄나 사람 사이의 송사는 끊이지 않고 생겨난다. 짐승보다 못한 탐욕 때문에 생긴 범죄이며, 이기심 때문에 생기는 문제이다.

이제 대한민국의 경제 규모는 선진국 수준으로 발전하였다. 하지만 국민의 정신(의식) 구조는 아직 후진국 수준이다. 사실 경제가 아무리 사회 발전에 중요한 역할을 한다 해도 경제는 인간의 물질적 수요를 충족시키는 데 기본 사명이 있을 뿐이다. 모든 사람이 잘 살고 충족하기 위해서는 경제는 계속 성장해야겠지만, 정신(의식)개혁을 통해 사상·문화생활을 높이지 않고는 삶의 질이 개선되지 않는다. 즉 정신(의식) 개혁 운동으로 사상이나 문화생활을 향상시켜야 한다. 지금 우리는 돈을 쌓아 놓고도 물질의 노예가 되어 행복하고 즐거워할 줄 모른다. 우리보다 경제적으로 훨씬 못사는 나라가 행복지수가 높다는 사실이 그것을 증명하고 있다.

예부터 '지족자는 상락(知足者 常樂: 만족함을 아는 자는 항상 즐겁다)'이라고 하였다. 삶의 질을 높이려면 정신(의식) 개혁을 통해 내공을 키워야 하는데 이것은 하루아침에 쌓이는 것이 아니다.

끝으로 미래의 경제주체가 될 청소년이 급변하는 직업의 변혁과 경제를 모르고 산다는 것은 눈을 감고 길을 가는 것과 같다. 기본적인 경제 지식과 돈, 정신(의식) 개혁 운동으로 사상이나 문화생활을 향상할 수 있는 소양이 꼭 필요하다.

•독일 5위 갑부 아돌프 매클레•

아돌프 매클레(Adolf Merckle, 1935-2009)는 제약회사, 시멘트회사 등 총 120개 회사를 거느린 독일 재벌이다. 이 재벌그룹(VEM)의 지난해(2008) 총매출은 300억 유로(60조 원)에 달한다. 종업원 수도 10만 명에 이르는 굴지의 회사이다. 그는 할아버지로부터 물려받은 화학제품 도매

회사를 독일 최대 의약품 판매회사로 키우면서 시멘트, 섬유, 소프트웨어 등 사업 분야를 대폭 확장하는 등 뛰어난 사업 수완을 발휘해 왔다.

그는 억만장자임에도 사무실에 자전거를 타고 출근할 정도로 검소했고, 2005년엔 독일 최고 훈장인 연방공로십자훈장을 받기도 했다. 그런데 독일 재산 순위 5위의 거부가 2008년도의 금융위기에서 자신의 투자 실수로 회사가 부도 위기에 몰리자 자살했다고 한다.

돈이란?

돈의 사전적 의미는 '사물의 가치를 나타내며 상품의 교환을 매개하고, 재산 축적의 대상으로도 사용하는 물건'을 뜻한다. 돈은 돌고 돌기 때문에 돈인지 모르지만, 순수한 우리말이다. 한자로는 금전(金錢), 화폐(貨幣), 통화(通貨), 금(金) 등이 있고, 영어로는 머니(money), 캐시(cash), 코인(coin)과 같은 말이 있다.

돈이 생겨난 이래 돈으로부터 자유로운 사람은 한 사람도 없다. '돈! 돈!' 하며 한평생 아등바등 돈 벌려고 악을 쓰는 것도 돈이 그만치 세상을 살아가는 데 있어 꼭 필요하기 때문이다. '돈만 있으면 개도 멍첨지요', '돈만 있으면 귀신도 부릴 수 있다'라는 속담도 있다. 돈이 앞장서면 허허벌판에 도시가 생기고 있던 돌산도 없어지니, 어찌 귀신인들 못 부리겠는가?

사람이 원하는 것을 '부귀영화(富貴榮華)'라 하는데, 역시 부(富)자가 맨 앞에 서는 것을 보면 돈의 위력은 하늘을 찌를 듯하다. 오죽하면 '마른하늘에서 벼락을 맞더라도 돈벼락이면 마다하지 않겠다'라고 했겠는가? 이렇게 돈의 위력이 갈수록 막강해져 돈이 모든 것을 지배하는 세상이 되어 버렸다. 그래서 황금만능주의나 금전 만능주의로까지 치켜세운다.

많은 사람의 고민과 소원은 대부분 돈으로 해결된다. 돈이 없는 가난한 사람은 '사람 나고 돈 났지, 돈 나고 사람 났나?'라고 울분과 눈물을 쏟는다. 어떤 죄수는 '유전무죄(有錢無罪: 돈이 있으면 죄가 없고)요, 무전유죄(無錢有罪: 돈이 없으면 죄가 있다)'라고 절규까지 했다.

많이 배우고 명예와 권력을 갖고 폼 잡고 다니는 사람도 돈 앞에서는 품위는커녕 이성까지 기절시키면서 돈을 좇는 데 열을 낸다. 겉으로는 돈 봉투에 손사래를 하지만, 돈다발을 보면 눈알이 돌고 입꼬리가 귀에 붙을 정도이다.

『탈무드』에 '사람 몸은 마음에 기대고, 사람 마음은 돈지갑에 기댄다.'라는 말도 있는데 딱 맞는 말이다. 이같이 예나 지금이나 동서 할 것 없이 돈은 모든 것의 척도가 되며, 돈이면 다 되는 무소불위(無所不爲)의 생사여탈권(生死與奪權: 죽고 사는 것을 주고 빼앗기도 하는 권한)까지 가지고 있는 것이 돈이다.

이같이 오늘날 돈은 물건을 사고파는 교환의 수단이 아니라 목적이 되었다. 사실 돈이 많다고 그에 비례해 행복이나 즐거움이 큰 것은 아니다. 옛날보다 의식주에 불편이 없고 더없이 좋은데 불행해 보이는 현대인의 모습은 뭔가 공허하기 때문이 아닐까.

사실 돈에 너무 집착하다 보니 돈의 노예가 되고, 몸을 보호하기 위해 옷이 있는데 좋은 옷을 입으니 옷을 보호하는 데 자꾸 신경을 쓰게 된다. 사람이 잘 살기 위해 집이 있는데 집이 너무 좋고 안에 비싼

게 많다 보니 사람이 집을 지키는 개가 된다. 자신을 잃어버린 채 사물에 매여 행복하지 못하다. 이것을 불교 용어로 '전도몽상'이라 한다. 전도(顚倒)는 모든 사물을 바르게 보지 못하고 거꾸로 보는 것이고, 몽상(夢想)은 헛된 꿈을 꾸면서 허상에 매달려 힘들게 살고 있다는 얘기가 있다.

그런데 청소년들조차 73%가 이 세상에서 가장 중요한 것이 돈이라고 했다. 심지어 출세하고 돈 벌기 위해서는 방법을 가릴 필요가 없다는 문항에 65%의 청소년들이 '그렇다'라고 응답했다.

참고: 이순희, 「청소년의 돈에 대한 건전한 가치관 형성연구」, 2006.

이 같은 청소년의 생각은 작금(昨今)의 사회상과 기성세대의 반응에서 나온 결과이다. 지금부터라도 바람직한 돈에 대한 철학과 가치관의 정립이 필요하다고 생각한다.

'개같이 벌어서 정승같이 쓴다'

속담의 표현이 좀 거칠지만, 돈을 벌 때는 더럽고 힘든 일을 가리지 않고 고생하며, 번 돈은 귀하게 쓴다는 뜻이다.

어느 할아버지의 자수성가한 이야기를 들어보자

청소년 시절에 집이 워낙 가난하고 배고파서 무작정 서울로 올라왔다. 때는 1950년대 전쟁 후라, 모두 먹고살기 힘들었다. 구두닦이, 넝마주이, 똥지게 지기, 지게꾼, 막노동 등 밑바닥의 일을 안 해 본 것이 없다. 밥은 굶거나 꿀꿀이죽(미군 부대에서 먹다 남은 음식 찌꺼기를 다시 끓인 죽)으로 때우고, 심지어 잘사는 동네의 쓰레기통을 뒤져 먹기까지 하였다. 허름한 옷차림은 영락없이 거지였다. 잠은 청계천의 쪽방에서 새우잠을 자기 일쑤이다. 누가 뭐라 하든 간에 살기 위하여 몸부림쳤다. 몇 푼이라도 벌면 쓰지 않고 모았다. 리어카를 사서 시장 주변에서 채소장사를 하고, 겨울에는 호떡 장사를 하였다.

그렇게 10년이 지나서야 철물 가게를 장만할 수 있었다. 처와 함께 가게에서 온종일 붙어 일하였다. 건설 경기로 물건이 없어 못 팔 정도다. 사실 장사가 잘되면 피곤해도 피곤치 않다. 밤늦게까지 일한 뒤에 돈 포대를 들고 단칸방에 쏟아 놓으면 돈이 수북하게 쌓인다. 지린내 나는 돈이지만 돈을 세는 재미는 누구도 모른다. 새벽까지 계산 마치고, 씻고 잠을 4시간 정도 자고 또 가게 문을 연다. 그렇게 몇 년을 벌었더니 부자 소리를 듣더라.

이 자리에 오기까지 죽을 고비도 많이 넘겼다. 몸에 성한 곳이 없을 정도이며 결핵으로 고생도 해 봤다. 싸움도 많이 했고 죽도록 얻어터지기도 하였다. 어음을 받아 재산을 날리기도 하고, 돈을 떼어 망했다 싶은데 다시 살아났다. 갖은 욕과 구두쇠, 노랑이, 짠돌이, 자린고비, 수전노와 같은 소리를 들으면서 부자가 되었다. 지금은 나의 재산 중 일부를 학교에 기증하고 여생을 보내고 있다.

해방 후 1세대 할아버지의 억척스러운 돈 벌기에 대한 교훈을 엿봤다.

• 목표를 구체적으로 잡는다. 무슨 일이나 목표가 없으면 뜬구름과 같다.

• 세상에는 공짜가 없다. 모두가 비싼 수험료를 지불하며 배웠다.

• 급하게 서두르지 말라! 다 때가 있는 법이다. 돈을 좇는다고 돈이 들어오고 부자가 되는 것이 아니다.

청소년, 세상에 서다

- 돈 벌고 부자 되는 데 비법이나 묘책은 절대 없다. 하루아침에 벼락부자가 된 사람치고 오래가는 부자는 없다.
- 돈 없을 때보다 부자 소리 들을 때가 더 위험하다. 더 겸손하고, 신중해야 한다. 수많은 사업가가 부귀영화를 꿈꾸다 소리 없이 사라졌다.

참고: 한상복, 「한국의 부자들」 위즈덤하우스, 2003, 그 외 10종 이상

잘살면서 성공한 인생을 위하여

부자는 물질적인 재산이 많은 사람을 뜻한다. 먹고살 만한 정도가 되었다면 이제는 물질적 욕망을 채우기보다는, 마음을 부유하게 해야 진정한 부자라는 것이 나중에 나온 부자 이론이다. 물질적으로 재산을 많이 쌓아 놓고도 스스로 행복할 줄 모르고, 가족 간의 불협화음으로 만족스럽지 못한 생활이라면 부자가 무슨 의미가 있겠는가? 그러므로 경제적으로 의식주가 해결되었다면 정신(의식) 개혁을 통해 사상·문화 생활 수준을 끌어올리고 삶의 질을 높이는 것이 우선이다.

이러한 부자가 되기 위해서 중요한 것 세 가지만 강조해 본다.

첫째, 온 힘을 다하여 자신에게 투자하라! 청소년 때는 자신의 집이 부자이든 아니든 간에, 자신에게 온 힘을 다하여 투자하라고 권하고 싶다. 여기에서 자신에게 투자함이란, 인성 공부와 지식 공부를 말한다. 필요한 지식, 기술, 경험과 체험, 학교생활, 종교 생활, 동아리(취미) 활동, 각종 훈련 등으로 자신을 확충하고 키워야 한다. 또 이런 활동을 통해 생기는 친구나 선후배의 인맥도 중요한 무형자산이다.

둘째, 근면 검소한 생활 습관이 부자로 가는 지름길이다. 근면하고

검소한 생활 습관이 전통적인 부자의 덕목이다. 근면하다는 것은 일(노동)을 열심히 한다는 뜻이요, 검소하다는 것은 함부로 재물을 낭비하지 않는다는 뜻이다. 중국 속담에 '대부(大富)는 하늘에서 내고, 소부(小富)는 근검에서 나온다'라고 했다. 세계의 대부에 관한 책이나 우리나라 재벌 열전을 읽어 보면 하나같이 모두 근면하고 검소한 생활을 하였다. 이것은 누구나 다 아는 말이지만 실천은 어렵다.

요즘은 검소가 지나쳐 부자가 돈을 쌓는 재미로만 사는 짠돌이라면 경제적으로 문제라고 한다. 현대 경제에서는 돈을 쓰고 소비하는 것도 큰 미덕이라고 하니, 부자가 돈을 쓸 때는 풀어써야 한다. 경제용어 중에 '낙수(落穗)효과'라는 말이 있다. 가을 추수 뒤에 떨어진 벼 이삭을 주워 먹는 사람이나 새들이 있는 것처럼, 부자들이 좀 소비를 해야 가난한 사람이 먹고살 수 있다는 말이다. 세계은행에 의하면 28억 인구가 하루에 2달러로 살고, 11억 인구가 1달러로 겨우 목숨을 유지한다고 한다.

이제는 부자가 되면 기부도 하고, 봉사도 하고, 없는 사람에게 베풀어야 한다.

셋째, 노동 정신을 갖고 질 좋은 직업을 갖는 것이 부자로 가는 지름길이다. 모든 소득의 근원은 육체노동이든 정신노동이든 노동이다. 노동을 통해서 돈을 버는 것이 근로소득이다. 근로소득을 높이는 것이 부자가 되는 지름길이며 근로소득을 높이려면 자신이 노동의 질을 높이는 것이 우선이다. 요즘 직업이 좋은 사람은 연봉이 1억이나 된다. 그런 사람은 남보다 뛰어난 지식이나 기술을 가지고 있어서 연봉이 높다. 어느 유명한 기업체의 구호가 '미치지 않으면 미칠 수가 없다(不狂不及불광불급).'고 했듯이 자기가 하는 일에 미쳐야 한다.

청소년, 세상에 서다

예컨대 월드컵이나 미국 메이저리그에서 일류 선수는 천정부지의 연봉을 받는다. 자기가 하는 일을 미친 듯이 하였기 때문에 천부적인 재능으로 발전하여, 보는 사람을 열광하게 하니 돈을 벌어들일 수밖에 없다.

그리고 부자가 되려면 근로소득으로 벌어들인 돈을 저축하여 목돈(종잣돈)을 마련한다. 이 목돈 만들기가 어렵고 세월이 걸린다. 이 목돈을 마중물로 비유하는 사람도 있다. 펌프에서 물을 올리려면 처음에 한 바가지의 마중물을 집어넣고 펌프질을 해야 물이 쏟아진다. 마중물과 같은 목돈은 10여 년간 흘린 땀과 찡한 눈물이 밴 돈이다. 이 종잣돈은 자신의 생명과 같아 정성을 다하여 돌보고 노력하면 결국은 물이 콸콸 쏟아지듯 돈다발이 쏟아져 부자가 된다. 이같이 사업이 잘되면 사업소득을 얻게 되고 더 나아가 재산소득(이자·배당·임대료 등)을 얻게 된다. 재산소득까지 얻게 되면 사실상 도깨비 방망이나 화수분과 같아서 돈은 계속 쌓이게 된다.

결론적으로 사람마다 국가마다 시대마다 차이는 있을지언정 잘살면서 성공한 인생을 위하여 밤낮으로 피눈물 나는 노력을 해야 한다는 교훈이다. 또한 4차 산업혁명으로 직업이 확 변하니 청소년들은 지금부터 자수성가의 꿈을 안고 철저한 준비로 기회를 잡기 바랄 뿐이다.

· 부자의 품격 ·

옛날에 부자를 '천석군', '만석군'이라 불렀는데, 이때의 군(君)은 '임금 군'이다. 옛날 사람들도 부자를 임금과 같은 반열로 대접하였음을 알 수 있다. 그런데 군(君)이 제 역할을 못하면 노름꾼, 사기꾼의 '꾼'이 된다. 돈을 어디 쓰느냐에 따라 졸부·명부·의부로 품격을 나눈다.

• 졸부(猝富)는 갑자기 부자가 되어 거드름 피는 부자로 꾼에 해당한다. 노력보다는 갑자기 부모의 재산을 상속받았거나 토지보상으로 부자가 된 사람 등을 말한다. 외제 차를 타고 다니면서 폼 잡는 사람으로 주변 사람에게 아주 인색한 사람이다. 아는 것이라곤 재미난 것, 먹거리 사냥 하는 것과 정력을 쏟는 것뿐이다. 부창부수로 그 부인도 오직 얼굴 성형 과 의상에만 관심뿐이다. 불가의 고승들은 이런 사람들이 죽고 나면 금 줄로 칭칭 감은 큰 뱀의 몸으로 다시 태어나는 금사망보(金絲蟒報)의 과 보(過報)를 받는다고 한다.

• 명부(名富)는 경주 최부잣집 같은 부자이다. 주변 100리 안에 굶어 죽 는 사람이 없게 하고, 과객 대접을 후하게 하고 흉년에 가난한 사람이 헐 값에 내놓은 땅을 절대로 사지 말자고 다짐한 부자였다. 경주 사람들은 최부자를 단순한 부자가 아닌 경주의 비공식 임금(君)으로 존중하였다.

• 의부(義富)는 의로운 일에 돈을 쓰는 부자이다. 진주시 지수면의 5백 년 부잣집이었던 허씨 집안이 여기에 해당한다. 만석군 허씨 문중에서는 돈을 모아 의장답(義莊畓)을 만들었다. 일종의 공익재단이다. 흉년에 배 고픈 사람을 먹여 주고, 공공사업에 돈을 썼다.

참고: 「조선일보」 「조용헌 살롱」

Part 6

철학적
사고와 발전

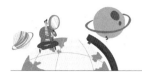

이 장은 청소년 자신의 생존과 발전을 위하여 세계관, 사회역사관, 인생관 등의 본질적인 면을 서술했다. 이러한 본질적인 문제는 깊은 사고(思考)와 철학적인 지식이 필요하다. 왜냐면 사람의 행동은 그 사람의 사고 즉 내면의 철학과 신념에 따라서 미래의 삶의 방향이 결정되기 때문이다.

인류가 이런 철학적 사고로 끊임없이 진화·발전을 위해 참고 견디며 노력했다는 사실이다. '진화발전'이란 하등에서 고등으로 복잡하고 형편없는 것을 더 낫고 아름답게 개혁시켜 바람직한 세상을 향해서 나아간다는 뜻이다.

청소년들도 철학과 건전한 사상을 가지고 배우고 노력한다면 여러분의 미래가 바람직하게 전개되리라 믿는다.

1

인간의
철학적 사고와 세계관

철학과 진화 발전

학문은 크게 자연의 변화 발전에 관한 자연과학과 인간사회가 어떤 존재이고, 어떻게 운동하며, 발전하는가에 관한 (인문)사회과학으로 크게 나눌 수 있다. 대개 모든 학문은 그 이름만 듣고도 무엇을 연구하는 학문인지 알 수 있으나, 철학은 무엇을 연구하는 학문인지 의문을 일으킨다.

철학(哲學 Philosophy)이란 이름은 그리스어의 필로소피아(philosophia)에서 유래하였다. philos는 '사랑하다, 좋아하다'는 뜻의 접두사이고, sophia는 '지(知 앎)'라는 뜻이다. 지(앎)를 사랑한다는 애지(愛知)의 뜻이다.

고대부터 철학의 대상은 일정치가 않아, 자연과 신 그리고 인간에 이르는 다양한 정의를 철학자들의 수만큼이나 토해냈다. 오늘날 이 우주 자연에서 인간만큼 위대하게 진화하고 탁월한 문화를 이룬 신비로운 존재는 없다. 인간이 사유하고 행하는 학문이든 문화이든 간에 그

청소년, 세상에 서다

에 따른 의미(본질)·가치·목적 등 전 과정을 근본적인 바탕에서 파고 드는 것이 철학이라 할 수 있다.

예컨대, 교육적인 정책이나 행위를 했을 때 그 의미가 무엇이며, 가치가 어떠하며, 목적이 무엇인가를 탐구하고 비판하며 바람직한 교육의 발전 방향을 제시하는 역할이 교육철학이라 할 수 있다. 그래서 모든 학문에는 철학을 전제하지 않으면 안 된다. 정치에는 정치철학, 예술에는 예술철학, 과학에는 과학철학 등이 있다. 이같이 인간이 살아가면서 보다 발전적이고 미래 지향적인 아름다운 삶을 위해서 철학은 모든 학문의 모체라고 할 수 있다.

본 6장은 황장엽의 '인간중심철학'을 원용하여 서술하였다. 인간중심철학이란 '우주 세계에서 가장 발전한 것은 인간이기 때문에 인간을 중심으로 하여 세계를 보라는 뜻'이다.

'우리나라는 좁고 부존자원도 없으니, 철학과 건전한 사상만이라도 똑바로 가지고 살면 크게 잘못되는 일이 없을 것'이라고 했다.

철학과 관련된 단어 중에 관(觀), 주의(主義), 사상(思想), 이념(理念)에 대한 어려운 용어가 있다. 개념 차이는 좀 있겠지만 서로 비슷한 뜻으로 체계적이고 논리적인 생각이나 견해를 바탕으로 철학을 포괄하는 용어이다.

· 동화 속에 나타난 철학의 뜻 ·

옛날에 어느 나라의 왕이 세 아들 중 누구에게 왕위를 물려줄지를 고민하고 있었다. 왕은 세 아들에게 일 년의 시간을 주면서 세상에서 가장 귀하고 값 있는 물건을 구해 오는 아들에게 왕위를 물려주겠다고 했다. 1년이 지난 뒤에 세 아들이 왕에게 가려고 약속된 장소에 모였다.

맏아들이 구해 온 것은 어디서나 자신의 궁궐을 볼 수 있는 거울이었고, 둘째 아들은 올라타기만 하면 어디든지 순식간에 갈 수 있는 융단을 구해 왔다. 셋째 아들은 세상의 모든 병을 치료할 수 있는 만병통치약을 구했다.

궁궐의 소식이 궁금하던 세 형제는 우선 맏형의 거울로 궁궐을 봤더니, 왕이 병들어 위독하다는 사실을 알게 되었다. 형제들은 서둘러 융단을 타고 달려가 만병통치약으로 왕을 구했다.

이 동화에서 철학은 아마도 앞날을 내다보는 '거울의 역할'이라고 할 수 있고, 개별과학들은 융단이나 만병통치약처럼 구체적인 문제를 해결하는 역할을 한다고 볼 수 있다.

• 황장엽(黃長燁, 1923.-2010.)과 인간중심철학 •

그는 모스크바 대학에서 철학을 전공한 세계적인 석학이다. 그는 '나의 철학 연구는 책상머리에서 추상적이고 개별적인 자문자답의 과정에서 나온 것이 아니라 50년간 북한의 치열한 사회주의 건설 과정에서 나온 철학'이라고 술회하고 있다.

그는 1965년부터 김일성 종합대학 총장(14년간), 최고인민회의 의장(11년간)을 거쳐, 북한의 요직(장관급)을 두루 거쳤다.

특히 그가 북한에서 주체철학을 창도했지만 1인 독재를 위한 철학으로 변질되어, 그 폐해가 '운동권 학생들'에까지 오염되어 문제가 되었다. 그는 1997년 대한민국으로 와서 다시 수정한 것이 '인간중심철학'이다.

그는 하루에 1식하며 북한의 실상과 통일, 인간중심철학 강연을 위해 동분서주하며, '시대정신'에서 20여 권의 책을 출판하였다. 대전 현충원에 안장된 묘비문에는 아래와 같은 글이 적혀 있다.

'개인의 생명보다는 가족의 생명이 더 귀중하고,

가족의 생명보다는 민족의 생명이 더 귀중하며,

민족의 생명보다는 인류의 생명이 더 귀중하다.'

인간의 진화발전

인간은 1천만 년 전에 유인원에서 분류되어 오랜 시간 동안 동물(원인猿人)과 같은 생활을 영위하였다. 차츰 직립 보행하며 두 손을 자유자재로 사용하고, 지능발달과 도구사용으로 이어져 원인(原人-백만 년 전)으로 진화되어 불까지 사용할 줄 알게 되었다. 이런 진화과정을 통해 15만 년 전 구인(舊人:네안데르탈인)을 거쳐, 3만 년 전에 생각하는 사람(호모사피엔스Homo Sapiens)의 신인(新人:크로마뇽인)으로 진화하였다고 인류학자들은 설명한다.

유인원(類人猿) → 원인(猿人) → 원인(原人)

→ 구인(舊人) → 신인(新人) → 현대인

이 같은 장구한 인간이 진화발전 과정에서 겉으로 털북숭이를 벗는 등의 신체적인 변화보다도 두뇌 작용에 의한 발전 수준이 월등하다는 것이다.

원래 모든 동물의 생명체는 생명의 중심인 두뇌 즉 뇌수(腦髓 The Brain)가 관리한다. 뇌수는 동물의 신경계를 총괄하는 중추(中樞) 기관이다. 대개 동물은 자기 몸무게의 130분의 1이나 사람은 약 47분의 1(≒2%)이며 피와 산소의 4분의 1을 사용한다고 한다. 뇌수 무게가 꼭 지능을 좌우하지는 않지만, 인간의 뇌수는 다른 동물보다 매우 월등하게 발달하였다고 한다. 더구나 인간은 기억된 표상을 머릿속에서 연결하고 분리할 수 있는 추상적 추리능력이 월등하며, 오늘날 컴퓨터를 이용한 추상적 사유기능은 가히 무한대로 뻗어 나갈 수 있다는 것이다.

인간이 우주 세계에 수많은 만물 중에 인간만큼 진화되고 인식하는 생물체는 없다.

1. 유인원(類人猿) : 침팬지, 오랑우탄, 보노보, 긴팔원숭이 등을 말하며 임신 기간도 평균 231일이나 오랑우탄은 275일, 인간은 평균 270일 정도가 된다.

2. 뇌수(腦髓)의 무게 : 오랑우탄-400g, 침팬지-500g, 향유고래-9900g, 원인(猿人)-500g, 원인(原人)-1000g, 구인(舊人)과 현대인-1350g, 신생아-400g.

인간의 본질적 특성(우월성)

인간의 본질적인 특성을 보통 '이성적인 존재', '도구의 인간', '유희의 인간', '문화적 존재', '사회적 존재' 등으로 알려져 있다. '인간중심철학'에서는 인간의 본질적인 특성(우월성)을 '자주성', '창조성', '사회 협조성'으로 설명한다.

자주성(自主性)

오늘날 자유민주주의의 시대의 최고의 가치가 자유인데 '자유성'이라고 하지 않고 '자주성'이라고 한 말에 눈여겨봐야 한다. 자주성에는 문자의 뜻대로 '스스로 주인이 되어 건전한 심신을 보존한다'라는 뜻이

내포되어 있다. 자율의 의미도 있으며, 자기 삶의 주인으로서의 보존 활동을 말한다.

생후 19개월 만에 열병으로 눈과 귀가 멀어 버린 헬렌 켈러는 자신의 장애를 극복하고 정상인보다 더 열심히 산 사람이다. 물론 뒤에서 사랑과 봉사의 설리번 선생의 적극적인 보살핌 속에 스스로 자주적인 교훈을 마련한 전설적인 인간승리자라 할 수 있다.

이같이 인간은 다른 대상과의 상호작용에서 스스로 주도적으로 행동하며, 피동에 빠지지 않고 자기를 보존하기 위한 자주성이 모든 동식물 중에 제일 뛰어나다.

원래 인간은 생물학적 존재로 동물에서 진화되었기 때문에 동물적인 잔재가 아직도 많이 남아 있다. 그래서 육체를 건강하게 보존하는 한계를 넘어 육체적인 충족을 탐해서 쾌락에 빠진다면 동물만도 못한 사람이 되는 것이다. 따라서 육체적 욕망을 절제하고 참아 가면서 자기 운명의 주인으로 자신을 책임지겠다는 정신이 바로 자주성이다.

어느 지성인이 이렇게 외쳤다.

주인이 없는 물건은 도난을 당하기 쉽고,
주인이 없는 논밭은 황폐해지기 쉽고,
주인이 없는 가정은 불행해지기 쉽고,
주인이 없는 회사는 도산하기 쉽고,
주인이 없는 단체는 부실하기 쉽고,
주인이 없는 나라는 멸망하기 쉽다.

– 염석창, 「인생의 길」, 시사문학

만일 개인의 자주성만을 귀중하게 여기고 공동체의 구성원이 사회와 국가에 협조하고 단결할 줄 모르면 침략자들 앞에 무릎을 꿇게 된다는 사실을 잊어서는 안 된다.

창조성(創造性)

인간은 자연에 존재하지 않은 어떤 사물을 새로 만들어 내는 창조적 능력이 있다. 이러한 인간의 창조적인 능력이 창조성 또는 창의성으로 '새로운 것을 만들어 인간 생활에 새롭고 편하고 재미있게 더 붙이고 조직화하는 종합적인 인간의 능력'이라 할 수 있다. 이것은 동물과 구별되는 인간의 중요한 특징으로 자주성과 더불어 창조성을 인간의 본질적 특성이라고 할 수 있다.

창조성은 정신적 측면과 물질적 측면의 두 면을 가지고 있다. 과학적 인식과 그것을 실천에 구체화한 기술과학과 전략 전술과 같은 것은 다 창조성의 정신적 측면이다. 또 자연에서 얻은 물질적 힘을 현실 생활 요구에 맞게 객관적 대상에 체현시킨 기술수단과 같은 것은 창조적 힘의 물질적 측면이라 할 수 있다.

이 같은 인간의 창조성은 두 측면에서 자주적인 삶의 질을 높이고 인식하고 실천하기 때문에 동물과는 다르게 진화발전을 하였다고 볼 수 있다. 또 인간의 창조적 힘에 의한 과학과 기술의 발전에는 끝이 없고, 앞으로 인간은 '4차 산업혁명'으로 인공지능을 갖춘 AI의 컴퓨터를 만들어 가공할만한 '기술적 특이점(Technology Singularity)'이 20년 안으로 다가온다고 얘기한다. 이렇게 된다면 인간은 신에게나 붙일 수 있는 무소불위(無所不爲)의 위력과 전지전능(全知全能)의 경지로 발전하여 상상할 수 없는 일이 펼쳐질 것으로 전망하고 있다.

자주성과 창조성은 인간 생명력의 가장 기본적인 특성이라 할 수 있으며 서로 밀접하게 연관되어 상호 의존하고 있다.

아무리 창조적 재능이 뛰어나도 자주성이 약한 사람, 약한 민족은 자주적으로 발전하기가 어렵다. 인간의 자주성과 창조성은 발전하면 할수록 더욱 빠른 속도로 발전하는 것이 특징이다.

• 인간의 창조성과 아르키메데스 •

기원전 로마시대의 아르키메데스(Archimedes, BC 287?-212)의 일화를 보자. 그가 살던 기원전 213년은 지중해의 패권을 놓고 2차 포에니 전쟁에 휩싸여 있었다. 그가 사는 시칠리아섬의 시라쿠사 왕국이 로마의 공격을 받고 있었다. 로마는 그 섬을 장악해야 지중해의 해상권을 지배하기 때문에 연일 공격에 나섰다. 당시 그는 70세가 훨씬 지난 노학자이지만 나라의 위기를 구하기 위해 각종 투석기 등의 신병기를 만들어 막강한 로마군과 대항하였다. 로마군을 이끈 장군은 플루타르코스 영웅전에도 실려 있는 유명한 마르켈루스 장군이다. 시라쿠사성을 함락시키기 위해 다양한 전략 전술을 펼쳤으나 먹혀들지 않았다. 성을 지키고 있는 병사들은 머리조차 내밀지도 않고 성 밑을 빠끔히 내려다보면서 투석기로 공격하니 로마군은 사상자만 늘어났고 사기는 점점 떨어졌다. 해가 바뀌어 로마 장군은 공략할 묘수를 궁리하던 중 시라쿠사지방의 풍습인, 아르테미스 여신의 축제가 열리는 밤에는 포도주를 진탕 마시고 곤드레만드레 취하는 관습에 초점을 맞췄다. 로마 장군은 1천 명의 날렵한 병사를 뽑아 성문 감시병을 죽인 뒤에 성안에서 문을 열어젖혀 함락되었다.

이때 아르키메데스도 병사에게 죽임을 당한다. 2년에 가까운 항쟁 속에 로마군을 괴롭힌 한 과학자의 창조적인 힘이 4개 군단의 힘과 같다고 마르켈루스 장군은 고백하고 있다.

그는 고대 그리스의 수학자이며 물리학자로 '아르키메데스의 원리'를 발견했으며, 수학을 실용적으로 발전시킨 대학자였다.

참고: 시오노 나나미, 「로마인 이야기」 「플루타크 영웅전」

• 대한민국의 창조성 •

미국의 과학정보연구소(Institute for Scientific Information, ISI)라는 유명한 기관이 있다. 이 기관은 주로 세계적인 학술 논문 분야 정보수집을 분석하여 발표하는 권위적인 기관이다. 이 ISI에서 2007년 세계적인 원천기술의 모체가 되는 최우수 연구논문을 발표한 학자들을 1등에서부터 5000등까지 선발한 결과를 분석하여 발표하였다(동일한 등수의 연구자가 있어 합계 5천 명 이상이 된다).

- 1위: 미국 4,029명
- 2위: 영국 434명
- 3위: 독일 260명
- 4위: 일본 258명
- 5위: 캐나다 185명
- 6위: 프랑스 159명
- 7위: 스위스 113명
- 16위: 중국 21명
- **27위: 한국 4명**

조사 대상국 29개 가운데 한국은 GDP(국내총생산) 순위는 13위인데 세계적인 학자가 4명뿐이다. 이 표를 가지고 대한민국 창조성의 위상을 판단하기에는 부족할는지는 몰라도 객관적인 비교표에 의하면 우리의 갈 길은 멀고 바쁘다. 미국은 세계의 유명한 학자를 60% 이상 보유하고 있으니 그만큼 자주성과 창조성이 강한 선진국이라 할 수 있다.

참고: 송희연, 「나도 글로벌 인재가 될 수 있다」, 역사공간, 2011.

사회 협조성

인간이 아무리 자주성과 창조성이 있고 용쓰는 힘이 있다 하더라도 개인 혼자서는 아무것도 할 수 없고 생존할 수조차 없다.

자주성·창조성·사회적 협조성은 몇몇 동물이나 곤충 세계에서도 본능적인 삶의 형태로 미미하게 남아 있다. 그것을 교육한다고 의사가 되고 과학자가 되는 것이 아니다. 인간의 사회적 협조성은 질적으로 매우 다른 우월성을 갖고 진화했다. 소설 『로빈슨 크루소』는 인간이 사회를 떠나 살 수 없고, 자연에 맡겨진 한 인간은 얼마나 나약한가를 보여준 이야기이다.

동물과 달리 인간은 자주성, 창조성 그리고 사회 협조성을 통해 올바른 사회적 의식을 고취하며 목적 의식적으로 사회적 재산과 사회적 관계를 연속성 속에 계승 발전시켜 가고 있다.

사회적 재산이란 사람이 만든 유형·무형의 모든 사회적 자산이나 사회적 관계를 말한다. 사회적 재산이나 사회적 관계는 인간과 떨어져서 홀로 운동할 수 없으며, 인간도 사회적 재산이나 관계를 떠나면 나약한 존재이다. 총 한 자루에 총탄만 있으면 큰 사자와 같은 맹수도 무서울 것이 없다.

·인간은 사회성과 교육을 통해서만이 인간이 될 수 있다·

1920년 10월 인도 캘커타 서남 약 110km 지점에 있는 동굴 속에서 어린아이 울음소리를 듣고 사람들이 2살과 8살짜리의 여자아이를 구해 나왔다. 2살짜리는 죽고, 8살짜리는 영국인 목사 부부의 극진한 보호와 교양을 받으며 17살까지 살다가 병에 걸려 사망했다.

여자아이는 어릴 때부터 야생개의 습성에 따라 행동하였다. 물을 마시는 것도 개처럼 혀로 핥았으며, 서서 다니지 않고 기어 다녔다. 서서 걷는 것을 배웠어도 급하면 기어 뛰었다. 낮에는 어두운 방구석에서 얼굴을 벽에 대고 자는지 움직이지 않고 있다가 밤에 나와서 다녔다. 사람들이 접근하면 물려고 으르렁거렸다. 17살 된 몸은 완전히 다 자란 처녀이지만 지능은 4살 정도의 어린이 수준이었다고 한다. 이런 실화를 바탕으로 영국의 러디어드 키플링이 『정글북』을 써서 많이 알려진 얘기가 되었다. 인간에게 사회성과 교육이 얼마나 중요한가를 교훈적으로 제시한 글이다.

인간의 사회 협조성의 우월한 특징을 좀 더 구체적으로 알아본다.

첫째, 사회적 공동체가 목적 의식적으로 잘 살고 발전하고자 하는 노력이 강한 발전의 원동력이 된다.

개인이 잘 살기 위해 노력하는 개인적 생명(력)이 있듯이, 사회적 집단도 목적의식을 갖고 실현하고 발전하기 위한 사회적 생명(력)이 있다. 이런 사회적 생명력이 강하면 강할수록 발전의 원동력이 크나 그것은 사회 협조적인 바탕에서만 이루어질 수 있다.

사람이 자신의 목표를 이루어졌을 때 기쁘고 행복에 젖을 수 있듯이, 사회 집단도 원하는 바가 실현되었을 때 그 집단은 기쁘고 발전한다. 이것은 사회 협조성과 밀접한 관계가 있으며, 인간의 발전에 중요한 원동력이 된다.

둘째, 인간은 사회 협조성을 통해 자기 생활력을 객관적 대상에 체현시켜 누구든지 이용할 수 있도록 한다.

인간은 목적과 행동의 통일을 보장하며 협력·협조를 실현하기 위해

청소년, 세상에 서다

간단한 신호체계를 언어로 발전시켜 나갔다. 언어를 통해서 인간의 축적된 지식을 객관적으로 표현하고 사회적 집단이 보편적으로 이용할 수 있게 사회 전반에 반영시켰다.

예를 들어 큰 공장에서 가동하고 있는 기계설비들은 다 물질적 존재이거나 개조된 자연물이다. 개조된 자연물은 자연환경에 따라 운동하거나 작용하지 않는다. 이것들은 인간의 정신적 힘과 결부되어 자연적 존재와는 다르게 인간의 의지에 따라 인간의 요구에 맞게 운동하고 작용하는 개조된 물질적 존재이다. 이런 물질적 존재는 인간의 생활을 체현하며, 사회적인 생산 활동에 노동으로 이용되고 있다.

셋째, 인간은 목적 의식적으로 사회 협조성을 통해 계속 사회관계와 협력을 확대하며 강화해 나간다.

사람들이 서로 협력 관계를 맺음으로써 고립된 개인으로서는 지닐 수 없는 막강하고 위대한 협력의 힘을 가질 수 있게 되었다.

서로 다른 100명의 기능기술자가 목적의식을 갖고 협조를 하게 되면 그 힘은 백배가 아니라 천 배, 만 배의 질적으로 다른 힘을 얻게 된다. 그 결과 자동차와 비행기를 만들고, 우주를 유영하는 우주선을 만들 수 있었다(물질의 구성요소와 결합방식이 달라지면 물질의 성질도 달라진다). 이러한 인간의 사회적 협력·협조 범위가 이제는 한 나라의 국경과 이념을 넘어 공생공존의 울림이 세계로 뻗어 나가고 있다. 즉, 21세기의 새로운 문명은 저절로 오는 것이 아니다. 서로 의존하며 더불어 공생 공존하는 진화된 인간상을 'Homo Reciprocus(호모 레시프로쿠스-상호의존하는 인간)' 또는 'Homo Symbious(호모 심비우스-공생하는 인간)'의 탄생으로 전 세계가 하나의 거대한 문명네트워크로 연결되어 서로 협조·협력하는 지구촌의 시대로 흘러가고 있다. 따라서 사회적 협조성은 자주성, 창조성과 아울러 인간의 삼대 본질적 특성으로 인간이 영원하고 밝은 미래세계로 이끌어 가는 원동력임을 부인할 수 없다.

·남극 황제펭귄의 생존 방법과 협동정신·

남극의 혹독한 추위가 영하 40도 이상으로 몰아칠 때 황제펭귄 백여 마리가 둥그렇게 얼차려 자세로 촘촘하고 꼿꼿하게 서 있는 것을 보면 정말로 품격 있는 신사와 같다. 더구나 바람을 안고 있는 펭귄들은 죽을 맛인데도 그들의 협조성은 한 치의 흐트러짐이 없이 미동조차 하지 않고 서 있는 것 같다. 황제펭귄의 생태를 연구한 결과 바람을 안고 있는 바깥 새와 안에 있는 새가 계속 돌아가면서 번갈아 교대하는 지혜로 그 추위를 견디어 낸다는 사실을 알아냈다.

우주세계와 인간(세계관)

인간은 이 세계에서 탄생하고 호흡하고 의식주를 해결하며 살기 때문에 세계관을 알아야 한다. 세계관이란 인간 밖에 존재하는 우주 세계의 기본 특성이 무엇이며 그것이 인간의 생존과 발전에 어떤 역할을 가지는 가를 밝혀 주는 견해를 말한다.

그렇다면 이 우주 세계는 언제 탄생했을까?

우주 세계는 137억 년 전에 대폭발(Big bang)에 의해 형성되었으며, 태양계가 형성된 것은 약 45억 년 전으로 과학자들은 추측하고 있다. 지구가 형성되어 무기물질에서 복잡한 유기물로, 더 나아가 생분자의 화학적 진화 과정에서 생명체가 발생하여 자연 세계로 진화하는 데는 또 45억 년의 장구한 세월이 흘렀다고 말한다. 이 과정에서 중요한 것은 생물체가 탄생한 것이 기적이고, 인간이 나왔다는 것이 기적 중의 기적이라 말한다.

인간의 과학적 인식이 미약했던 옛날로 올라갈수록 인간의 운명은 눈에 보이지 않는 어떤 초인간적인 힘(존재)에 좌우된다고 생각하거나, 거대한 힘을 가진 대상에 대해서 외경심(畏敬心)을 갖고 신비화하며 숭배하였다. 동서양의 지역마다 샤머니즘·토테미즘·애니미즘 등과 같은 사상이 나왔으며 오늘날에도 영향을 주고 있다.

- 샤머니즘(Shamanism) - 원시적 종교 형태의 하나로, 신령 악령 등의 초자연적 존재와의 교류를 통한 주술적 기도와 신앙 행위.
- 토테미즘(Totemism) - 미개사회에서 씨족·부족 집단이 특정의 동식물이나 자연물을 신성시하는 행위.
- 애니미즘(Animism) - 종교의 원초적인 형태의 한 가지로 특히 자연계의 모든 사물에 영혼이 존재한다는 생각이나 신앙심.

• 샤머니즘과 인간의 정신 •

BC.283년 경, 중국 업(鄴)이란 고을에서 있었던 일이다. 이곳은 큰 강을 끼고 있어서 무당이 하백(河伯: 물귀신)에게 처녀를 바치는 수신제가 해마다 있으니 원성이 있을 수밖에 없다. 나라에서 서문표(西門豹)라는 현명한 읍장을 뽑아 골칫거리를 해결하라고 보냈다.

강가에 높은 제단을 설치하여 처녀를 앉혀 놓고 굿판이 흥을 돋우는 가운데, 읍장이 모든 정황을 살핀 뒤에 크게 소리쳤다. "하백 신에게, 예쁜 처녀를 다시 구해 오겠다고 무당이 직접 가서 전해라." 하고는 무당을 묶어 강물로 던져 버렸다. 한참 기다려도 아무 소식이 없자, 작은 무당을 불러서 "다시 너희들이 들어가 고하라"며 또 물에 던져 버렸다. 아무런 소식이 없자, 굿을 하자고 한 유지들을 불러 모아 "당신들이 직접 알려야겠다."라는 말을 했다. 그들은 엎드려 이마를 땅에 부딪치고 울면서 잘못을 빌었다. 현명한 읍장으로 그 이후 미신은 타파됐다. 인간의 과학적 인식과 무지했던 옛날에 이런 일은 비일비재하다. 심지어 '순장(殉葬)'이란 악습도 있었고, '마녀사냥'이란 것도 있었다.

오늘날 과학발전으로 인간이 1969년에 아폴로 우주선을 타고 38만 4,400km 있는 달에 착륙했다. 요즘은 화성에 우주 탐사선을 보내는 한편, 200억 광년의 은하계까지 살피며 '거시(巨視)세계'의 무한한 우주 세계를 연구하고 있다. (*빛의 속도는 초당 30만km로 1년간 나가는 거리를 1광년⟨=9조4,670km⟩)

한편 눈으로 직접 볼 수 없는 '미시(微視)세계'도 과학 기재가 발전할수록 작은 소립자인 원자에서부터 대장균이 5천 종의 생분자로 구성되었다는 것을 알게 되었다. 이처럼 과학자들의 끝없는 연구에도 거시·미시세계에서 밝힌 부분은 10% 수준에 불과하며, 대부분은 암흑세계와 암흑물질로 앞으로 계속 연구하고 해명해야 할 몫이라고 한다.

현재 과학자들이 밝혀낸 우주 세계의 본질적인 특징은 모든 물질이 홀로 고립적으로 존재하는 것이 아니라 서로 상관관계를 갖고 존재한다. 서로 끌어당기고 밀쳐내며 긴밀한 관계를 갖고 자기 보존을 위해 운동(작용)을 한다는 것이다. 특히 이 우주 세계에서 인간만큼 질적으로 발전 수준이 높은 존재는 없다는 것이다. 물론 아직도 자연의 엄청 난 양적인 화산폭발이나 지진, 쓰나미, 토네이도, 사막화 등과 같은 거대한 자연재해로부터 인간이 완전히 벗어나지 못했다. 또 모든 생물체는 자연 세계에서 탄생했다가 공룡처럼 사라지듯이 90% 이상이 멸종되었고, 그나마 있는 생물체도 인간이 관리하지 않으면 곧 사라질 위기에 있다는 문제가 제기되었다. 이러한 문제 해결에 믿을 수 있는 것은 인간의 자연과학 발전밖에 기댈 곳이 없다. 인간의 과학발전은 1~2백 년의 짧은 기간이지만 자연의 수십억 년에 이룬 진화를 뛰어넘었다는 사실이다. 즉 인간이 자연 세계에서 탄생했지만, 자연법칙에 순응하면서 사는 존재가 아니다. 따라서 인간의 미래가 곧 우주 세계의 미래이며, 세계의 미래가 인간의 노력 여하에 달려 있다는 세계관이 설득력이 있어 보인다. 이 세계에서 모든 사물의 운명은 가장 자주적이며 창조적인 능력과 목표지향적인 인간에 의해 규정되는 것이 옳다는 생각이 든다.

참고: 황장엽 『세계관』시대정신, 2010.

인간의 운명을 스스로 바꿀 수 있는가?

오늘날까지 '타고난 숙명론이 옳다.'는 측과 '운명을 얼마든지 바꿀 수 있다.'라는 주장이 맞서고 있다.

옛날에는 운명(Fatalism)이 미리 정해진 필연적 법칙에 따라 일어난다고 하는 숙명론(宿命論)이 지배적 주류였다. 과학적 인식이 부족할 때, 미리 정해진 날에 죽도록 운명이 정해져 있어서 노력을 기울여도 재앙에서 벗어날 수 없다는 숙명관이 대세를 이루었다.

인간의 운명을 바꿀 수 있다는 것을 주장하기 위해서는 모든 사물이 변화 발전할 수 있다는 과학적 진리나 변증법적 철학 이론이 전제되지 않으면 안 된다. 사실 운명(運命)이란 글자에도 '움직일 운(運)'의 뜻과 명(命) 자에 '목숨이나 명령(하늘의 명령)'의 뜻이 있다.

세계관에서 말했듯이 인간의 운명은 자주적이며 창조적인 능력과 목표지향적인 인간 자신에 의해 규정되기 때문에 바람직한 미래를 실현할 수 있다는 철학적 신념을 가지고 노력하는 자세가 필요하다.

• 운명은 깊은 사고와 실천에서 변할 수 있다 •

전국시대 때 제(齊)나라에 전영이란 정승이 있었다. 그는 첩에게서 갓 태어난 5월 5일생의 '문(文)'이라는 아들을 버리라고 했다. 어미는 그 자식을 몰래 키워 청소년 때쯤 정승에게 데리고 갔다. 전영은 "내 이 아이를 버리라고 하였거늘 어찌 애를 키웠느냐?"며 호통을 친다. 반듯한 문은 인사를 하며 당당하게 말한다.

"정승께서 저를 기르지 않으려고 하시는 까닭이 무엇입니까?"

"5월에 난 아들의 키가 방문 높이와 같게 되면 부모에게 해롭다."

"사람이 태어날 때 명(命)을 하늘에서 받는 것입니까? 아니면 방문에서 받는 것입니까? (정승이 말문이 막혔다) 명을 하늘에서 받는다면 정승께서 근심하실 필요가 없고요, 만약 명을 방문에서 받는다면 방문을 높이면 되는 것이지요."

정승: 알았다. 내가 잘못했다.

이후 전영은 모든 일을 아들 문에게 맡기었다. 그가 천하의 빈객이 3천 명에 이르렀다는 맹상군(孟嘗君)이다. 그는 진나라에서 계명구도(鷄鳴狗盜)로 살아 돌아왔다.

·변증법적(辨證法的) 철학·

아리스토텔레스(Aristoteles, BC 384-322)의 시대는 과학이 발전하지 못했을 때이다. 우주 세계도 고정불변한 운동을 반복한다고 보는 형이상학적(形而上學的: 신·영생·내세 등으로 인간의 사유에서만 존재하는 추상적이며 관념적인 뜻) 사고방식을 갖고 있었을 시기이다. 과학이 발전함에 따라 변증법적 사고가 필요하였다. 독일의 철학자 헤겔(Hegel, 1770-1831)은 변증법적 사고방식에 의한 철학 체계를 수립하고 기존의 형식논리학과 변증법적 사고방식을 대치시켰다. 변증법이란 사물발전의 특징을 밝혀주는 철학 이론으로 마르크스가 유물변증법으로 발전시켰다. '유물변증법(唯物辨證法)'이란 인간을 포함한 자연 세계의 실재(實在: 실질적 존재)를 물질로 보고, 모든 물질(사물)은 변화·발전한다고 보는 철학 이론이다. 즉, 인간의 창조적 능력이 발전함에 따라 자연계도 서서히 끊임없이 변화·발전함을 알게 되었다.

마르크스(Karl Heinrich Marx, 1818-1883)는 지난 세기에 가장 세계

적으로 영향력을 끼친 독일의 철학자이며 공산주의자로 세계 곳곳에 많은 흔적을 남겼다.

참고: 동아백과사전

2

사회
역사관

인간의 생존은 유구한 과거로부터 현재, 그리고 현재에서 미래로 끝없이 계속되는 연속적 과정이다. 또 인간은 혼자 고립적인 존재가 아니라 반드시 서로 협력하고 더불어 사는 집단공동체, 즉 사회를 이뤄야 생존과 발전을 보장받을 수 있다. 이러한 사회가 어떻게 운동하며, 어떠한 역사과정을 거쳐 진화발전을 하였으며, 앞으로 인류 역사는 어떤 식으로 전개되는가를 가늠하고 추정하는 것이 사회 역사관이라 할 수 있다. 특히 오늘날 공산주의가 망했으나 망령이 되살아나 우리 사회를 또다시 혼란으로 부추기고 있다.

원시사회에서부터 봉건사회까지

원시공동체 사회 → 고대 노예제 사회 → 봉건사회

혈연을 바탕으로 공동체를 이루고 매우 낮은 단계의 문화 수준에 있었던 원시공동체 사회에서 고대 노예제 사회가 출현한다.

멜 깁슨 감독의 '아포칼립토'라는 영화에서 강한 집단이 약한 공동체를 폭력으로 지배하여 노예화하는 과정을 그린 영화이다. 이 영화에서처럼 지배당한 집단은 노예집단으로 변하여 새로운 계급사회가 출현하는 계기가 되었다. 고대 노예제의 형태는 시대에 따라 지역에 따라 차이가 있었겠지만 가혹한 계급적인 지배 형태로서의 노예제는 모든 곳에서 전해지고 있다.

노예제는 인간을 짐승과 같이 취급하고 심지어 족쇄까지 채워 가혹하게 다룬 사회제도이다. 그러나 노예는 생각하는 인간이기 때문에 끝까지 저항하며 죽음도 마다하지 않는 것이 동물과 다른 점이다. 그러므로 전쟁을 하여 포로를 끌어오든가 사 올 수밖에 없는 것이 노예제의 한계이다.

노예제는 치열하고 끊임없는 전쟁이나 경쟁에서 이기고 승리하려면 인간의 자주성·창조성·협조성을 강화하여 피나는 투쟁과 노력을 해야 한다는 교훈을 주고 있다.

역사는 아이로니컬하게도 이 교훈을 존중하고 지킨 민족은 흥하고, 이 교훈을 잊고서 편안하게 안주하며 노력하지 않는 민족은 멸망할 수밖에 없다는 것을 보여 주고 있다.

어쨌든 고대 노예제 사회는 개인이나 사회집단에서 관철된 실력 본위의 경쟁원리로 뚜렷한 역사적 교훈을 남겨 주고 있다.

청소년, 세상에 서다

봉건사회의 출현과 특징

초기 봉건사회의 왕들은 노예제 사회처럼 주로 힘에 의한 군사적 무력으로 정권을 잡고 모든 땅과 사람들을 지배하며 통치했다. 지배자인 왕은 부하들이나 혈족과 친지들에게 공과(功過)나 친소(親疎)와 충성도에 따라, 귀족 신분적 위계에 따른 토지 소유의 봉토(封土)를 주는 것으로 변화·발전했다. 왕은 자신의 특권적 지위를 계속 누리고자 아예 신분을 고정하여 세습화를 꾀하면서 그 땅과 사람들을 관리하고 다스리게 하였다. 즉 신분제도를 고착화하며, 계급의 세습화를 이룬 것이 봉건제도라 할 수 있다. 봉건사회는 군사폭력으로 정권을 수립하고 유지하며 안정을 꾀하다가 상황에 따라 전쟁도 불사하였다.

봉건사회의 생업은 주로 농업이나, 문제는 통치자들이 폭정의 수탈로 이어진다면 백성들은 굶주림에 고달픈 삶이 계속될 뿐이다.

중세 이후에도 서양의 봉건 통치자들은 절대왕권에 도취하여 여전히 호의호식하며 사치와 타락 속에 살았다. 때로는 어린아이를 옥좌에 올려놓고 개념도 없이 살았으니 계급사회인 봉건사회는 쇠퇴하여 무너질 수밖에 없었다.

오랜 인고(忍苦)의 세월 끝에 봉건사회는 무너지고 법질서 위에 자유와 평등한 권리를 체득한 휴머니즘의 새로운 민주주의 사회가 열리게 되었다.

휴머니즘과 자본주의의 탄생

휴머니즘(Humanism)의 연원은 고대 희랍 사상이나 동양의 불교·유가 사상까지 거슬러 올라갈 수 있다. 그러나 휴머니즘이 하나의 정신 개혁 운동으로 대두된 것은 르네상스 시대라고 할 수 있다. 당시 중세의 상실된 '인간의 자유와 창조적 정신'을 르네상스를 통해서 추구하고자 하는 휴머니즘의 핵심 사상이 인문주의(人文主義) 사상이다. 인간에 대한 자유와 사랑을 구현하는 인문주의 사상은 동서양의 시대에 따라, 글 쓰는 사람에 따라 인본주의, 인간주의, 인도주의, 인간존중사상 등으로 폭넓게 쓰이며 휴머니즘(Humanism)이라는 이름으로 포괄할 수 있다.

이후 서양의 르네상스에서 발아된 인간의 자유와 창조적인 휴머니즘이 종교개혁과 산업혁명으로 이어지는 변혁이 일어났다. 이러한 변혁들로 인간은 무한한 발전의 기회를 얻게 된다.

반봉건민주주의 혁명의 구체적인 형태는 지역에 따라 다양하게 나타났지만 대개 18세기 프랑스혁명을 전형적인 것으로 보고 있다. 이 같은 혁명을 통하여 군주의 전제적 독재와 신분 계급제도가 무너졌다. 따라서 모든 권리가 국민에게 있다는 주권재민(主權在民)의 사상이 퍼지면서 자유와 평등 속에 새로운 민주주의가 발전할 수 있었다. 특히 중요한 것은 재산에 대한 소유권이 국가 권력으로부터 분리되어 개인의 사유화가 되어 누구도 침범할 수 없이 신성시되었다는 점이다. 이러한 일련의 획기적인 일은 참으로 인류 역사상 유례없는 큰 혁명적 변혁이라할 수 있다.

또 경제생활에서도 농업 중심에서 상공업을 중심으로 하는 산업사회로 바뀌었다. 상공업은 주로 인간의 자주적·창조적으로 지식과 기술, 자본에 의하여 생산하고 교환하는 산업이라 할 수 있다. 당시에 상공인을 포함한 자본가들은 역사 무대에 새로 등장한 가장 우월하고 선진적인 계층이라 할 수 있다. 그들은 스스로 마련한 자본을 바탕으로 생산적인 일을 개척해 나가는 현실적인 행동주의자라 할 수 있다.

자유와 평등사상에 따른 변화에 사람들이 분출하고자 하는 욕구도 제각각 다양해서 사회가 안정되기까지는 오랜 세월이 필요하였다. 낡은 봉건질서를 유지하자는 보수 세력들의 저항도 만만치 않았을 것이다. 특히 초기 자본주의의 발전 과정에서 비합리적이며 비인간적인 결함들이 많이 나타났을 것이다. 자본주의의 부정적인 폐해로 나타난 반대 사상이 사회주의(=공산주의)로, 공산주의 국가도 20세기 초에 탄생한다.

그러나 자본주의 국가는 자유경쟁을 통해 경제를 비롯한 정치, 사회, 문화 등 모든 분야에서 발전의 원동력이 되어 인류 역사상 짧은 기간에 기적적인 놀랄 만한 업적과 발전을 하였다고 볼 수 있다.

· 상인정신과 자본주의 ·

일찍이 우리나라를 비롯한 동양에서는 사농공상(士農工商)이라 하여 상인을 얕보고 천시하는 경향이 있었다. 그러나 봉건시대를 혁파하고 새로운 근대사상을 여는 데 절대적인 역할을 한 것은 상공인들이었다. 그들은 적극적인 경제활동과 재화를 축적하는 새로운 선진계층으로 자본주의를 개화시켰다.

원래 상인은 물건을 팔고 사는 과정을 통하여 이해관계를 흥정하는 능력이 특히 뛰어난 사람들이다. 상인은 물건을 싼값으로 사서 비싼 값으로 팔기 위하여 여러 장소를 왕래하며 많은 사람과 접촉하며 세상 물정과 인심을 파악하는 능력과 식견이 있었다. 때로 대륙을 누비는 대상이나 멀리 해상무역을 위해 바다의 기후 변화나 풍랑 같은 항해기술도 익히며, 선원들을 통솔하고 관리하는 능력까지 소유해야 했다. 때로는 해적이나 산적들과 싸우기 위해서 군사기술도 겸비해야 했다. 외국의 상인들과 그 나라 관리들과의 관계를 잘 유지하기 위해서는 좋은 매너와 외교능력까지 갖추는 것도 필수적이다. 신라 때 장보고의 이야기에서 그러한 사실을 엿볼 수 있다.

서양에서 그리스인들은 기원전부터 지중해를 중심으로 항해하며 문명의 발생지인 이집트의 높은 문화를 받아들여 그리스 화(化)하며 다시 로마·유럽에까지 영향을 끼쳤다. 기원전 로마가 통일하기 전에 이미 시칠리아섬에까지 그리스인들이 도시국가를 세울 정도로 찬란한 문명을 자랑한다. 서양문명이 모두 반도인 그리스나 로마에서 만개했고 헬레니즘(Hellenism) 사상의 진원지가 무역 상인들의 열린 사고에서 발생하였다.

그들은 더 나아가 공산품까지 만들어 생산과 판매를 하며 산업혁명까지 일으킨다. 원래 상인들의 상품 교환은 평등의 원칙을 통해 등가(等價: 같은 값이나 가치)교환으로 이루어진다. 이 같은 상인들의 직업적 특성에 자유와 평등사상을 바탕으로 봉건 통치제도를 혁파하는 데 성공할 수 있었다.

공산주의의 붕괴와 북한, 그리고 자본주의의 미래

공산주의 국가의 탄생과 붕괴

초기 자본주의 발전 과정에서 빈부의 격차가 벌어지면서 불평등과

청소년, 세상에 서다

비합리적이며 비인간적인 결함들이 불거져 나타났다. 부자가 가난한 사람을 노예처럼 부리는 일이다. 이런 현상을 보고 지식인들이 봉건시대 지배계급의 착취가 다시 돈 많은 자본가에 의한 착취 형태로 바뀐 것에 불과하다며 자본주의에 대한 회의와 반대 요구에서 나타난 것이 사회주의이다.

원래 인간은 개인적 존재로서의 면과 집단적 존재로서의 양면성을 함께 갖고 있다. 사회(공산)주의는 본질상 집단주의에 바탕을 둔 민주주의 사회이다. 즉 사회(=공산)주의는 인간사회를 개별적으로 보는 것이 아니라, 하나의 큰 사회집단으로 보고 생산수단의 사회적 소유와 계획경제를 통해서 모든 것을 해결한다는 뜻이다.

사회주의 중에서 더한 급진파들은 못사는 사람들의 이익에 맞게 사회를 이끌어 가자는 요구의 저항도 있었다. 급진파들은 대체로 평균주의의 입장을 주장하였다. 영국혁명 때 이런 사람들을 '수평파(水平派)'라고 불렀다. 평등의 원칙과 평균주의는 같지 않다. 평등의 원칙은 차별 없이 똑같은 조건에서의 자유로운 경쟁을 하지만, 평균주의는 약자가 패배할 수 있는 경쟁 자체를 반대한다.

당시 영국 수평파의 요구나 프랑스혁명에서 급진파들의 요구를 받아들이지 않고 자본가들의 요구를 옹호하는 방향에서 추진시킨 결과 오늘날 선진자본주의의 번영을 가져올 수 있었지만, 공산주의 사회는 속으로 곪아 붕괴하여 사라졌다.

그렇다면 공산주의는 왜 붕괴하였을까?

한마디로 자유로운 경쟁과 개인의 창조성을 막게 되면 개인과 사회집단이 발전하고자 하는 욕구가 억제되어 하향 추세가 된다. 이것은 모든 사람이 빈부의 차이는 줄지언정, 사회 발전은 없고 자연 도태되어 사라진다는 것이 철칙이다. 당시 사회(공산)주의자는 개인 중심의 자본주의 사회를 충분히 이해하지 못하였고, 집단중심의 사회주의가 더 진보적인 체제일 것이라고 상상하였다.

실제 개인의 이익에는 스스로 밤낮을 가리지 않고 온갖 정성을 다하여 보살피나, 집단의 일은 대강 하며 시간만 때우려는 것이 보편적인 인간의 속성이다. 또 개인의 이익이나 요구는 쉽게 체득하고 알 수 있지만, 사회집단의 이익은 상대적으로 알기가 어렵다. 즉 일을 열심히 하여도 돌아오는 평가는 똑같고 자기만 손해 본다는 생각이 먼저 들기 때문에 대충 하는 인간의 속성과 습성을 무시한 공산주의는 공상(空想)으로 남을 수밖에 없었다.

•어느 경제학 교수의 평균점수•

미국 어느 대학교에 경제학의 노교수가 있는데 학생들에게 학점을 후하게 주는 교수로 유명했다. 그 교수는 오랫동안 경제학을 가르쳐 왔지만 단 한 명에게도 F 학점을 준 적이 없었다. 그런데 이번 학기에 수강생 전원에게 F를 주는 믿지 못할 일이 일어났다.

그 사정은 이러했다. 학기 초 수업시간 중에 교수가 오바마 대통령이 주장한 복지정책을 비판하자, 학생들이 교수의 생각이 틀렸다며 논쟁이 붙었다. 당시 오바마 대통령의 복지정책은 미국의 국민이라면 그 누구도 지나치게 가난하게 살아서는 안 되며, 평등한 사회에서는 누구나 다 평등한 부를 누릴 수 있어야 한다는 것이었다.

청소년, 세상에 서다

교수가 학생들에게 누구의 주장이 옳은지를 알아보기 위해 시험 성적으로 실험하자는 것이었다. 시험을 치른 후에 수강생 전원의 평균점수를 모든 수강생에게 똑같이 준다는 것이었다.

이 실험은 누구나 다 평등한 부를 누릴 수 있어야 한다는 복지정책의 타당성을 알아보기 위한 것이었다. 궁금하기도 한 수강생들은 이 실험에 모두 동의를 하였고 그 학기 수업은 예정대로 잘 진행되었다.

얼마 후 첫 번째 시험을 치렀는데 전체 학생들의 평균점이 B가 나와 학생들은 모두 첫 시험점수로 B 학점이 되었다. 공부를 열심히 한 학생들은 불평했지만 놀기만 했던 학생들은 손뼉을 치며 좋아했다. 얼마 후 두 번째 시험을 쳤다. 공부하지 않는 학생들은 계속 놀았고, 전에 열심히 하던 학생들은 '내가 열심히 공부하더라도 다른 학생들과 평균을 내면 어차피 B 학점 이상 받기는 틀렸어'라고 생각하고 시험공부를 전처럼 열심히 하지 않았다. 그 결과 전체 평균은 D가 되어 모든 학생이 D 점수가 되었다. 그러자 학생들의 불평이 커졌다. 하지만 열심히 공부하는 학생들은 거의 없었다. 열심히 해 봤자 공부를 안 한 애들만 좋은 일을 시켜 주는 거라는 생각을 하고 있었다.

3번째 마지막 고사에서는 전체평균이 F로 나왔다. 그래서 약속에 따라 모든 학생이 F 학점을 받게 되었다. 학생들은 서로를 비난하고 욕하고 불평했지만 정작 아무도 남을 위해 더 공부하려 하지 않았기 때문에 모든 학생이 F 학점을 받게 되었다. 마지막 시간에 교수가 실험 결과를 요약해서 발표했다. "여러분이 F 학점을 받았듯 이런 종류의 무상복지 정책은 필연적으로 망하게 되어 있다. 사람들은 보상이 크면 노력도 많이 하지만 열심히 일하는 국민의 부를 정부가 빼앗아서 놀고먹는 사람들에게 나누어 준다면 아무도 열심히 일하지 않을 것이다. 그런 상황에서 성공을 위해 일할 사람은 없지요."

그 교수는 이 실험의 결과를 5가지로 언급했다.

① 부자들의 재산을 빼앗아 가난한 사람들을 부자가 되게 할 수는 없다.

② 한 명이 공짜로 혜택을 누리면 다른 누군가는 반드시 보상 없이 일해야 한다.

③ 정부는 누군가에게서 강제적으로 징수한 것으로 다시 나누어 준다.

④ 부를 분배함으로써 부를 재창출하는 것은 불가능하다.

⑤ 국민의 절반이 일하지 않아도 나머지 절반이 먹여 살려 줄 것이란 생각은 국가 쇠망의 지름길이다. 참고: 카카오톡에서 알려준 글.

마르크스의 계급투쟁과 붕괴

19세기에는 사회주의와 공산주의가 구별 없이 같은 개념으로 사용되었다. 특히 마르크스(Marx)주의자는 아무것도 갖지 않는 무산계급(無産階級)의 독재론을 통해 사회주의 국가를 이행하다가 계급사회가 없어진 다음에 진정한 이상적인 공산사회가 건설된다고 주장하였다.

'공산당은 무산계급(노동자계급=프롤레타리아)이 가장 선진계급이기 때문에 전체 인민의 이익을 대표하여 정권을 장악하고 독재를 하는 것이 인민 대중의 이익에 맞고 민주주의 원칙에도 맞는다'라는 것이 소위 마르크스의 무산계급독재론(=프롤레타리아독재론)의 기본개념으로 공산주의 근간이 된다.

마르크스의 계급론에 의하면, 재산이 있는 유산자(有産者)와 없는 자(무산자) 즉 노동자와 자본가 사이를 2분법으로 서로 대결시키고 투쟁

청소년, 세상에 서다

하는 방식으로 탄생시킨 것이 공산주의이요, 그 이념을 가지고 세운 나라가 공산국가이다. 사실 무산계급이란 '아무것도 갖지 않고 다 빼앗긴 파산된 계급으로 이기주의가 없는 계급이라고 했다. 그들이 독재 정권을 잡아야 완전하고 평등한 민주주의를 실현할 수 있다.'라는 것이 마르크스의 이론이다.

그러나 무산계급만이 독재를 해야 평등한 민주주의를 실현할 수 있다는 것은 비논리적이다. 또 약한 자를 도와주고 동정하는 것은 좋으나 가난해질수록 마음이 더 착하고 이기심이 없다는 것은 어불성설(語不成說: 말이 사리에 맞지 않음)이다. 우리 속담에 '사흘 굶어 담 아니 넘는 놈 없으며, 광에서 인심 난다'라는 말이 있듯이, 인간의 속성도 모르고 하는 소리이다. 대개 가난하고 어려울수록 체면이든 예절이든 상관치 않고 생존하려고 하는 것이 생존 본능이요, 인간의 속성이다.

이러한 마르크스의 이론을 가지고 레닌이 1917년에 볼셰비키 혁명으로 러시아를 공산화하는 데 성공한다(볼셰비키란 러시아 공산당의 전신인 사회민주노동당 정통파의 별칭으로 멘셰비키에 대립된 개념이며 다수파라는 뜻이다). 레닌의 뒤를 이은 스탈린이 마르크스이론을 더욱 발전시켜 '공산당 안에서 가장 탁월한 공산당원이 수령인만큼 수령이 무산계급과 공산당의 이익을 대표하여 독재할 수 있다'라고 주장한 것이 스탈린식 수령독재론이다. 이 스탈린식 수령독재론은 당시 공산 진영의 모든 나라에서 채택한 독재체제 이론으로 그들은 하나같이 전체주의국가가 되어 중병을 앓다가 망했다. 즉 모든 공산주의 국가는 백 년도 못 되어 1980년대 말에 총 한 방 쏘지 않고도 스스로 붕괴하였다. 소련은 해체되었고 러시아를 비롯한 동유럽이나 중국은 개혁개방으로 자본주의의 경제

노선을 채택하여 현재 성장하고 있다. 참고: 황장엽, 「사회역사관」

•『동물농장』에 나타난 전체주의•

『동물농장』은 조지 오웰(1903-1950)이 우화의 형식으로 최초의 공산주의를 문학적으로 비판한 책이다. '좌익 선동꾼들에 의해 거짓은 진리, 폭력은 평화, 억압은 평등으로 둔갑한다.'라고 혹평하였다.

존스 농장의 동물들은 돼지의 영도 아래 혁명을 일으켜 인간의 착취가 없는 '모든 동물이 평등한 이상사회를 건설한다'고 선전했다. 그러나 어느 사이에 돼지만이 특권을 누리게 되고 혁명 전보다 더 심한 착취를 당하게 되며 동물의 의식까지도 지배하는 전체주의적 공포사회가 형성된다는 얘기이다.

북한 정권은 변해야 산다

북한의 김일성도 처음에 스탈린식 수령 독재이론으로 초기의 정권을 유지하였다. 그 이후 두 번째 정권을 잡은 김정일의 봉건 가부장적 이론은 '수령이 있고서야 공산당이 있을 수 있고, 공산당이 있고서야 노동계급이 있을 수 있다. 수령은 당과 노동계급과 인민 대중의 생명의 은인이고 어버이다. 따라서 수령에 대한 절대적인 충성과 효성은 모든 당원과 인민의 생의 목적이다.'라는 것이었다.

현 북한은 마르크스가 생각했던 공산주의 독재와는 아주 다른 봉건 가부장적 군사독재로 유례없는 특유의 왕조 정권이다. 이 강력한 수령이 이기적 폭력적 기만적인 술법과 선전을 결합하여 군을 앞세워 탄압하는 선군정치의 독재체제이다. 3대째의 김정은은 고모부(장성택)를 처

292 　　　　　　　　　　　　　　　　　　　청소년, 세상에 서다

참하게 재판도 없이 죽였고, 충복들이 졸았다고 고사기 총으로 무참하게 죽였다. 2017년 2월에 김정은의 맏형인 김정남도 암살을 당했으니 봉건시대 왕자의 난(亂)에서나 들어 볼 수 있는 얘기가 아닌가 싶다.

북한 정권에서 김일성, 김정일, 김정은의 우상화 정책은 헌법에 명시할 정도이며, 적화통일을 위한 전략 전술은 오늘날까지 변함없이 내려오는 정책이다.

북한은 모든 주민이 '고깃국에 비단옷을 입고 기와집에 잘살게 될 것'이라고 선전했지만 건국한 지 70년이 되어도 그들의 꿈을 이루기는커녕 몇백만이 굶어 죽으며, 극히 일부 권력자만이 호의호식한다.

북한 정권은 변해야 산다. 개혁개방을 하여 주민에게 기본적인 생활만이라도 해결해 주어야 한다.

2018년에 들어와서 돌연 북한은 핵을 없애고 한반도에 평화를 심겠다고 한다.

•공산주의의 전략 전술과 기만•

• 공산주의자는 공산주의 국가를 만들기 위해 너무 많은 사람을 죽였다. 냉전 시대를 포함하여 70여 년 동안 수천만 명의 귀한 목숨을 앗아갔다. 그들은 공공연히 '민주주의는 피를 먹고 자란다!'라고 할 정도로 철저한 전략 전술을 세우고 수단과 방법을 가리지 않고 만행을 저질렀다. 직접 전쟁이나 폭력은 물론 암암리에 기만, 테러, 음모, 회유, 협박, 사보타주(태업怠業) 등 목적을 달성하기 위해 냉혹하고 끔찍한 행동을 서슴지 않는다.

• 반세기 전, 일본 북한계 조총련은 북한을 '인민의 열정과 창의에 의한

지상낙원이며, 웃음과 노래가 시처럼 흘러가는 곳'이라고 선전했다. 이 말에 일본에서 차별받던 재일동포들이 유혹당해 9만 명 이상이 북송되었다. 당시 청진항에 북한 주민 2,000여 명이 환영하러 나왔다가 서로들 보고서 놀랐다고 한다. 지상낙원의 주민들은 헐벗고 야위었으며 하의도 못 입은 아이가 있었다. '거짓말이었어!' 배에서 내리기도 전에 탄식이 흘러나왔다. 북송 동포 중에 감시 대상자는 조용히 사라졌다고 한다. 공산국가가 자유민주국가보다 잘하는 딱 한 가지가 '기만'이라 한다.

참고: 「조선일보」, 「만물상」

• 패망한 월남에서 교훈을 찾자! •

남베트남 즉 월남은 우리처럼 자유민주주의 시장경제의 국가로 남북이 대치 상태였다. 군사력도 정규군 58만 명에 민병대까지 합치면 100만 명, 공군은 1,800대의 전투기를 가진 막강한 군사력을 가진 세계 4위의 나라다. 한때 미군이 50만 명이 월남에 주둔하였으며, 한국과 몇 개국이 월남 전선에서 자유 월남을 돕고 있었다.

그러나 공산주의자들은 항상 전략 전술에 의한 평화와 투쟁을 겸하는 기만적인 전술에 능하다. 1960년대부터 패망 당시 월남에는 약 5만 명 이상의 간첩들이 사회갈등과 혼란을 부추기며 암약하였던 사실이 드러났다(공산당원 9,500명, 인민혁명당원 4만 명으로 전체 국민의 0.5% 정도.)

당시 지식인, 종교인, 대학생, 직업적 좌경인사, 반전운동가 등을 포함한 100여 개의 시민단체와 종교단체가 총동원되어 정부의 중추기관을 장악하여 독버섯과 같이 암약하고 있었다. 심지어 대통령 비서실장, 장관, 도지사 등의 권력 핵심부까지 장악하고 있을 정도였다.

청소년, 세상에 서다

1973년에 파리에서 '전쟁 종결과 평화 회복에 관한 협정'을 맺고 미국 군, 한국군을 비롯한 모든 외국군대는 철수했다. 당시에 반공을 외치고 나라를 위기에서 구해야 한다고 주장했던 애국인사, 언론인들이 다음날 이면 암암리에 시체로 변했다. 1975년 봄에 북베트남의 정규군이 침공하 니 속수무책으로 큰 싸움 한번 없이 월남은 무너졌다. '밑 빠진 독에 물 붓기식의 정신 차리지 못한 나라는 구할 가치조차 없다!'라는 미국 내 여 론과 의회에서 재개입을 거부했다.

월남이 패망한 요인을 간략하게 답한다.

첫째, 국민이 단결하지 못하고 분열되어 망했다.

둘째, 지도층(상류층)이 부정부패로 너무 썩어 망했다.

셋째, 안보의식과 애국심이 없어 망했다.

토아이는 월남 최고명문대학인 사이공대학의 약대 학생회장으로 대표 적인 운동권 시위자로 반미·자주를 부르짖던 시위대의 선봉장이다. 그 를 포함한 월남 좌익세력들, 정치가를 비롯한 종교인, 학생들, 민주세력 들, 예술인 등 모두 수용소로 보내졌다는 사실을 주목해야 한다. 그들은 반역자라는 오명을 가진 채, 공산 월맹군에 체포되어 30개월의 수용소 생활을 한 뒤에 석방된다.

그는 '우리는 속았다. 우리의 무지가 비극을 초래했다.'라고 책에서 밝 혔다.

참고: 도안 반 토아이(Doan Van Toai), 이덕형 역,
『베트남 수용소』, 문예출판사, 1987, 외 「월남의 패망에 관한 논문」

자본주의의 발전과 미래

자유와 평등사상의 민주주의적 원리가 구현되는 휴머니즘에서 자본

주의 사회가 탄생하였다고 하였다. 이러한 혁명적 변혁을 적극적으로 이끌었던 사람은 비교적 신분이 낮았던 '제3의 평민들'인 상공인들로서 사회의 진보적 역할을 주도했다고 볼 수 있다.

상공인에 의한 경제 중심의 사회는 자본에 바탕을 둔 경제생활을 하였기에 '자본주의 사회'로 부른다. 자본주의 사회는 한마디로 돈이 모든 것을 지배하는 사회라는 뜻이다. 이 같은 경제생활은 생산과 소비, 공급과 수요가 시장에서 만나 화폐를 통해 자연스럽게 교환이 이루어지므로 '시장경제'라고도 부른다. 시장경제의 민주사회는 개인들의 자유경쟁을 통해 경제뿐만 아니라 모든 분야의 생활에서 발전의 추동력이 되었다.

200년 남짓한 자본주의 민주사회의 과정은 다른 형태의 사회와 햇수로 비교한다면 이제 걸음마 수준이요, 초기 단계라고 말할 수 있다. 지나간 어느 사회 형태보다도 단기간에 인류 역사상 자본주의 사회는 놀랄 만한 업적과 발전하였다는 데에 이론(異論)의 여지가 없다. 물론 동서고금의 학자 중 실천적으로 실생활에 구현하지 못한 이상사회, 유토피아, 무릉도원, 샹그릴라 등을 꿈꾸며 실현하고자 노력했지만 현 자본주의 사회보다 나은 사회는 아직 없었다.

자본주의는 자유와 평등의 천부인권이란 인간존중사상의 바탕에서 태어났다. 자본가가 사업을 확장하려다 쫄딱 망하면 파산자가 되어 노동자보다 더 못한 처량한 노숙자가 된다. 심지어 자살자도 있으며, 처자식 생각하여 이를 악물고 일어나는 사람도 많다. 다시 밑바닥의 거리 생활에서 호떡 장사 등을 발판으로 오뚝이처럼 기사회생하여 큰 부자가 되어 재산을 사회에 환원하는 사람도 있다. 이런 것이 하나의 자본주의의 장점이요 인간 승리이다.

이 세상의 모든 사상과 제도의 주체는 인간이다. 불완전한 인간에서 나온 것이 완벽할 수는 없듯이 자본주의도 완벽할 수 없다. 그래서 자본주의 발전 과정에서 부(富)의 불평등과 경제공황 같은 여러 가지 시행착오 등을 겪었다. 그러나 자본주의는 사회(=공산)주의 이념과 대립 속에서도 개화하여 계속 발전하고 있다.

따라서 시장경제(자본주의)의 자유민주주의 사회를 계속 개혁·보완해 나가면서 사회주의의 긍정적인 요소를 받아들여 새로운 자유민주주의 사회로 발전시키는 길밖에 없다.

그러나 아직 일부 선진국에서만 자본주의가 개화되었을 뿐 대부분 나라의 자본주의 발전은 낮은 수준에 머무르고 있다. 먼 훗날 전 세계가 선진국처럼 잘 먹고 잘사는 단계로까지 발전하게 되면 하나의 평화로운 지구촌이 도래될 것이다. 즉, 자본주의 사회가 만개된다면 현 국가 본위주의에서 탈피하여 세계화를 추진하게 되고 국가와 국가, 민족과 민족, 종교 등의 대립과 충돌이 완화될 것이다. 더 나아가 세계가 하나의 UN과 같은 국제기구가 활성화되어 세계 평화와 안전을 보장하며 공정한 세계 질서를 마련하여 살기 좋은 지구촌이 될 것이라고 '인간중심철학'은 천명(闡明)하고 있다.

3

청소년의 마음가짐과
대한민국의 발전

대한민국은 나의 조국

대대로 물려받은 조국 강산을
언제나 잊지 말고 노래 부르자!
높은 산 맑은 물이 우리 복지다.
어느 곳 가서든지 노래 부르자!

겨레여 우리에겐 조국이 있다.
내 사랑 바칠 곳은 오직 여기뿐,
심장에 더운 피가 식을 때까지
즐거이 이 강산을 노래 부르자!

– 이은상, 「조국강산」

'애국심(Patriotism)'이란 나라를 사랑하는 마음이지만 판에 박듯이 고

정된 것은 아니다. 자기가 태어난 집과 고향을 그리워하듯 자기가 태어난 모국의 모든 것을 사랑하고 그리워하는 마음이 애국심이다. 시대나 상황에 따라 역사 속에서 수많은 호국영령이 조국을 위해 몸을 바쳤다. 그들은 자신의 삶보다도 큰 공동체인 국가와 민족의 운명이 더 귀중하다는 것을 알고 아낌없이 나라를 위해 신명(身命)을 바쳤다.

안중근(安重根, 1879-1910) 의사가 애국충정과 구국 투쟁을 위해 실천적으로 약지 손가락까지 절단하며 굳은 결심으로 조선 침략의 원흉 이토 히로부미(이등박문伊藤博文)를 사살한 것은 대한의 기상이 살아 있음을 보여 준 일이다.

그들의 희생적이고 헌신적인 애국심이 있었기에 오늘도 여전히 대한민국은 건재하고 있다. 애국심을 좀 더 부연 설명하여 본다.

첫째, 나라 사랑에는 열정이 있어야 한다. 열정이란 깊은 관심과 열렬한 응원의 마음이다. 남녀 간의 사랑에만 열정이 필요한 것이 아니다. 자기 하는 일이나 나라 사랑에도 열정이 필요하다. 나라에 대한 열정은 국력을 키워 주고 '하면 된다!'는 힘찬 기운으로 오늘의 대한민국을 일으켰다.

1997년도 말(末)에 불어 닥친 외환위기 때, 온 국민이 외채를 갚고자 장롱 속의 금을 팔기 위해 은행 앞에 줄을 길게 섰던 기억이 생생하다. 외환위기를 벗어나기 위한 국민의 뜨거운 애국심은 세계인의 주목을 받았다.

2002년도 축구월드컵 경기에서 광화문과 시청광장에 모인 100만의 경이적인 응원단(붉은 악마)의 열정은 경탄스러운 일이다. 당시 경기에 참여했던 선수의 기량과 국민 응원의 신바람에 축구 변방 국가가 4위까지 가는 쾌거를 이뤘다. 이러한 국민적 열정이 결집되어 활화산처럼 뿜어져 나올 때마다 국운(國運)을 도약시키곤 하였다.

둘째, 국가 정신을 바탕으로 애국심을 높이자! 애국심을 모르는 사람은 없지만, 국가 정신에 의한 애국심은 별로 없어 보인다. 국가의 바탕인 헌법 등에 대한민국의 이념이나 가치에 대한 정통성과 전통성을 계승한다고 하였는데 소수의 국민 행동은 전혀 그렇지 않다.

국가의 현실을 외면한 채 사회의 질서를 어지럽히며 끝없는 탐욕의 행위로 국가의 기강을 외면하는 자는 모두 애국심이 없는 자들이다. 심지어 헌법에 규정된 국민 4대 의무까지 저버리려고 하니 모두 잘못된 것이다.

청소년들에게도 곧 병역의 의무가 지워진다. 병역 의무를 통해서 난생처음 자신의 사회공동체와 국가를 위해서 보답할 차례이다. 이것은 자연스러운 이치요, 합리적인 절차요, 살아가는 방법이다. 성장하기까지 받기만 하고 갚을 줄 모른다면 사람의 도리가 아니다. 현재 국방 의무는 2년도 채 안 되는 시간을 국가와 국민, 가족을 위해서 치르는 마땅히 신성한 의무라고 생각한다. 군대가 특수사회이기는 하나, 국가관이나 인간으로서 강인한 정신력이나 자아를 키우고 성숙하게 하는 곳이라 생각하면 된다. 가끔 TV프로에서 군대 생활을 체험도 하고, 스포츠 경기 선수들이 강인한 정신과 체력을 기르기 위해 군대에서 실제 훈련도 한다.

과거에 극히 소수의 젊은이가 군대 복무를 하지 않기 위해 탈골(脫骨)을 시키고, 무릎관절을 수술하고, 생니를 빼거나 집게손가락까지 절단하는 자도 있었다. 모두가 잘못된 생각이다. 우리가 태어난 이 땅을 사랑하고 국가 정신과 의무를 마땅히 하는 것이 애국심이다.

• 이름 없는 학도병들의 거룩한 희생 •

• 북한의 6·25기습남침에 달포 만에 전 국토가 빨개져 갔고 남은 것은 경상남도뿐이다. 여름날 뜨겁고 무더운 태양 아래 낙동강 방어 전선에서 나라의 운명이 바람 앞에 촛불과 같아 고등학생과 대학생이 교복을 입은 채로 분연히 낙동강 전선에 투입되었다. 그들은 나라가 가장 힘든 시기에 조국 수호를 위해 군번도 계급도 없이 장렬하게 싸우다 산화하였다. 그들의 고귀한 정신과 애국심은 영원히 빛나리라! (학도의용군은 30여만 명 중, 5만여 명이 전투에 참여하여 7천여 명이 전사하였다.)

• 인생에는 하프타임이 필요하다! •

• 박주원이란 31살의 미국 영주권을 가진 교수가 한국군에 입대하였다. 28세에 철학박사 학위를 받아 평생 정년을 보장받은 미국의 대학교수가 되었다. 명예, 권력, 돈, 시간 등 쉽게 얻을 수 없는 것들을 모국의 병역 의무 이행을 위해 내려놓았다고 한다. 사실 미국 영주권자라 병역 의무는 없다. 그는 '군 복무 시간을 아깝게 생각하지 말고 축구나 농구 게임에 있는 하프타임 또는 작전타임으로 생각' 하고 지금 복무하고 있다.

한국에서 잘나가는 인기 가수가 있었다. 처음에 그는 군 복무를 한다고 했다가, 입대 날짜가 다가오자 미국으로 돌아갔다. 그 가수와 박주원 사병을 비교해 보면서 사람이 태어나서 어떻게 살아야 하며, 조국을 위해 내가 무엇을 해야 할지를 생각하게 한다.

남북통일은 우리의 소원이며 미래

남북통일은 우리의 소원이며, 기필코 이룩해야 할 의무이며, 대한민국의 미래이다. 남북통일 없이 선진국으로 도약할 수 없고 세계로 뻗어 나간다는 것은 한계가 있다. 현 국제 정세에서 남북을 통일시키는 합리적인 방법은 북한을 중국식 개혁개방정책으로 이끌어 북한 주민의 의식주만이라도 해결하면서 점진적으로 통일로 가는 것이 순서이다. 그러나 북한 정권은 체제 유지가 최우선이기 때문에 개혁개방을 실행하지 못하고 있다.

대한민국에서도 남북통일에 대한 의견이 분분하다. '통일비용이 많이 들 것이며 통일되면 모두 어려운 상황이 될 것이니 이대로가 좋다'는 등 부정적인 시각으로 보는 사람도 있다.

분단이 고착된 남북이 통일을 하는데 어찌 통일비용이 들지 않겠는가? 통일 초기엔 북한 주민의 식량, 위기관리비용과 남북한의 소득 격차를 줄이기 위한 비용이 드는 것은 사실이다. 특히 남북한의 소득 격차를 줄이기 위한 비용이 많이 든다는 것은 독일통일의 실례를 들고 있다. 그러나 통일한 독일을 반면교사로 삼아 시행착오를 줄인다면 그 비용은 의외로 줄어들 것이라는 설명도 틀린 말은 아니다.

사실 남북통일이 늦어질수록 통일비용은 한없이 늘어나며 남북의 대립으로 우리 사회의 분열과 갈등이 증폭되어 미래는 더욱 암울해질 뿐이다. 또 한국의 미래는 빠른 고령화 시대로 성장 동력은 점점 떨어질 전망이다. 그러나 남북통일이 된다면 남한의 자본·기술력과 북한의 노동력이 통합되어 생산성이 높아질 것이며, 통일로 얻어지는 긍정적이고 부가 가치적인 측면은 통일비용보다는 몇 배의 시너지효과가 있다는 보고이다.

더불어 새로운 경제영토인 북한을 비롯한 중국 동북아의 3성(랴오닝성, 지린성, 헤이룽장성)과 러시아의 극동과 한반도로 이어지는 동북아 경제 벨트 축을 통해 대한민국이 세계의 중심국가로 도약할 수 있다는 연구 분석이다. 주변 국가와 남북의 이해관계도 물려 있어 통일은 쉽지 않은 일이나, 천천히 단계별로 북한의 개혁개방을 통해서 자유민주주의 국가로 남북통일을 해야 대한민국에 밝은 미래가 도래할 것이다.

• 한평생 조국을 사랑한 이승만 대통령 •

이승만(李承晚, 1875-1965) 대통령은 황해도 평산에서 태어나 서울로 와서 청소년기에 주로 한학(漢學)을 공부하였다. 19세 때 배재학당에 입학하여 외국 선교사들로부터 영어, 신학문, 성경 등을 배우며 이듬해 졸업한다. 당시 조선은 문명의 전환기를 맞이하여 열강과 일본의 침탈로 어려울 때이다.

그는 '독립협회' 등의 활동과 「협성회보」의 주필로 개화사상을 고취하고 조정을 비평하는 글을 쓰다 23세(1898)부터 투옥된다.

첫째, 이승만 대통령은 한평생 나라와 민족을 사랑하였다.

• 그는 1904년 옥중에서 『독립정신』 등으로 국민의 독립사상을 고취한다. 그해 석방되어 고종의 밀서를 숨기고 미국의 정계와 종교계에 '일본이 조선을 침략하고 있음을 폭로' 한다. 미국에서 하버드대학 석사와 프린스턴대학에서 박사학위를 받고 귀국한다.

• 한일합방(1910)으로 국권을 잃었을 때, 그는 전국을 돌며 선교활동과 독립 활동을 하다 미국으로 돌아가 평생 독립운동과 선교사업 및 교육자

로 생활한다.

• 1945년 8월 15일 해방이 되어 33년(70세) 만에 돌아왔지만, 한반도는 양분되어 나라 안팎이 사분오열되어 혼란 그 자체였다. 그는 '뭉치면 살고 흩어지면 죽는다'라며 국가의 운명이 대동단결에 달려 있다고 외쳤다. 1948년 5월 10일 UN 감시하에 한국 역사상 최초의 총선거를 하여 이승만 초대 대통령을 뽑음으로써 명실상부한 대한민국을 건국한다(국가의 3요소인 국민·국토·주권을 갖춤).

둘째, 공산주의의 침략으로부터 기적적으로 대한민국을 지켰다.

6·25남침 전쟁에서 대한민국이 살아남을 수 있었던 것은 거의 기적에 가까운 일이다.

셋째, 자유민주주의와 시장경제의 건국 정신이 나라 발전의 초석(礎石)이 되었다. 세계에서 유례없는 자유민주주의 건국 정신을 꾸준하게 구현시켜 오늘의 발전과 번영을 가져왔다.

넷째, 의무교육을 추진하여 교육 기적을 이뤘다.

당시 한국의 문맹률은 70%를 넘는 수준이었다. 그는 의무교육을 추진하여 세계사에서 보기 드문 교육 기적을 낳고, 이러한 인적자원은 산업화에 성공하는 원동력이 되었다.

다섯째, '한미상호조약'으로 국가 방위와 나라 발전의 안전망을 구축하였다. 이 안보조약 때문에 이 나라가 발전할 수 있었다. 이 조약은 대한민국의 생명줄과 같다. 미국 언론에서는 이승만 대통령을 '세계에서 가장 위대한 사상가·정치가·애국자·반공 지도자'라고 칭송했다.

다만 이승만 대통령의 잘못을 지적하자면 첫째는 일제 강점기에 일본에 부역한 자들을 단죄하지 못했다. 둘째는 1960년 3월 부정선거와 장기집권에 대하여 대학생과 시민 등의 4·19 의거로 희생자가 발생했다는 잘못이다.

이 같은 이승만 대통령의 업적은 미래를 내다보는 혜안(慧眼)과 풍부한 국제 경험을 바탕으로 두 번씩이나 지도에서 사라질 뻔했던 대한민국을 건국하고 수호했다는 데서 역사적인 의의가 크다.

참고: 안병훈, 『건국 대통령 이승만의 생애』, 2015. 8. 20. 도서출판 기파랑, 동아백과사전

•완벽한 사람이나 대통령은 세상에 없다. 중국의 마오쩌둥(毛澤東) 이 통치 중 많은 인민이 굶어 죽었고 '문화혁명'으로 오점도 남겼지만, 여전히 국부로 존경받는다. 대한민국에 존경하는 대통령이 한 명도 없 다는 것은 국민의 수준 문제라고 생각한다. 이 책에서 두 분의 대통령 을 썼는데 이미 기술한 지도자상에 가깝고, 나라와 국민을 위해서 노 심초사(勞心焦思)하였으며, 자신의 사익을 위해 축재하지 않았던 대통 령이었다는 점에서 존경받을 만하다.

•6·25 전쟁과 미국•

한국이 세계에서 가장 많은 영향과 도움을 받은 나라가 있다면 미국이 다. 대한민국이 미국과 수교한 지 140년이 되어 간다. 19세기 말 나라의 국권이 힘없이 무너질 때, 미국 선교사들이 동방의 작은 나라 코리아의 불모지에 교육과 의술로 온갖 눈물을 쏟으며 사랑을 베풀었다. 6·25 기 습적인 남침에 대해 맥아더 장군이나 미국 트루먼(Harry S. Truman) 대 통령의 즉각적인 참전 결정이 기적적으로 한국을 살려냈다.

6·25 전쟁에 미국 대통령의 아들에서부터 장군의 아들 142명이 참전

하여 35명이 사망하거나 부상을 당했으며, 미 9군단장 무어 장군, 미 8군 사령관 워커 장군도 전사했다. 그들은 반공정신과 자유민주주의 수호를 위해 '알지도 못하는 나라, 만나 본 적도 없는 사람들을 지키기 위하여' 열심히 싸웠다.

　　미국군 전사자 36,940명 부상(실종자 포함)자 합계 137,250명

　　(미군은 한국전에서 9명 중 1명, 2차 세계대전 13명 중 1명, 월남전에는 17명 중 1명이 피해를 봤다는 보고서가 있다.)

　　미국이란 나라를 제대로 보려면 2차 세계대전의 승전국이지만 독일에서 전리품을 가져가기는커녕 독일과 유럽 재건을 위해 140조 원을 쏟아부었다는 마셜플랜 같은 정책을 봐야 할 것이다. 과거 중국이나 일본과는 차원이 다른 나라다. 물론 국가 간의 관계에서 자국의 이익을 우선하는 것이 미국도 예외는 아니지만, 미국은 대한민국 발전에 많은 원조와 혜택을 준 혈맹이라 할 수 있다. 참고: 남정옥, 『6·25전쟁 이것만은 알아야 한다』, 삼우사, pp.465

국가 발전을 위한 3대 개조개혁

　　대한민국은 1950년 6·25남침으로 전쟁의 참화를 겪었지만, 세계 10위권의 경제력과 자유민주주의를 함께 이룩한 위대한 나라다. 특히 제2차 세계대전 이후 원조를 받던 나라에서 다른 나라에 원조를 하는 나라로 경제력이 성장하였고 자유민주주의가 선진국 수준으로 발전한 나라로는 우리 대한민국이 유일하다.

　　그러나 눈부신 발전에도 불구하고 내적으로 많은 역기능이 존재하는 것도 사실이다. 즉 우리나라는 선진국들보다 자유민주주의의 역사

　　　　　　　　　　　　　　　　　　　　청소년, 세상에 서다

가 짧고, 압축 성장 과정에서 나타난 부익부 빈익빈 현상, 사회 부조리와 정치·사회지도층 인사들의 도덕 불감증, 이기주의의 팽배와 자유방임주의 등은 반드시 극복해야 할 문제다. 특히 사회 양극화와 정치 불신은 하루빨리 해결해야 할 과제가 아닐 수 없다.

(개조라는 개념은 최남선이 「인간개조론」에서 처음으로 사용했다. 요즘 국가개조론이란 용어도 나온다. 개조개혁사업이란 생산한다든가 재생산한다는 의미이다. 즉 새로 물건을 만들어 내는 것도 중요하나, 물건을 아끼고 구조변경을 하여 재사용하는 것도 개조·개혁사업이다. 인간을 낳는 것도 중요하나, 인간을 교육하여 인간다운 인격체로 키우는 것도 인간의 개조개혁사업에 속한다.)

대한민국이 선진국으로 도약·발전하기 위해서 '인간중심철학'을 참고하여 3가지의 개조개혁을 통해 현안(懸案: 해결되지 않은 채 남아 있는 문제)을 풀고자 한다.

첫째, '자연개조사업'을 통하여 물질 경제생활을 발전시키고,

둘째, '국민의식 개혁 운동'을 통하여 국민의 사상·문화를 높이며,

셋째, '사회관계 개혁정책'을 통하여 국민의 협조 생활을 발전시켜야 한다.

이 3대 개조개혁사업은 서로 밀접한 관계를 맺고 있어서 균형적으로 발전해 나갈 때 원만한 선진국으로 뻗어 나갈 수 있다고 생각한다.

못살 때는 자연개조사업을 우선해야 한다

인간은 자연을 개조하여 의식주를 해결해야 생존하며 발전할 수 있다. 자연개조사업을 통하여 이루어지는 인간의 행위가 물질적 부(富)를

창조하는 것으로 경제와 관련이 깊다. 우리나라의 물질경제 발전 수준은 세계 국가 중 G20 안에 들어갈 정도로 빠른 경제 성장을 이룩했으나 부정적인 측면이 팽배해지면서 삶의 질은 오히려 떨어지는 기현상을 맞고 있다. 이런 현상은 한국의 물질적 경제생활이 선진국 못지않은 수준이나 상대적으로 사상 문화생활과 정치 협조 생활이 낙후되고 뒤떨어졌기 때문으로 본다.

사실 경제가 아무리 사회 발전에서 중요한 역할을 한다 해도 경제는 인간의 물질적 수요를 충족시키는 데 기본 사명이 있을 뿐이다.

아무리 돈이 많아도 인간이 즐겁고 행복한 삶의 질은 별개의 문제로, 잘사는 나라가 반드시 행복지수가 비례적으로 높지 않다는 뜻이다 (예, 부탄의 행복지수가 높다). 헐벗고 굶주릴 때는 우선 물질적인 경제생활을 발전시켜야 옳다. 그러나 지속적인 국가 발전을 위해서는 국민의 식 개조개혁에 의한 사상·문화생활과 사회관계 개조개혁정책에 의한 정치 협조 생활이 발전되지 않고서는 더 이상의 발전이나 삶의 질은 어렵다.

예컨대 경제 분야에서 자연(원재료)을 개조하여 성과적으로 질 좋은 제품을 생산하는 문제는 생산자나 기업 전문가가 풀어야 할 경제 문제이다. 하지만 경제 제도를 어떻게 개혁할 것인가 하는 문제는 정치 협조 생활을 통해 해결할 문제이다. 즉 젊은이의 일자리 창출 문제, 노사 문제 등은 사회관계 정책 차원에서 해결할 문제들이다. 따라서 자연개조에 의한 경제 발전은 국민의 의식 개혁 운동과 아울러 정치권의 사회관계 및 정치개혁 정책에 달려 있다고 볼 수 있다.

• 경제를 부흥시킨 박정희(朴正熙, 1917-1979) 대통령 •

속담에 '가난 구제는 나라도 못한다.'고 했다. 박정희 대통령은 5·16군사혁명(1961)을 일으켜 18년(1961-1979)간 집권하였다. 집권 전반기에 경제발전을 위한 기본적인 산업시설기반을 구축했다면, 후반기는 중화학공업을 추진하여 서구에서 200년간 쌓아 올린 산업 입국을 10분의 1로 압축 성장한 한강의 기적을 이룬 지도자이다. 당시 산업 자금인 외화를 벌기 위해 국민은 허리띠를 졸라매고 가발 등을 수출하고, 독일에 광부나 간호사를 파견하며, 월남에 파병했던 일은 모두가 눈물겨운 일이다.

미국 작가 브루스 커밍스는 한국은 해외 의존도가 86%의 높은 나라로 세계 경제의 위험한 곳에서 산업적 자립을 쟁취해 냈고, 중공업 추진 정책을 성공시켜 빛나는 태양의 나라가 되어 국민이 어깨를 펴고 당당하게 걸을 수 있게 되었다고 말했다.

제2차 세계대전 후 수많은 나라가 독립하였고, 또 1960년대에 많은 나라가 군사 쿠데타를 하였다. 대개 군부 실력자는 정권을 꿰차 줄만 알았지 중장기 경제계획을 세워 성공한 나라는 오직 한국의 박정희 대통령뿐이라고 한다.

60년대 한국의 1인당 국민소득은 82달러로 세계독립국가 125개국 중에서 101번째 바닥 그룹이다. 그가 서거하던 1979년에는 GNP가 1640달러로 20배, 수출은 550배였다. (2017년 1인당 국민소득 29,745달러). 이를 기점으로 산업 고도화에 성공하여 오늘날 반도체, 자동차, 조선, 철강, 유화, 기계 등을 수출하는 잘사는 나라가 되었다.

이같이 어떤 지도자를 만나느냐에 따라 국민의 운명은 뒤바뀐다.

아르헨티나는 1920년대에 한때 세계 7위의 부자나라였다. 그들은 스위스나 독일보다 실질 소득이 높았고 잘살았으나, 육군 대령 페론이 정권을 세 번이나 잡으면서 망가지기 시작한다. 민심 얻기용 포퓰리즘(populism)에 국고는 바닥나고, 영부인은 자선사업에 국고를 물 쓰듯 했던 것이 망국의 원인이다. 국가가 잘나갈 때 미래를 위한 먹거리에 재투자하는 프로젝트도 없었다. 인구 절반이 빈곤층 카르토네로(cartonero, 쓰레기 뒤지는 극빈층)로 전락하였다.(조우석 p.281)

많은 국가가 세계에서 성공한 국가모델로 한국을 지목하고 배우라고 하나, 왜 우리는 박정희 대통령을 잊고 살까? 그의 장기 독재정치로 인권과 정치적·절차적 민주주의에 희생과 아픔이 있었기 때문이다. 물론 국민이 일상생활하는 데 전혀 불편함이 없었던 것도 사실이다.

박정희 대통령에 대한 평가는 그동안 덮고 지우기에 바빴다. 당시 박정희 대통령과 동참했던 국민의 치적과 노고로 오늘날 모두 편안하고 풍족한 삶을 공유하면서 그들을 부정한다면 먼저 깊은 성찰로 자신을 돌아보는 것이 순서일 것이다.

참고: 안병훈, 「혁명아 박정희 대통령의 생애」 기파랑, 2015.
조우석, 「박정희, 한국의 탄생」 살림, 2009, 백과사전

국민의식 개혁 운동으로 사상·문화생활을 향상하자!

가난하고 못사는 경제적 낙후성은 쉽게 알 수 있지만, 사상이나 문화가 뒤떨어졌다는 사실은 알기 어렵다. 오늘날 일상생활 속에서 미신을 믿는 사람이 과학적 진리를 믿는 사람에게 오히려 길을 잘못 들었다고 하듯이 사상적으로 낙후된 사회일수록 '사상적 낙후성'을 쉽게 깨닫기가 어렵다. 사상은 정신문화 전반에서 핵심적인 지위와 정신생활의 핵(核)을 이룬다고 볼 수 있어서 의식 개혁 운동에서 매우 중요하다.

사실 정치지도자들조차 눈에 보이지도 않고 붙잡을 수 없는 사상이 정신생활의 습관이 되려면 시간이 많이 들어 대개 소홀히 하거나 도외시한다. 또 사상을 잘 안다 하는 지식인조차 잡다한 사상적 자료를 지식으로 쌓은 뒤주에 불과할 뿐 사상을 신념화하지 못해 실천적인 행동은 어렵다. 그 결과 작은 유혹에도 쉽게 빠져 나라와 사회를 배반하며 명예를 헌신짝 버리듯 불신의 시대를 만들고 있다.

사실상 인간과 인간의 대결은 사상적 대결이다. 사상적 대결에서의 승패는 사상의 옳고 그름에 의해서만 좌우되는 것은 아니다. 사상에 대한 인식의 정확성도 중요하지만, 그 사상을 옹호하려는 의지와 신념도 중요하다는 것이다.

'북한의 주민을 보라! 평양시민이 열광하면서 신같이 떠받드는 김정권의 삼대 우상화 정책을!' 유일사상으로 세뇌된 민중이 정상적인 인간의 모습이 아닐지라도 사상 의식이 얼마나 무섭고 중요한가를 우리 국민은 알지 못한다.

대한민국은 상대적으로 개인주의 사상에 물들어 상대적으로 분산성이 높고 공동체의 이익은커녕 반사회적인 사상적 공세에도 표현의 자유와 방임주의로 일관하고 있어 사회가 혼란에 빠지기 쉽다. 요즘 우리 사회는 온갖 표현의 자유로 시비조차 가릴 수 없는 괴담이 무성하여 정론(正論)이나 공론(公論)조차 사라졌다.

조선시대 율곡 선생도 '공론이 없어지면 나라가 망한다'고 했다. 공론이란 객관적이고 보편적인 정론이라 할 수 있다. 이 같은 정론이나 공론이 없어지고 부의(浮議 , SNS, Social Network Service)에 의한 소문이나 괴담으로 대중을 호도하고 이끌다가 '아니면 말고'식으로 된다면 이 사회는 온전하고 정의로운 사회는 점점 멀어져 갈 뿐이다.

특히 국민의 의식 수준이 문제이다. 국민이 국가에 바라고 원하는 것은 선진국에 맞춰 달라고 떼를 쓰며 받아 내고자 한다. 그러나 국민이 마땅히 행해야 할 책무는 후진국 수준에 머무르고 있다.

우리 사회는 아직도 '돈(황금)이면 무엇이든 할 수 있다'는 얕은 물질적 의식 수준에서 벗어나지 못하고 있다. 인간다운 삶을 위해서는 빵만으로 살 수 없다. 구미(歐美)의 선진시민들처럼 예술문화를 누리며 삶의 질에 관심을 가지면서 즐겁고 아름다운 행복한 삶이 향상되도록 배워야 한다.

따라서 국민의식개혁 운동으로 사상·문화생활이 높아지면 국민도 자신의 삶에 희망과 즐거움을 느끼게 될 것이다.

사상·문화생활 향상 정책

의식 개혁으로 사상·문화생활이 향상되면 물질 경제적인 면이 좀 부족하더라도 삶의 질은 향상되고 유지될 것이다. 다음과 같은 항목의 실천 운동을 국가적인 정책 차원에서 교양·교육 사업을 꾸준하게 선양해야 한다.

1. **개인의 자강의식(自彊意識) 운동**
   • 기본적인 바른 생활습관 갖기 운동
   • 성실하고 정직한 생활 운동
   • 예절과 고운 말 사용하기
   • 1일 착한 일 하기 운동

- 자중자애(自重自愛)와 명예 지키기 운동

2. **가정에서 가화만사성(家和萬事成) 운동**

- 효도와 자애(慈愛) 운동

- 가족과 함께 취미 생활

- 가정에서 토론문화 활성화

- 가족과 함께 운동하고 노래하기

3. **국민을 위한 의식화 운동**

- 국가 안보의식 강화와 문화안보 고취

- 홍익인간정신과 자유민주주의 사상 고취

- 선진시민의식과 친절한 배려 운동

- 집단으로 하는 스포츠와 놀이 개발

- 준법정신 강화 운동과 애국 운동

- 인성교육 강화와 한자 및 고문 운동

- 사회 협조 협력하기 운동

각 조항에 아름답고 발전된 인간 생활이 무엇인가를 연구하고 재미나게 영상화하여 TV을 포함한 매스 미디어를 통해서 사상 교양과 문화예술 등을 계도해야 한다. 즉 '사상·문화개혁 운동'을 의식화하는 정책은 하루아침에 되는 것이 아니다. 오랜 기간을 교육하고 홍보해야 그 효율성을 얻게 된다.

• 한국의 중산층과 선진국의 중산층 의식 비교 •

1. 한국의 중산층 기준(직장인 대상 설문 결과)

    1) 부채가 없는 아파트 30평 이상 소유

    2) 월급이 500만 원 이상

    3) 자동차는 2,000cc급의 중형차 보유

    4) 예금 잔액 1억 원 이상 보유

    5) 해외여행을 1년에 한 차례 이상 다닐 것

2. 프랑스의 전 대통령이 '삶의 질'에서 정한 중산층의 기준

    1) 외국어를 하나 정도는 할 수 있을 것

    2) 직접 즐기는 스포츠가 있어야 할 것

    3) 다룰 줄 아는 악기가 있어야 할 것

    4) 근사하게 대접할 수 있는 요리 실력

    5) '공분'에 의연히 참여할 것

    6) 약자를 도우며 봉사활동을 꾸준히 참여해야 한다

3. 영국·미국의 중산층 기준(옥스퍼드대학, 미국 공립학교)

    1) 페어플레이를 해야 한다

    2) 자신의 주장과 신념을 가져야 한다

    3) 사회적 약자를 도와야 한다

    4) 불의, 불평, 불법에 의연히 대처한다

    5) 정기적으로 받아 보는 비평지가 놓여 있어야 한다

다음 글에서는 궁핍한 생활 가운데서도 빛나는 고고한 정신을 엿볼 수 있다.

청소년, 세상에 서다

• 궁핍한 생활 속에서 피어난 문화사상 •

공자의 손자인 자사(子思, BC 483-402)는 워낙 가난해서 20일에 9식밖에 먹지 못하고, 다 닳아빠진 두루마기를 입고 다녔다. 비록 의식주는 궁핍했어도 높은 정신세계를 추구하며 『중용(中庸)』이란 철학책을 후대에 남겼다.

신라의 백결(百結) 선생이란 분은 거문고의 명인이다. 몹시 가난하여 어찌나 누덕누덕 기운 옷을 입었던지 세상에서는 그를 '백결 선생'이라 부른다. 어느 해 세모(歲暮: 연말)에 가가호호마다 떡방아 소리를 듣고서, 부인이 '우리는 끼니조차 없으니' 하고 긴 탄식을 한다. 그는 거문고로 떡방아 찧는 소리를 내어 부인을 위로하였다. 그 소리가 얼마나 아름다웠는지 동네 사람까지 몰려와서 즐겁게 들었다.

사회관계 개혁정책에 의한 정치 협조 생활이 필요

인간을 흔히 사회적 존재라고 부르며, 인간의 우월성은 사회 협조성에 있다고 앞에서 설명하였다. 대개 사회적 존재라고 할 때 사람뿐만 아니라 사회적 재산과 사회관계까지 포괄하는 말이다.

이미 앞에서 말한 사회적 재산이란 인간이 축적한 유형무형의 재산과 사회관계를 포함한다. 특히 사회관계란 나와 타인 관계, 인간과 사회적 재산을 객관적으로 결합하여 사회적 협조가 잘될 수 있도록 지향하는 모든 상호관계를 말한다.

원래 사회구성원은 다양하며 목적이나 요구가 제각각 다르다. 서로 다른 욕구를 사회 발전의 요구에 맞게 합리적으로 배합하면서 협조가 잘되도록 사회관계 개혁사업을 하여 재생산하고 개선해 나가는 정치 협조가 절대적으로 필요하다. 황장엽은 '정치는 다양한 사회구성원과 사회적 재산을 결합하고 관리하며 조율하면서 정치 협조가 잘되도록 이끄는 데에 주목적이 있다. 정치는 인간의 정신적 힘이나 물질적 힘을 직접 창조하고 생산하는 사업은 아니지만, 공동체의 구성원을 결합하여 무한한 힘을 창조하는 고차원의 사업이 바로 정치협조생활'이라고 했다.

예컨대, 중·고등학교에서 배우는 가정(家政)이란 학과목이 있다. 보통 '가정'이라고 하면 '家庭'으로 써야 하는데, 학과목은 분명히 '정치 정(政)'자를 쓴다. 가정은 가장 작은 사회집단으로 가정(家政)을 통하여 가족 간의 협조 생활을 이끌면서 가정의 목표(목적)를 구현해야 가정이 화목할 수 있다. 가정뿐만이 아니라, 크고 작은 사회공동체와 기업, 국가까지 사회관계 개혁에 의한 정치 협조 생활이 원만하게 이루어질 때 원하는 목표(목적)도 달성되고 질적인 향상을 이룰 수 있다.

그러나 대한민국은 국가 안보와 발전, 사회 안녕과 질서, 기업들의 성장을 뒤로한 채, 개인이나 집단의 이익만을 주장하는 세태가 만연되고 있다. 때로는 북유럽의 잘 사는 나라의 사회보장제도를 본받아야 한다고 앙앙불락(怏怏不樂: 마음에 차지 않아 불만족스러운 모습)이다. 그들 선진국은 최소한 200년이 넘는 자유민주주의 과정을 거치면서 국민이 선진의식을 가지고 있는 나라들이다. 국회의원조차 자전거로 출퇴근할 정도로 솔선수범을 생활화하고 있다.

국회의원이나 고위직에 있는 정치가는 국정을 운영하는 사람으로 사회관계를 개혁하여 정치 협조 생활로 여야 없이 국태민안(國泰民安)을 책임지는 공인들이다. 국민을 대표한다는 공인 의식은 없고 당리당

략에 의해 국민을 기만하고 호도하며 때로는 지역감정을 유발하여 정권을 잡기 위해 총력을 기울인다면 나라의 앞날은 어둡다. 국가 발전을 돕기보다는 포퓰리즘(populism)으로 표만 긁어모으려고 국정을 논한다면 국가의 미래는 암울할 뿐이다.

오늘날 자유민주주의 국가로 개인의 사상과 다양성을 높이 찬양만 하였지, 정치 협조 생활은 점점 멀어지고 각종 이익을 위한 갈등으로 시위만 난무한다. 비록 자유와 다양성이 최고의 덕목일지라도 국익을 위해서 국민을 하나로 묶을 수 있는 사상적 통일성으로 국민이 단합된 힘이 국력인데, 오늘날 그것이 전혀 보이지 않는다. 나라나 사회가 발전하자면 사회관계가 잘되어 정치 협조 생활이 원만해야 하고 국민을 한데 묶을 수 있는 교육이 전혀 없다.

예컨대 학교에서 배우는 국사는 국민을 하나로 묶을 정체성, 즉 동질성이나 자긍심을 찾는 데는 핵심적이다. 국사 교육이 검인정으로 되고부터 기성세대와 청소년이 배우는 역사관이 달라 혼란을 주고 있다. 국민의 통합적 균형 사관에 입각한 국정 국사 교과서를 만들어 검인정과 병행하는 것도 한 방법이다. 그래야 통일이 된 후에도 국민 간의 분산성이나 분열성을 줄일 수 있다.

결론적으로 크고 작은 사회공동체와 기업, 국가에 이르기까지 사회관계가 개혁되어 정치 협조 생활이 원만히 이루어질 때 모든 3대 개조 개혁사업이 조화롭게 발전할 수 있다고 본다.

4

인생관과 가치관
그리고 행복한 삶

인생관이란?

단 한 차례밖에 주어지지 않는 짧은 일생을 보람 있고 가치 있고 뜻
있게 살기 위해 무엇을 어떻게 할 것인가 하는 과제는 중요한 문제이
다. 이러한 인생의 질문을 두고 많은 철인이나 사상가, 예술가 등이 사
색하며 견해를 밝히고자 노력했다.

다양한 인간성 속에 개인차가 천차만별이라, 정형화된 답은 없다.
다만 사람들은 평생을 성실하고 뜻있게 살려고 애쓴다. 더구나 훌륭하
고 성공했다고 하는 위인들을 보면 청소년기부터 인생관이나 세계관,
사회 역사관 등에 따른 목표 의식 등을 뚜렷이 갖고 열심히 살려고 노
력했던 사람이다. 이러한 인생관 등은 인간의 참다운 삶의 목적과 올
바른 삶의 방법을 밝혀주고 인도하는 길잡이로, 이론적이며 철학적인
해명이 필요하다. 인간의 모든 행동은 그 사람의 인생관 등에서 걸러
지고 규정되어 나오기 때문이다. 인간은 사회집단의 한 성원으로서 홀

로 존재하기도 하지만 동시에 사회공동체에 소속되어 다른 사람과 더불어 살아간다. 즉 사람은 개인적 존재인 동시에 집단적인 존재라고 할 수 있다. 따라서 개인주의적 인생관과 집단주의적 인생관의 두 가지 측면에서 인생관을 살펴보지 않을 수 없다.

개인주의적 인생관

오늘날 우리는 자유와 평등을 주장하며 개인의 권리를 존중하는 자유민주주의 국가에서 살고 있다. 자유(민주)주의는 개인의 자유, 인권, 창의성, 이성 등을 중시하는 휴머니즘 속에서 개인주의 인생관이 나왔다고 볼 수 있다. 개인주의적 인생관은 삶의 목적이나 행복을 추구하기 위한 행위에서 자신의 권익을 우선하며 자신을 위해 충실하게 사는 것이 옳다고 보는 인식이다.

이런 인식은 사회공동체의 이익이나 다른 사람의 권익을 침해하지 않는 범위 안에서(법에 위촉되지 않는 한도에서) 개인의 이익과 권리를 우선시하는 사상이다. 그래서 개인의 권익이 공동체의 이익이나 다른 사람의 권익보다 더 귀중하다는 사상을 내포하고 있다. 개인주의적 인생관은 개인 자신을 삶의 주체로 보기 때문에 개인 생활에 대한 사회집단으로부터의 어떠한 간섭이나 관습, 윤리 도덕 등과 법규 같은 규제조차 싫어한다. 물론 이들도 사회집단의 한 일원으로 집단의 요구와 협력 관계가 자신의 운명에 영향을 끼치며, 다른 사람들의 권익도 존중해야 한다는 것도 인정한다. 이런 점에서 다른 사람의 이해관계는 아랑곳하지 않고 오직 자기의 이익만을 꾀하는 추악한 개인 이기주의와는 구별된다.

따라서 개인주의적 인생관은 개인의 자유와 권익을 삶의 기본적으로 내세우는 인생관이라 볼 수 있다. 개인주의적 인생관은 근대 천부인권(天賦人權: 인간이 태어나면서부터 하늘이 준 자연의 권리를 가진다는 사상) 선언을 통해 더욱 개인의 자주성과 창조성을 발양시키고 찬란한 근대문명이 개화되는 역사 발전의 시금석이 되었다고 볼 수 있다.

개인주의적 인생관의 문제점

첫째, 개인주의적 인생관은 개인 이기주의와 자유방임주의로 기울어질 수 있다는 위험성이 있다. 개인주의적 인생관은 개인의 보존과 권익을 우선시하는 사상으로 자신에만 집착하고 남의 일에는 무관심하며 인간 본질상 자신의 권익을 먼저 실현하다 보니 다른 사람의 이익과 권리까지 빼앗으려는 욕심이 앞선다. 또 개인주의자들은 어떠한 간섭이나 틀에 얽매이는 것을 싫어하고 자유를 최상의 목적으로 삼기 때문에 남의 일이나 공동체의 일에는 소극적이거나 무관심으로 일관한다.

수많은 법규와 좋은 예절이 있어도 지키지 않으며 세태가 갈수록 남을 배려하거나 의식하지 않는 이기주의나 자유방임주의로 흘러서 사회기강은 천천히 약해지고 무너진다. 특히 상류계층의 사람들이 솔선수범을 보여야 하는데 온갖 불법과 추태를 부리며 지도층다운 면모가 무시되고 있다. '윗물이 맑아야 아래 물이 맑다'나 '노블레스 오블리주(Noblesse Oblige)'가 사라진 지 오래되었다. 이것은 모두가 개인주의적 인생관을 잘못 받아들였기 때문이다. 따라서 개인주의적 인생관의 좋은 점을 취하되 아울러 사회집단의 발전과 공공선(公共善)을 위하여 협조하고 관심을 가져야 한다.

둘째, 개인주의적 인생관은 세계와 인류를 위한 삶의 목적과 다를 수 있다. 개인은 자기 한 세대로 끝나는 짧은 생명만을 갖고 있다는 생각에서 자신의 자유와 행복만을 추구하는 삶으로 살 수 있다. 즉, 자기 자신만 재미있게 잘 살다 가면 되는 것으로 알고 있다.

사실 알고 보면 개인 자신은 부모와 사회집단(공동체)으로부터 많은 혜택을 받고 성장했다. 그러므로 자신도 성장하면 부모·사회공동체와 세계에 보답하고 돌려주어야 한다. 소위 최소한 밥값을 해야 하는 것이 마땅한 일이다. 더 나아가 인류가 쌓아 놓은 역사적인 업적을 계승하여 미래의 살기 좋은 세상으로 발전시키는 데 자신도 동참해야 할 사명이 있다. 개인주의적 인생관을 가지고서는 비범한 행동이나 자신의 위대한 가치를 깨닫지 못하고 무의미하게 인생을 끝마칠 수 있다. 따라서 인간은 개인적 존재로서 삶만 가지고 있는 것이 아니라, 공동체의 주인으로서 역할과 삶도 공유하고 있다는 것을 잊어서는 안 된다.

·자유방임주의가 얼마나 위험해질 수 있는가·

여성 기사가 모는 버스가 시골길을 가다 중간에 두 사람을 태웠다. 공교롭게도 운수가 사나워서 주먹패 강도를 태운 것이다. 그들은 승객들의 푼돈까지 빼앗고, 심지어 기사에게 다가가 성희롱까지 한다. 승객들은 모두 모른 척하였으나, 오직 한 중년 남자가 말리다가 엄청 얻어터졌다. 급기야 강도는 버스를 세우고 기사를 숲으로 끌고 갔다 한참 뒤에 돌아온다.

기사는 오자마자 아까 강도를 제지했던 중년 남자에게 다짜고짜 내리라고 하였다. 중년 남자가 황당해하면서 당신을 도우려 한 나를 왜 내리라고 하느냐며 내리지 않으려고 버텼다. 기사는 "당신이 내릴 때까지 출발 안 한다!"고 했다. 승객들이 그를 강제로 끌어내렸다. 그리고 버스는 다시 출발하였다. 그렇게 버스 기사는 커브 길에서 속도를 힘껏 내서 낭떠러지에 추락하였고, 전원 사망하였다.

중년 남자는 얻어터진 아픈 몸을 이끌고 산비탈에 도착하여, 낭떠러지에 자신이 타고 왔던 그 44번 버스를 보았다. 그 여성 운전기사는 강도들의 악행을 제지했던 그 중년 남자만이 살 만한 가치가 있어서 내리게 하고, 방임하고 외면했던 승객들을 지옥으로 데리고 간 것이다.

집단주의적 인생관

집단주의적 인생관은 집단을 개인 생명과 생활의 모체로 보는 데서부터 출발하며, 집단 이익을 개인의 이익보다 우선시하는 사상이다.

나(我)라는 존재는 하늘에서 뚝 떨어진 것이 아니라 아빠 엄마가 결합하여 태어났다. 나는 아버지와 어머니의 보금자리인 가정이란 작은 사회집단에서 무한한 사랑을 받으며 자란다. 사람은 성장하면서 가정에서뿐만 아니라 더 큰 사회집단과 사회시설·제도 등을 이용하며 사회적 인식을 배우고 익히며 성장한다. 죽을 때까지 사회집단의 수많은 혜택과 생존에 필요한 것을 공유하며 산다. 이렇듯 사람들은 사회관계를 떠나서는 존재할 수 없다.

그러므로 개인의 생명과 생활의 기본단위를 사회집단으로 보며 개인의 이해나 생사에 관계없이 집단의 생명이 더 중요하고 무한하며 끝없이 성장한다는 것이 집단주의 사상이다. 그러나 인간은 보존 본능 때문에 자기의 요구나 이익을 충족하는 것을 곧 알 수 있다. 요즈음 같은 개인주의 세태에서는 집단의 이익과 생명이 더 중요하다는 인식이 쉽게 와 닿지 않는다. 사회집단도 유기체로서 생명과 이해관계를 갖고 진화발전을 꾀한다는 인식은 잘 알지 못한다.

원래 집단주의의 사고는 운명공동체로 하여금 소속감·의무·친밀한 상호협력·복종·배려 등에 바탕을 두고 발전을 꾀하는 사상적 조류이다. 사실 개인의 운명은 집단에 의해 규정되고 제약받기 때문에 개인의 운명보다는 사회공동체의 운명이 더 귀중하다는 것은 확실하다.

아무리 개인의 자유와 권리가 중요하더라도 사회집단의 공동체가 무너지면 개인의 운명은 외롭고 고달프며 깊은 상처로 미래까지 암울하다. 따라서 사회집단의 한 성원으로서 공동체의 주인의식을 갖고 의무를 충실하게 이행하는 자세가 절대적으로 필요하다.

• 역사를 잊은 민족에게 미래는 없다! •

가장 작은 사회집단(공동체)인 가정도 문제가 발생하면 가족(식구)의 삶은 외롭고 슬프다. 결손가정이나 부부이혼에서 오는 가정의 문제는 본인뿐만 아니라 자녀에게 치명적인 상처가 된다.

더구나 나라가 망하면 백성들의 삶은 고달프고 앞날이 불투명하다. 조선시대, 병자호란(1636-7년)으로 국토가 유린당하고 인조가 남한산성에서 친히 나가 청군에게 항복하였다. 당시 왕자를 비롯한 50만의 인질들이 먼 이국땅으로 끌려가 갖은 고통과 학대 속에서 노예로 일생을 끝마쳐야 했다. 몇몇 사람들은 돈을 주고 귀향했으나, 부녀자들은 고향으로 돌아왔다 하여 환향녀(還鄕女)가 화냥년(정조를 쉽게 버리는 여자)으로 변한 슬픈 얘기까지 있다.

구한말 1910년에 일본에 합방되어 나라가 망했다. 수많은 동포가 일본의 압박을 피해 북간도와 소련국경선인 연해주로 이주해서 독립운동을 하며 근근이 생존했다. 그런데 1930대 말 스탈린의 강제 이주 정책으로 동포 50만이 이역만리 끌려가 한(恨)을 품고 '까레이스키(고려인)'으로 살아간 얘기를 아는가? 저 멀리 중앙아시아의 우즈베키스탄, 카자흐스탄 등의 허허벌판의 불모지로 소개(疏開)된 망국의 슬픈 역사적인 사실을 우리 청소년들은 모를 것이다. 아무리 개인의 자유와 권리가 중요하더라도 사회집단의 공동체가 무너지면 개인의 운명은 외롭고 고달프며 깊은 상처로 미래까지 암울하다.

집단주의적 인생관의 문제점

집단주의 사상이나 집단주의 인생관의 기본 약점은 다음과 같다.

첫째, 사회집단의 운명(생존과 발전)을 강조하다 보니 개인 생활을 소홀히 다루는 폐단으로 흐를 가능성이 크다. 근대 집단주의 사상이 역사 무대에 등장하게 된 것은 자본주의를 반대하는 사회(공산)주의 사상의 대두와 그 기원을 같이한다. 즉 공산주의자는 노동자계급의 이익을 옹호한다는 구실 아래 개인의 권리와 자유를 핍박하고, 갖은 선전 선동으로 회유하며, 암암리에 비인간적이고 추악한 짓들을 자행했기 때문에 스스로 망했다.

둘째, 집단주의적 인생관은 개인이 수용하기 어려운 자기희생을 강요하며, 심지어 혁명적 인생관을 부추긴다. 집단주의적 인생관에 매달리는 사람은 집단의 운명이 더 귀중하니 대(大)를 위해 소(小)를 희생하라고 요구한다. 스스로 마음에서 우러나오지 않는 한, 누구든지 권유나 강요에 의해 자신의 권익을 포기하는 것은 정상적이라 할 수 없다.

또 앞에서 헌신적이고 희생적인 정신을 발휘하도록 부추기는 사람이나 집단일수록 뒤로는 추악하고 교활한 자들임을 잊어서는 안 된다. 심지어 젊은이들에게 혁명적인 인생관을 가질 것을 충동한다. 국가적으로나 사회적으로 아직 개선·개혁할 점은 많지만, 혁명까지 말하는 자들은 모두가 불순한 의도를 갖고 말하는 자들이다.

혁명적 인생관이라고 하는 것은 개인 자신을 위한 인생관이 아니라, 사람의 자주성을 빼앗고 지배하기 위한 통치자의 반인륜적 사상이요, 전체주의 사상이다. 말끝마다 혁명이니 애국이니 민족이니 하는 거짓 간판을 내거는 의식화된 자들의 숨은 야욕에 우리 청소년이나 젊은이는 절대 넘어가서는 안 된다. 15세부터 30세까지는 일생에서 가장 중요한 시기이다. 사상이 불손한 사람에 의해 의식화되어 동원되고 희생양이 된다면 귀한 목숨을 잃고도 천추의 오명이 덧씌워진다는 것을 명심해야 한다. 따라서 집단주의적 인생관의 맹점은 개인의 자주적인 삶을 도외시하고 사회집단의 운명만을 강조할 때 일어나는 잘못된 인생관이다.

• 킬링필드(Killing field) 사건 •

캄보디아는 1973-1979년 사이에 급진 공산주의 성향의 폴포트 정권이 몇 천 명의 청소년을 집단정신 개조 교육에 동원했다. 그들은 혁명이란 구실로 '노동자 농민이 주체가 되는 사회를 만들겠다'고 외쳤다. 그 혁명이란 구호 아래 지식인, 안경 쓴 사람, 글을 읽을 줄 아는 사람, 손이 하얀 사람 등까지 잔인하게 살해한 사건이다. 전체 인구의 몇 분의 1인 약 170만 명 이상을 무참히 죽인 만행을 우리는 교훈 삼아야 할 것이다. 〈킬링필드(Killing field)〉라는 영화가 상영된 적도 있다.

융합적인 인생관을 갖자!

인생관에서 두 가지 면의 장단점을 모두 알아보았다. 태어날 때부터 인간은 개인적 존재인 동시에 집단적 존재의 틀을 벗어날 수 없다. 한쪽에만 치중하지 말고 두 가지 측면에서 올바른 삶을 실현해 나가는 인생관이 필요하다. 개인적인 삶의 귀함과 집단공동체의 중요성을 장점으로 융합시켜 나가는 것이 중요하다. 즉, 개인 자신의 생존과 발전을 위해 노력하는 동시에 사회집단의 요구와 발전에 합당하면 그 인생관은 올바른 것이다.

인생관의 심화 과정은 처음에는 자기 자신의 발전을 도모하고 목적을 세우는 것에서 출발해야 한다. 자신이 성장하고 배워서 의식 수준이 높아지면서 이웃과 공동체, 국가에 좀 더 신경 쓰는 것이 발전 순서일 것이다. 그러나 오늘날 자본주의 시대의 여유로운 경제 여건으로 개인주의나 자유방임주의가 대세가 되어 이웃과 단절되고 상호 협조보다는 불신이 난무하는 세상이 되었다. 이러한 현 상태에서는 집단주의적 인생관에 좀 더 이해가 요구되며, 서로 배려하고 상호 협력하면서 더불어 살아가는 공존 사상이 필요하다.

흔히 우리는 어떤 개인이 사회와 민족과 인류 발전에 도움이 되었을 때 한생을 값있게 살았으며 그 삶은 헛되지 않았다고 찬양한다.

• 진실한 의인, 장기려(張起呂, 1911-1995) 박사 •

우리는 슈바이처의 위대한 휴머니즘의 인생관을 높이 찬양하고 기린다. 한국의 이태석(1962-2010) 신부도 수단에서 종교와 의술로 희생적이고 헌신적인 삶을 살다 48세의 나이로 선종(善終)한 위대한 종교인이었다.

장기려 선생은 6·25전쟁 당시 평양병원에서 우리 국군 부상병을 치료하고 있었다. 1·4후퇴 때 중공군이 불시에 내려오는 바람에 부인과 다섯 자녀를 두고 둘째 아들과 부산으로 피난하였다. 그 후 그는 빛바랜 가족사진 한 장을 가슴에 품고서 평생을 독신으로 살았다. 그는 부산 병원에서 가난한 환자들을 돌보면서 병원비가 없는 환자를 위해서 무료 진료까지 하다 보니, 병원 운영이 어려워졌다고도 한다. 그는 평생 자기 집 한 칸 갖지 않고 병원 옥상의 작은 사택에서 살았다. 그는 진정한 가난하고 소외당하는 이웃들의 벗이었다. 1995년 영면할 때까지 북한에 두고 온 가족에 대한 그리움과 가난한 환자에 대한 사랑으로 승화한 장기려 박사의 삶은 진실한 의인(義人)의 참모습이었다고 볼 수 있다.

가치관이란?

사람들이 물건에 값을 매기듯 모든 사물에 '좋다 나쁘다', '옳다 그르다', '아름답다 추하다' 등의 가치를 따져 바람직한 쪽으로 기준이나 관점을 세우는 것을 '가치관(價値觀)'이라 한다. 인간은 원래 천성적으로 가치 있는 것을 추구하고자 하였으며, 올바른 가치를 실현하기 위해 쉴 새 없이 노력하고 발전하는 생활을 하였다. 그래서 인간은 대개 '좋고 나쁘고, 옳고 그릇되고, 아름답고 추한 것'을 보편적·객관적으로 판단할 줄도 알게 되었다.

그러나 아는 것과 행하는 것은 별개 문제이기 때문에 사람들은 항상 갈등 속에서 불안전하게 사는 것이다. 이러한 가치관은 인생관, 세계관, 사회관 등과 결부되어 직·간접적인 삶에 영향을 주기 때문에 올바른 가치관을 세우고 정립하는 일이 중요하다.

특히 오늘날 세계는 자본주의 사회라고 하여 돈을 근본으로 모든 가치를 계산하고 비교하는 사회가 되었다. 그래서 현실적인 가치갈등은 대개 돈의 문제로 귀결되며 결국 이익이 있느냐 없느냐에 달려 있어 사람 목숨까지도 돈으로 환산하는 세태가 되었다. 사실 돈은 우리 인간이 추구해야 할 높은 이상적인 목적이 아니라 수단이다. 즉, 돈이 목적이 되어서는 안 된다는 뜻이다.

예컨대 매일 한솥밥을 먹는 가족들 사이에도 가치관이 달라 갈등이 있듯이 경영자와 노동자 사이에 가치갈등, 세대 간의 가치갈등, 계층 간의 가치갈등, 지역이나 집단 간의 가치갈등 등은 모두가 이익과 관련되어 있다.

이같이 가치관에 대한 갈등이 합리적으로 해결되지 않을 때 불협화음이나 사회적 반목이 오면 사회질서나 국가 안위조차 장담할 수 없다. 그런 의미에서 가치갈등 문제를 해소하고 줄일 수 있는 성숙한 시민사회가 되기 위한 노력이 필요하다.

첫째, 개인이든 집단이든 간에 가치갈등 문제는 자기 이익만을 고집해서는 해결하기가 어렵다. 흔히들 말하기를 역지사지(易地思之)의 자세에서 생각하여 보라고 한다.

둘째, 자유민주주의의 다양성을 인정하되 공공선(公共善)에 반(反)하는 가치관은 문제가 된다. 개인의 운명은 집단에 의해 규정되고 제약을 받는다고 하였다. 가정과 사회에 협동심을 키우면서 합리적인 사고 속에 올바른 삶을 추구해야 한다.

셋째, 사회규범을 존중하며 대화를 통해 합리적인 해결책을 찾도록

청소년, 세상에 서다

노력해야 한다. 우리가 다른 사람의 의견이나 가치관을 존중하고 인정할 때에 가치갈등 문제는 그만큼 해소될 수 있으며 성숙한 시민사회로 가는 지름길이라 할 수 있다.

우리나라는 민주주의에 대한 역사가 짧은 데다가 합리적인 사고보다는 감정적인 성향이 강한 민족이다. 또 토론문화가 미숙하여 스스로 자숙해야 할 문제가 하나둘이 아니다. 이러한 추상적이고 관념적인 가치관은 인간의 올바른 인성과 삶의 질에 큰 영향을 주기 때문에 우선 자기 스스로 수신에 노력해야 한다. 더 나아가서는 국가적인 차원에서 진선미(眞善美)에 대한 사상·문화생활을 향상하는 교육적인 계도에 힘써야 한다.

• 워싱턴(George Washington)과 나폴레옹(Napoleon) •

조지 워싱턴(1732-1799)은 버지니아의 한 부유한 지주의 아들로 태어나 측량을 배워 측량기사가 되었다. 측량기사 일을 하면서 24살 때 버지니아 의회 의원으로 활약하던 중 독립전쟁이 터졌다. 워싱턴은 독립혁명군의 총사령관으로 임명되어 독립전쟁을 승리로 이끌었다. 1783년 강화조약이 체결되자 군대를 해산시킨 뒤에, 연합회의에서 군대의 통수권을 반환하고 고향으로 돌아갔다. 그는 1789년 미국초대 대통령에 당선되어, 국내 여러 세력을 규합하고 외교에 신생 미국을 다지는 데 노력했다. 8년 뒤에 3선 대통령으로 추대되었으나 민주주의적 전통을 수립하기 위해서 끝내 사양하였다. 그는 신생 미국을 반석에 올려놓았다는 값진 평을 얻었다.

보나파르트 나폴레옹(1769-1821)은 지중해 코르시카섬에서 명문가(名

文家)의 아들로 태어난다. 1784년(15세)에 파리의 육군사관에 입학하여 졸업 후 포병 소위로 출발한다. 당시 프랑스 혁명의 격동기에 나폴레옹은 군사적 정치적인 뛰어난 능력으로 무질서와 혼란한 나라를 평정하며 35살에 황제의 자리에 오른다. 그의 말대로 '불가능이 없다'라는 정신의 입지전적인 사람이다. 그러나 그는 조국과 국민의 영광이라는 구실 아래 군사독재와 권력 충동을 충족시키기 위해 시대착오적인 야망을 전쟁으로 일삼은 전쟁광이다. 60회의 크고 작은 전쟁은 제2차 100년 전쟁이라고 할 정도로 온 유럽을 벌집 쑤셔 놓은 듯 전쟁터로 만들었다. 특히 러시아 원정을 위해 65만 명의 프랑스와 주변 국가의 청소년을 비롯한 젊은이를 동원하였다. 그들은 질병과 혹한 그리고 전투로 이름도 모르는 러시아 동토에서 속절없이 쓰러져 불귀(不歸)의 객이 되었다. 단지 1만 5천 명만 살아 돌아왔으며, 나라까지 점령되는 치욕을 당했다. 과연 진정 그에게 배울 것은 무엇일까?

참고: 동아백과사전과 위인전

행복한 삶을 위하여

오늘날 사람들은 '엔조이(Enjoy)'나 '웰빙(Well being)'이라 하여 즐겁고 행복한 생활을 하는 데 적극적이며 관심도 많다. 인간의 욕구나 욕망이 충족되어 만족과 기쁨을 느끼는 상태가 '행복'의 사전적 의미이다. 흔히 행복을 파랑새로 비유하는데, 잡았다고 하는 순간 곧 손에서 빠져 날아가 저 앞의 나뭇가지에서 '나를 잡아 보라'고 하는 파랑새가 바로 행복이란 것이다.

어쨌든 행복은 이상해서 때로 반복되면 처음의 기쁨보다는 점점 반

청소년, 세상에 서다

감되어 흥미조차 끌지 못하는 한계효용설(限界效用說)에 빠지기도 한다. 사막에서 목이 타들어 갈 때 한 바가지의 시원한 물은 생명수로 행복하지만, 배가 꽉 차 있는데 한 바가지의 물을 마시라고 한다면 고통일 수밖에 없다. 이같이 행복은 인간의 희로애락에서 오기 때문에 주관적이며 관념적이라 할 수 있어 객관적이고 보편적인 행복을 논하기 쉽지 않다.

인간이 동물들과 별반 다른 점이 없는 육체적인 욕망이나 의식주가 안락한 삶만을 충족시키는 데 행복의 의미를 두었다면 오늘날과 같은 인류의 진화발전은 없었을 것이다. 수많은 사람이 고난과 역경 속에서도 가치 있고 유익한 업적을 위해 밤낮으로 궁리하고 투쟁하고 창조했던 이상적인 인간의 성과가 오늘과 같은 발전성과를 가져왔다.

청소년은 한 차례의 일생을 행복하고 즐거운 삶이 되면서 동시에 가치도 있고 보람된 생활을 충족시키기 위해서 다음 다섯 가지에 초점을 맞춰 인생 목표를 설계해야 할 것이다.

행복하려면 우선 건강해야 한다

건강이 보장되지 않고서는 행복한 생활이나 가치 있고 보람된 생활은 기대할 수 없다. 영원히 살기는 어렵겠지만 병치레를 하면서 살 수는 없으므로 사람들은 건강을 최우선으로 한다.

필자는 튼튼하지는 못했지만 40대부터 등산을 신체 단련 겸 취미로 꾸준하게 생활화하였다. 주로 서울 근교의 산을 오르고 무박이나 1박 2일 코스로 전국의 명산을 다녔다. 등산의 묘미는 수려한 산천과 변화무쌍한 자연을 보며 정서를 안정시키는 것이다. 또 고행을 통해서 심신을 단련시키는 것이 좋아 지금까지 산행을 계속한다. 누구나, 집에서 나올 때는 가기 싫지만, 산에 갔다 오면 이구동성으로 잘 왔다는 소리를 한다.

등산 중에 특히 겨울 등산이 백미(白眉)이다. 겨울마다 강원도 산을 찾아가는데 계방산 정상(1,577m)에 올라가니 천지가 설국이다. 온 세상이 고요한 운치는 맛보는 자만이 느끼는 행복이라 할 수 있다.

한 젊은이가 다가와 묻는다.

"올해 연세가 어떻게 되세요?"

"고희(古稀)를 향해 뛰고 있지요."

"참으로 대단하십니다. 겨울에 이곳을 올라올 정도면 전체 인구의 5% 안에 드는 건강한 사람 축에 끼십니다."

"그래요, 잘 봐주시니 고맙소."

행복이 따로 있나, 안 아프면 행복이지! 'Health is happiness!'라고 했듯이 행복하려면 건강이 최우선이다. 건강이 보장되지 않고서는 행복한 생활도 보람찬 생활도 기대할 수 없다.

범사에 감사하는 긍정적인 사고가 필요하다

'범사에 감사하라!'는 성경에 있는 말씀이다. 모든 사람이 매일 주문을 걸듯 해야 할 명언이다. 교통사고를 당해 팔다리가 부러져 고통스러워도, '죽다 살았다! 나는 정말 행운아다!'라고 긍정적인 생각을 했다면 행복은 언제든 그 사람의 곁을 떠나지 않을 것이다.

유대인 병사들 앞에 거인 골리앗이 나타났을 때 병졸들은 '저렇게 큰 놈을 어떻게 쓰러뜨려?' 하면서 싸울 의지조차 잃었다. 그러나 선민(選民)의식을 가진 다윗은 달랐다. '저렇게 큰 놈이니 빗맞을 일은 없겠군.' 하면서 물매에 돌을 힘껏 돌려 거인의 이마를 맞춰 쓰러뜨렸다.

앞에서도 피그말리온 효과를 말했지만, 의학용어에 플라세보 효과(Placebo effect)라는 긍정적인 마음을 가지면 환자의 병세가 호전된다고 한다. 플라세보와 반대되는 노세보 효과(Nocebo effect)도 있다. 환자가 부정적인 마음과 의심으로 가득 차면 병은 잘 낫지 않는다는 것이다. 불교 용어에 '일체유심조(一切唯心造: 모든 것은 오직 마음먹기에 달려 있다)'라고 했으니 그 말을 믿고 따르면 좋은 일이 올 것이다.

•천사가 소녀에게 알려 준 행복의 비결•

한 소녀가 산길을 걷다가 나비 한 마리가 거미줄에 걸려 버둥대는 것을 풀숲에 들어가 구해 주었다. 나비는 자유로이 훨훨 날아갔지만, 소녀의 팔과 다리는 가시에 찔려 붉은 피가 맺혀 흘러내렸다. 그때 멀리 날아간 줄 알았던 나비가 순식간에 천사로 변신하더니 소녀에게 다가와, 자기를 구해준 은혜에 감사하면서 무슨 소원이든 한 가지를 들어주겠다고 하였다.

"이 세상에서 가장 행복한 사람이 되게 해 주세요"

그때 천사는 소녀의 귀에 무슨 말인가 속삭이고 사라졌다. 소녀는 자라서 결혼도 하여 엄마가 되고 할머니가 되도록 항상 행복한 삶을 살았다. 그의 곁에는 언제나 좋고 아름다운 사람들이 들끓었고, 행복하게 살아가는 그녀를 사람들은 선망의 눈빛으로 바라보았다. 세월이 흘러 예쁜 소녀가 백발의 할머니가 되어 임종을 눈앞에 두었다. 사람들은 입을 모아 할머니가 평생 행복하게 살 수 있었던 비결이 무엇인지를 물어보았다. 할머니는 웃으시며 입을 열었다.

"내가 어렸을 적에 나비 천사를 구해 준 적이 있었는데, 천사는 나를 평생 행복한 사람이 되게 해 주셨어. 그때 천사가 내게 다가와 무슨 일을 당하든지 늘 감사하다고 말하면 평생 행복하게 될 거예요." "그때부터 무슨 일이든지 늘 감사하다고 중얼거렸더니 정말 평생 행복했던 거야."

이 말을 하고는 눈을 감은 할머니의 얼굴에는 말할 수 없는 평온함과 행복감이 충만하였다.

－김제록 제공

행복은 돈도 중요하나 사상(정신)·문화 생활을 높여야

자본주의 사회라 돈이면 모두 해결되는 것으로 생각하는 사람이 많다. 절대 그렇지 않다. 돈으로 사람은 살 수 있어도 사람의 마음은 살 수가 없고, 돈으로 호화로운 집은 살 수 있어도 행복한 가정을 살 수 없다는 말이 있다.

물론 물질적인 경제생활을 충족시키는 데 기본적으로 돈이 필요하다. 그러나 인간은 빵만으로 사는 것이 아니다. 사상(정신)·문화생활을 높이지 않는 한 저급한 즐거움이나 행복은 한계에 곧 부닥친다. 재산이 많아도 행복보다는 불행을 호소하는 경우가 많으며, 기쁨이나 행복은 반드시 소유에 비례하지 않는다는 것이다.

대한민국은 세계 10위권을 넘나드는 경제 대국이나, 삶의 질과 행복 지수는 도리어 떨어졌다는 소리이다. 이것은 너무 경제적인 면에 치우쳐 있어 하루빨리 사상(정신)·문화생활을 높이지 않으면 안 된다.

• 해운왕 억만장자 오나시스의 비극 •

돈이 행복의 조건일까? 그리스의 선박 재벌 오나시스는 화려한 무대에서 노래를 불러 박수갈채를 받던 마리아 칼라스에게 반해서 그녀와 결혼하였다. 그러나 칼라스(1923-1977)와의 결혼생활은 9년도 채우지 못하고 끝났다. 그녀가 주부로서 너무 부족하고 권태를 느껴서 이혼한 것이다.

오나시스(1906-1975)가 케네디 대통령의 아내였던 재클린 여사와 재혼한다는 소식에 세상이 떠들썩하였다. 그는 재클린과 결혼한 지 일주일도 안 되어 '내가 실수를 했구나!'라며 자기 가슴을 쳤다. 그녀가 한 달에 수억 원이나 되는 돈을 펑펑 쓰는데 그는 화가 나고 혈압이 올라갈 수밖에 없었다. 파혼할 길이 없을까 하고 친구에게 조언을 구했다. 그러나 그녀가 엄청난 위자료를 요구하니 쉽게 이혼도 할 수 없었다. 그렇게 가슴앓이를 할 때 아들마저 비행기 사고로 갔다. 그 충격으로 그는 "나는 인생을 헛살았다. 하나님께서 주신 축복을 쓰레기로 던지고 간다."라는 말을 남기고 죽었다고 한다.

행복은 목표의식을 갖고 꿈을 이룰 때 온다

항해를 하든 여행을 하든 목적지가 뚜렷해야 춥든 비가 오든 끝까지 목적지를 향해 갈 수 있다. 마찬가지로 인생도 목표가 뚜렷해야 한다. 그것이 목표이든 꿈이든 간에 바라는 희망을 성취하겠다는 의지와 노력으로 실천하여 그 목표를 실현하였을 때 기쁨과 행복이 오는 것이다. 인생의 큰 목표가 있으면 단계별로 작은 목표를 이루면서 성취감에 대한 기쁨과 행복이 자연히 따른다.

한 가지 더 말하면, 인생 목표를 달성해도 행복하겠지만, 이왕이면 목표를 향한 피나는 노력의 인생 과정도 사실 즐겁고 행복함을 알아야 한다. 대개 어떤 결과나 성과를 달성했을 때의 기쁨은 다 알지만, 그것을 위해 노력하는 힘들고 고통스러운 과정도 지나가 돌이켜 보면 즐겁고 행복한 추억임을 알게 된다. 이는 목적도 중요하지만, 그 과정에 나타난 수단(방법)도 매우 중요함을 의미한다.

따라서 인간의 궁극적인 목적은 행복을 추구하는 것이지만 그 과정도 중요하므로 긍정적인 마음으로 즐기라는 것이다.

• 맹자의 행복하고 소박한 인생론 •

맹자가 살았던 시대는 전국시대였다. 이러한 난세에도 맹자는 인간 성선설과 인자무적(仁者無敵)을 내세워 군주에게 유세하며 일상생활에서 즐거운 세 가지(君子有三樂군자유삼락)를 행하고자 하였다.

- 부모가 모두 살아 계시고 형제들이 무고한 것이 첫 번째 행복(즐거움)이요(父母俱存부모구존兄弟無故형제무고一樂也일락야),
- 하늘을 우러러 한 점 부끄럽지 않고, 땅을 보아 남에게 부끄럽지 않게 사는 인생이 두 번째 행복이라(仰不愧於天양불괴어천 俯不作於人부부작어인 二樂也이락야).
- 천하의 영재들을 모아 그들을 교육하는 것이 세 번째 행복이다

(得天下英才而教育之득천하영재이교육지 三樂也삼락야).

이 삼락 중에, 맹자는 천하의 왕과는 상관없음을 두 번씩이나 '왕천하 불여존언(王天下不與存焉)이라.' 강조하였다. 대개 재물과 권력을 움켜잡 고 세상을 호령하며 살려는 지도자들 때문에 세상이 시끄럽다.

사회공동체와 함께하는 행복이 더욱 크다

오늘날은 개인의 자유를 최상의 가치로 여기는 시대라, 개인 이기주 의가 만연하면서 인간미가 떨어지고 사회는 점점 더 삭막해지고 있다. 더구나 어려움을 모르고 자란 젊은이들이 호의호식하는 일로 사회시 설을 마음껏 공유하면서 무위도식한다면 이는 바른 삶이 아니다. 그런 식으로 120살을 살았다 한들 인류와 사회 발전에 공헌하지 못하면 모 범적인 장수자라기보다는 그저 고목에 불과한 사람이라 할 수 있다.

아무리 자신이 다방면에 뛰어나고 모든 것을 갖고 있어도 가족과 더 불어 하는 기쁨에는 못 미치며, 이웃 공동체와 더불어 누리는 행복에 는 미칠 수가 없다. 위대한 사람일수록 모든 사람으로부터 사랑과 존 경을 받으며, 천년이 흘러도 그 사람의 행적을 기리며 예찬하게 되어있 다. 불교의 석가모니도 싯다르타 왕자로 태어나 온갖 부귀영화를 예 약하고 있었다. 그런 옥좌를 초개같이 버리고 인류의 고뇌인 생로병사 에서 벗어나는 문제와 진정한 행복을 위해 끊임없는 구도(求道)의 길을 택하였기 때문에 많은 사람으로부터 오늘날까지 존경과 찬양을 받는 다. 셰익스피어도 생전에는 아주 불행하였지만, 그의 문장은 인류에게 크나큰 진리, 사랑 그리고 행복을 주었기 때문에 지금까지 사랑받고 있다.

결론적으로 자신의 삶 속에서 개인적 욕망을 원만히 실현하여 즐기기보다는 사회, 국가 그리고 인류에 이바지하고 기여할 수 있다면 더 행복한 사람이라 할 수 있다.

• 『파우스트(FAUST)』에 나타난 행복관 •

괴테(Johann Wolfgang von Goethe, 1749-1832)는 독일의 대문호이며 자연연구 등의 다양한 분야에서 인류 역사에 큰 발자취를 남긴 분이다. 그는 청년 때까지 병약하여 폐병으로 각혈(咯血)까지 했으나 끈질긴 투지로 건강을 회복하였다. 독일 남부의 바이마르 공화국의 재상(66세)까지 지냈으며, 83세에 영면한다.

괴테가 남긴 불후의 명작 『파우스트』는 방대하고 심오한 희곡작품으로 괴테의 세계관, 인생관, 가치관과 행복한 사상이 그 안에 담겨 있다.

파우스트는 진리를 탐구하는 욕망이 강하여 모든 학문을 섭렵한다. 특히 우주의 신비함과 운명을 좌우하는 세계관을 구명하고자 깊이 연구할수록 그의 삶은 즐거움은커녕 염증(厭症)까지 느껴 자살 충동에 빠지기도 한다. 그래서 삶의 즐거움을 위해 전환을 꾀해 본다. 악마(메피스토펠레스)에게 24년 후 저승에서 그의 영혼을 가져간다는 계약을 맺고, 악마를 종으로 데리고 다니면서 마술의 힘으로 생전에 못해 본 정신적·육체적 쾌락을 가지려 한 것이다.

파우스트는 그저 먹고 마시고 놀며 관능적인 향락세계에는 별로 흥미를 느끼지 못한다. 그러던 중 아름답고 청순한 마르가레테를 유혹하여 사랑에 빠져 삶의 즐거움을 취해 보나 그녀가 어머니와 오빠를 살해하여 사형으로 가는 고통을 받으며 비극적인 막을 내린다. 파우스트는 아름다운 세상과 삶의 보람을 찾으려고 애쓰나 그것 역시 허상일 뿐 비극으로 끝난다.

마지막에 파우스트는 수많은 사람과 협력하여 바다를 막고 간척지를 개척하여 고난의 노력 끝에 옥토를 가꾸며 낙원을 탄생시킨다. 모두의 기쁨 속에서 그는 다짐한다. '푸른 들판이 비옥하여 인간과 가축들, 신천지에 축복이 내릴 것이다. 그렇다! 이 뜻을 위해 나는 모든 걸 바치겠다.'

괴테의 『파우스트』에는 자유와 평등 그리고 사회공동체의 협조·협동이야말로 인간의 행복을 추구하는 데 필수조건이며, 그 속에서 얻은 행복이야말로 진정한 행복이란 사상이 깔려 있다. 아름답고 행복한 생활이란 발전된 생활로 스스로 쟁취하지 않으면 무의미한 환상에 지나지 않는다는 교훈을 주고 있다.

참고: 요한 볼프강 폰 괴테, 정서웅 옮김, 『파우스트』 민음사.